KB108285

리테일
바이블
2020

리테일 바이블 2020

초판 1쇄 발행 2019년 1월 2일
초판 3쇄 발행 2019년 11월 10일

지은이 | 리테일 소사이어티
발행인 | 유영준

편집팀 | 오향림
디자인 | 비닐하우스
인쇄 | 두성P&L
발행처 | 와이즈맵
출판신고 | 제2017-000130호.(2017년 1월 11일)
주소 | 서울 강남구 봉은사로16길 14, 나우빌딩 4층 쉐어원오피스(우편번호 06124)
전화 | (02)554-2948
팩스 | (02)554-2949
홈페이지 | www.wisemap.co.kr

ISBN 979-11-89328-10-8 (03320)

이 도서의 국립중앙도서관 출판예정도서목록(CIP)은 서지정보유통지원시스템 홈페이지
(seoji.nl.go.kr)와 국가자료 공동목록시스템(www.nl.go.kr/kolisnet)에서 이용하실 수 있습니다.
(CIP제어번호 : CIP2018040425)

대한민국 최고 리테일 전문가들의 트렌드 리포트

리테일 바이블

THE RETAIL BIBLE

2020%

리테일 소사이어티 지음

와이즈맵

격변의 리테일, 어떤 준비가 필요한가?

미국과 유럽을 포함해 전 세계적으로 리테일 업계는 거대한 패러다임의 변화에 놓여 있다. 아마존 같은 온라인과 모바일 플랫폼의 영향력이 급격히 증대하면서, 오프라인 기반 리테일 사업은 위기와 동시에 새로운 기회 창출 상황을 마주하고 있는 것이다.

중국의 알리바바가 신유통을 외치며 새로운 형태의 오프라인 리테일 숍을 오픈하는 것은 리테일 산업의 미래가 지속적으로 변모할 가능성을 보여주고 있다.

이런 격변의 상황에서, 이 책 《리테일 바이블 2020》이 시장에 전해주는 시사점은 상당하다. 쇼핑몰 디벨로퍼로부터 플랫폼 기반 리테일업체 대표 그리고 스타벅스, SPC를 포함한 굴지의 F&B 업계 등 다양한 분야의 리테일 전문가들로 구성된 저자들은 우리에게 어떤 미래가 다가올 것이고 어떻게 대비해야 할지를 생생히 알려주고 있다.

이 책을 집필한 저자들은 업계를 대표하는 최고의 리테일 전문가들로, 상권을 바라보는 시각과 분석 방법 그리고 리테일 트렌드와 유의점까지 현장의 시각에서 상세히 짚어주고 있다. 따라서 이 책은 리테일 종사자들에게는 '바이블'이 될 것이며, 자영업자와 예비 창업자에게는 반드시 유념해야 할 정보들로 가득 찬 '내비게이션' 역할을 해줄 것이다.

리테일이 상징하는 것은 단순한 경제지표를 넘어 사회 변화의 척도이자 문화, 산업, 부동산 트렌드의 핵심이다. 리테일 트렌드를 놓치거나 자칫 간과한다면 어떤 분야, 어떤 규모의 사업 여부에 상관없이 어려움에 부딪힐 가능성이 높다.

경제 모멘텀이 사라지고 있는 현재, 혁신이 필요한 리테일 분야에서 현재 사업을 진행 중인 사람들은 물론 새로운 미래를 준비하는 사람 모두에게 새로운 인사이트가 필요하다. 그리고 이에 대한 해답을 바로 이 책이 제시하고 있다.

김경민 교수 _ 서울대학교 환경대학원

CONTENTS

신 지 혜

STS개발주식회사 사업개발1본부 상무

서울대학교에서 지리학 학사, 동대학교
환경대학원에서 도시계획학 석사 취득 후
서울 시정개발 연구원으로 근무했다. 이후
상업시설 분양을 주로 하는 개발회사를 통해
부동산 분야에 첫발을 내디딘 후, 대형할인점을
주제로 한 석사논문을 인연으로 2006년부터
수요자 중심의 맞춤형 개발을 주력으로 하는
상업시설 전문 개발회사(STS개발)에 재직
중이다. 다수의 대형마트, 멀티플렉스 리테일
복합시설들을 기획하고 개발했으며, 최근에는
소규모 리테일 개발과 주차장, 공유공간과
결합된 새로운 시설의 개발을 기획하고 있다.

오프라인 매장은 몰락할 것인가

2017년 '토이저러스Toys-R-Us'의 파산에 이어, 2018년에는 100년이
훌쩍 넘는 역사를 가진 미국의 백화점 체인 '카슨스Carson's'와 '시어즈
Sears'가 뉴욕 법원에 파산 신청을 했다. 이밖에도 하루가 멀다 하고 대
형 유통업체들의 폐업 소식이 이어지고 있다. 2017년 영국계 컨설팅회
사인 PwC가 발표한 〈2017 소매업 보고서Total Retail 2017〉에 따르면, 조
사 대상인 20여 국가에서는 아마존 이용객이 50%를 넘어섰으며 미국,
일본 등 5개 국가에서는 아마존 이용률이 90%에 이른다고 한다. 아
마존에서만 쇼핑한다는 소비자도 10%에 달한다. 당연한 결과겠지만,
아마존 사용 이후 오프라인 상점의 이용이 감소했다는 의견은 미국
(37%), 브라질(35%), 독일(34%)의 순으로 나타났다.

우리나라도 예외는 아니다. 이미 국내 소비매출액 중 온라인의 비중이 가장 높게 나타나고 있으며, 매출 감소를 견디지 못하고 폐업하는 점포들도 점점 증가하고 있다.

2016년 업태별 매출구성비

24.7%	23.1%	15.7%	4.6%	23.8%	8%
대형마트	백화점	편의점	SSM	온라인판매중계	온라인판매

2017년 업태별 매출구성비

23.2%	22.1%	16.4%	4.4%	24.6%	9.6%
대형마트	백화점	편의점	SSM	온라인판매중계	온라인판매

출처 산업통상자원부 보도자료(2018.01.30)

위 도표를 살펴보면 2017년 기준으로 우리나라의 업태별 매출은 온라인판매중개와 온라인판매를 합해 33.9%의 비중을 차지하고 있다. 온라인 매출의 비중은 해가 갈수록 증가하고 있으며, 명실상부한 소비의 제1채널로 확고하게 자리 잡고 있다. 그렇다면 앞으로도 매년 온라인 채널의 소비매출 비중은 증가하고, 백화점과 대형마트 같은 오프라인 매장들은 파산하거나 폐업할 것인가? 소비자들은 상점이나 대형 쇼핑몰을 외면할 것인가?

세계 최대의 온라인 커머스이자 유통업의 공룡 아마존은 2017년 유기농 식품 체인 '홀푸드마켓WholeFoods Market'을 인수해, 자신들의 식품 판매 및 배송을 위한 플랫폼으로 활용하고 있다.

이와는 반대로 우리나라에서는 오프라인 유통의 절대 강자 롯데와 신세계가 온라인 사업을 강화하고 있다. 2018년 5월, 롯데는 향후 5년 간 3조 원을 온라인 사업에 투자한다고 발표했다. 롯데는 2022년에는 온라인 매출 20조 원을 달성해, 오프라인뿐만 아니라 온라인까지 국내 1위 사업자 자리를 차지하겠다는 포부를 밝혔다.

롯데보다 한발 앞서 1997년부터 온라인 사업을 시작한 신세계그룹 은 선도자로서의 위치를 굳건히 하기 위해 2018년 1월 e커머스 사업에 1조 원 이상의 해외 사모펀드 투자를 유치할 예정이며, 별도의 전담 회 사를 설립할 계획도 밝혔다. 신세계그룹의 통합 온라인 쇼핑몰 'SSG닷 컴'은 빠른 속도로 성장해 2015년 통합 당시 1조 806억 원이던 매출이 2017년에는 2조 590억 원까지 성장했으며, 2018년 1분기에는 첫 흑자 전환에 성공했다.

온라인 강화 특징

	8개 계열사 온라인몰 통합 3조원 투자 온라인사업부 신설		1조원 투자 온라인 사업 전담 회사 설립 온라인 전용 물류센터 건립

수많은 사례에서 보듯 국내외를 막론하고 오프라인 유통업계는 심각 한 경영난을 겪고 있으며, 온라인 유통업체들은 초기의 성장세가 둔화 되고 있다. 온라인이나 오프라인 모두 새로운 성장동력 확보가 필요한 상황이 되었다. 온라인과 오프라인은 이제 그 경계를 허물며 새로운 방

식으로 상생하기 위한 방법을 찾고 있다. 오프라인 점포가 폐업하거나 파산하는 이유는 온라인 플랫폼의 확장과 소비자의 쇼핑 채널 변화도 있지만 점포 수 확장과 시장점유율에만 집착한 대형 유통업체들이 변화하는 환경에 대한 적응에 실패했기 때문이다. '가격'과 '시공간의 제약 없는 쇼핑'을 가장 큰 장점으로 내세우던 온라인 유통 역시 소비 패턴이 경험 소비, 가치 소비로 변화하자 온라인으로는 채울 수 없는 수요의 틈새가 커져 새로운 활로 찾기에 온 힘을 기울이고 있다.

2016년 10월 '알리바바Alibaba'의 마윈(马云) 회장은 "향후 10~20년이면 '전자상거래'라는 개념은 사라질 것이며, 전자상거래와 오프라인 매장이 결합된 신유통의 시대가 올 것이다."라고 선언했다. 그는 온·오프라인을 결합한 미래형 소매유통 방식인 신유통new retail은 빅데이터, 인공지능, 사물인터넷을 활용해 사용자 — 상품의 데이터 수집과 분석을 결합함으로써, 운영 효율 및 사용자 경험이 개선되고 상품의 생산, 유통, 판매가 고도화되는 시스템이라고 말한다.

과거의 유통이 월마트 같은 오프라인 유통업자에 집중된 방식이었다면 신유통은 아마존이나 알리바바처럼 소비자 체험 중심의 데이터를 보유한 기업이 주도권을 쥐게 된다는 것이다. 다시 말해 불특정 다수의 충동구매에 초점을 맞추는 것이 아니라, 소비자의 쇼핑 행태와 취향에 대한 데이터를 분석해 쇼핑을 제안하는 것이 미래의 신유통이다. 알리바바의 가장 강력한 경쟁자인 징동닷컴의 회장 역시 신유통과 유사한 '무경계 소매(경계가 없는 소비·유통)'의 개념을 제시했다. 그는 "제4차 유통혁명의 핵심은 무경계 소매로서 최종 목표는 사람, 사물, 장소 이 세

요소의 완벽한 조화 속에 유통시장을 재건하는 것."이라고 밝혔다.

이러한 일련의 현상들은 리테일 산업이 붕괴되고 있다기보다는 구조적 변화 속에서 새로운 사업 기회가 끊임없이 생겨나고 있으며, 이를 선점하기 위한 무한 경쟁이 시작된 것이라 말할 수 있다. 따라서 앞으로 오프라인 상점이 몰락할 것인가, 온라인 유통은 성장을 이어갈 것인가에 대한 논쟁은 더 이상 의미가 없어 보인다. 양쪽 모두 그 경계를 허물며 새로운 리테일 플랫폼을 구축해가고 있기 때문이다.

리테일은 어떻게 변화하고 있는가

요즘 우리는 푹신한 렌탈 라텍스 침대에서 일어나, 새벽에 배송된 파스타 재료로 아침을 해먹는다. 맘에 드는 옷을 골라 입고, 카페에서 커피를 마신 후 인스타그램을 통해 찾아낸 식당을 방문한다. 연인과 영화관을 가거나 아이들과 함께 키즈카페에 들르기도 한다. 멋진 식기로 장식된 주방에서 유튜브를 통해 배운 대로 음식을 해 먹거나, 배달앱을 이용해 주문을 한다. 방식은 많이 다르지만 예전에도 하루 세끼를 챙겨먹는 생활의 본질은 동일했다. 솜이불에서 일어나, 시장에서 사 온 재료들로 아침을 해먹고, 다방에서 대화를 나누었다. 한 달에 한 번 있는 외식 때는 중국집이나 갈빗집을 찾아가기도 했다. 반상과 장롱은 가구거리에서, 남대문 그릇상가에서는 식기세트를 구매하고, 특별한 날에는 백화점에서 몇 년 입을 옷을 구입하기도 했다. 화장품은 방문판매로,

키세스 초콜릿은 수입상가에서 구매했고, 동네 빵집들은 아침마다 맛있는 빵을 구워 팔았다.

인구구조의 변화나 인구의 감소, 과학기술의 발전, 소비 패턴의 변화, 새로운 플랫폼의 등장 등 다양한 환경에 따라 유통, 소비, 생활 방식은 상상할 수 없을 만큼 크게 변화했다. 하지만 삶의 주요 요소인 의, 식, 주라는 기본 프레임의 본질은 크게 달라지지 않았다.

다만 이들을 판매하고 소비하는 방식은 지금 이 순간에도 끊임없이 변화하고 있다. 앞서 말했듯 이러한 변화는 소비자들로부터 시작되었으며 그들의 경험을 빅데이터로 활용한 유통업이 등장하면서 리테일 시장도 큰 변화를 맞이하게 되었다.

밀레니얼 세대의 등장과 함께 모바일이 거의 모든 커뮤니케이션의 중심이 되고, 고령화와 출산율 감소, 1인가구의 증가 등 인구구조의 변화가 가속화되면서 리테일은 지금까지 겪어보지 못했던 큰 변화에 직면하고 있다.

소비자의 변화와 리테일의 대응

Collect moments, not things! 물건이 아닌 순간들을 모아라	
리테일의 대응	From Leasable Area to Instagrammable Place. From Shopping Center to Experience Center.
전략	단순한 판매 공간이 아닌 사람들이 모이는 장소를 먼저 조성, 명소화 시켜, 경험 소비가 자연스레 상품 매출로 연결되도록 하는 전략 수립.
대응 사례	스타필드 코엑스 별마당 도서관, 롯데마트 양평점, 서초점 1층 어반 포레스트, 삼천리자전거 AROUND 3000, 스포츠용품 전문점 데카트론 등.

소비를 통한 라이프스타일 구현 욕구, '나'를 위해 돈을 아끼지 않는 소비 행태의 증가	
리테일의 대응	큐레이티드 쇼핑공간 조성.
전략	하나의 공간에 타깃의 취향을 만족시킬 수 있는 아이템을 선별하고 제안.
대응 사례	남성 전용 편집숍(스타필드 하우디), '쌀' 주제의 편집숍(아코메야) 오피스빌딩의 셀렉다이닝(District Y, District M 등) DistrictC의 띵굴스토어, 츠타야(티사이트, 일렉트로닉스 등) 오사카 Q's Mall Base 등
From download to streaming 장기 임대 혹은 영구적 소유가 아닌 필요할 때 필요한 만큼만 소비	
리테일의 대응	새로운 공간 개발에 앞서 기존 공간과 콘텐츠에 대한 재발견과 재구성.
전략	소유가 아닌 공유소비에 초점, 쇼핑센터 유휴공간 활용, 팝업스토어 활성화.
대응 사례	공유주차장의 활용 증가, 카셰어링의 성장(SoCar 등) 유휴공간 활용 플랫폼의 출현(에어비앤비, 스페이스클라우드, 스위트스팟 등)
Online to Offline Offline to Online	
리테일의 대응	온라인 기업은 오프라인 강화, 유통업체들은 온라인 서비스 강화.
전략	온라인 업체의 효율적 유통망 확보, 오프라인 업체의 효과적 플랫폼 구축.
대응 사례	아마존의 홀푸드 인수, 알리바바의 신유통, 슈퍼마켓 허마셴셩, 스타벅스의 사이렌오더 열풍, 스타일쉐어X29cm의 마켓페스트 성황.

변화의 현장

ONLINE TO OFFLINE | OFFLINE TO ONLINE

2018년 봄, 스페인 의류업체 INDITEX는 일본 도쿄의 '롯본기힐즈'에 '미래형 점포' 콘셉트의 팝업스토어를 오픈했다. 800㎡ 규모로 3개월간 운영된 이 점포는 오프라인 판매를 하지 않고 온라인 주문만 가능하도록 했다. 즉, 고객들이 옷을 구경하거나 입어본 후 QR코드 등을 통해 온라인으로 주문하면, 당일 혹은 다음날 집에서 옷을 받을 수 있었다. 소비자들이 오프라인 매장을 쇼룸으로 이용한다면, 그 효과를 최대화한다는 흥미로운 발상이라고 하겠다. 오프라인 매장에서 옷을 입어보고, 온라인으로만 주문할 수 있다는 기발한 아이디어로, 이 매장은 수많은 도쿄 시민들의 발걸음을 이끌었다.

'스타일쉐어'는 패션과 뷰티 정보를 공유하고, 상품을 판매하는 1020 중심의 모바일 패션 앱으로 2018년 현재 약 400만 명의 회원을 보유하고 있다. 스타일쉐어가 주최하며 2018년 10월 제6회를 맞이한 오프라인 뷰티·패션 축제 마켓페스트는 이용자들 사이에 큰 인기를 끌고 있다.

2018년 10월, 2일간 DDP에서 열린 스타일쉐어X29cm의 '슈퍼 마켓페스트 2018'은 행사 시작 6시간 전부터 긴 대기줄이 형성될 만큼 큰 화제를 모았다. 대부분 온라인에서만 만날 수 있는 유명 유튜버와 셀러, 인플루언서 등을 직접 만나기 위한 줄이었다. 또한 카카오페이가

스타일쉐어X29cm의 슈퍼 마켓페스트 2018의 행사 포스터

메인스폰서로 참여, 전 매장에서 3초 만에 QR코드 결제가 가능했는
데 이틀간 방문객이 5만 명을 넘어서는 등 대성황을 이루었다. 그야말
로 온라인과 오프라인, 모바일 결제, 유튜버 셀러, 밀레니얼과 10대들
이 만들어낸 축제의 현장이었다.

라이프스타일을 제안하는 매장: 큐레이티드 스토어

도쿄 다이칸야마 T-SITE의 '츠타야', 후타고타마가와의 '츠타야가전'
은 단순한 서점이 아니다. 북큐레이터들이 엄선한 책들을 바탕으로 오
랜 고민 끝에 만들어낸 라이프스타일 스토어인 것이다. 요리책 옆에는
조리도구와 파스타면이 진열되어 있고, 취미코너 옆에는 최신 유행하는
자전거 용품이 걸려 있는 식이다.

우리나라도 예외는 아니다. 2015년 론칭한 후 2018년 연매출 1,800억 원을 목표로 하고 있는 '마켓컬리'는 큐레이션을 내세운 온라인 푸드마켓이다. 밤 11시 이전까지 주문하면 다음날 7시 이전에 문앞으로 배달되는 '샛별배송'으로 자리 잡은 마켓컬리는 상품위원회에서 70여 가지 엄격한 기준에 따라 상품을 선별한다. 이렇게 선택된 마켓컬리의 큐레이션 상품들은 채소, 과일, 정육 등 신선식품 이외에도 디저트, 간편식, 로컬푸드 등은 물론 유아동, 리빙상품에 이르는 다양한 스펙트럼을 가지고 있다. 마켓컬리는 소비자들의 빅데이터를 분석해 상품의 수와 품질을 엄격하게 관리하고 있는데, '마켓컬리를 통한 주문과 소비 방식'이 하나의 라이프스타일로 자리잡고 있다고 할 수 있다.

파워블로거로 시작해 '살림의 여왕'으로 자리 잡은 후, 자신이 직접 엄선한 인테리어, 식기, 요리법, 육아방법까지 살림의 거의 모든 것을 제안하고, 정보를 나누는 '땅굴마님'은 2018년 11월, 21번째 오프라인

DistrictC의 땅굴스토어

땅굴마켓을 열어 백 수십 개의 브랜드가 참여하고 수만 명의 방문자를 모으는 온라인, 오프라인의 유명인사이다. 같은 달, 을지로 입구, 대형 오피스빌딩의 지하에 오픈한 복합 공간 DistrictC에 '땅굴스토어'가 문을 열었다. "아침부터 밤까지 당신의 순간에 필요한 것으로 공간을 꾸렸다"는 이 공간에는 땅굴이 제안하는 유, 무형의 살림도구들로 가득 차 있다.

📍 오프라인 리테일의 생존 전략

길가의 편의점, 옷가게, 커피숍, 식당들…… 주말에 찾는 쇼핑몰마다 자리 잡은 멀티플렉스 영화관과 글로벌 브랜드의 패스트패션, 헬스앤뷰티 스토어 그리고 최근 모든 브랜드에서 표방하고 있는 라이프스타일 스토어까지. 우리는 단 한순간도 '리테일'에서 벗어날 수 없다.

이렇게 우리의 삶과 밀접한 리테일 운영자들은 항상 소비자들의 행태를 연구하고, 새로운 대응방안을 고민해야 하지만 최근 들어 명쾌한 해답의 도출은 더욱 요원해지고 있다.

각각의 리테일이 가진 고유한 본질 "커피는 향기롭고 의자는 편안해야 한다.", "음식은 맛있고, 가성비가 좋아야 한다.", "소파와 탁자, 식탁까지 세트로 저렴한 가격에 원스탑 배송이 가능했으면 좋겠다." "도시락과 담배를 파는 24시간 편의점은 집 앞에 있어야 한다." 등등…… 이런 소비자들의 기본 수요는 더 이상 경쟁력이 아니다. 커피숍은 인스타그램에 올릴 수 있도록 예쁜 메뉴와 멋진 인테리어를 갖춰야 하고, 식당들은 제주도와 속초에서 줄서서 먹던 로컬음식을 한 번에 주문할 수 있도록 편집 능력을 보여줘야 한다. 편의점에서 은행 업무와 택배 발송이 가능해야 하고, 패스트패션 브랜드는 유명 디자이너와의 협업은 물론 체험 매장으로의 변신까지 시도하고 있다. 헬스앤뷰티 스토어들은 전 세계 모든 브랜드의 편집숍이 되어가고 있으며, 라이프스타일 스토어들은 단순한 가구나 생활용품이 아니라 요리하고, 쉬고, 수납하는 삶의 방식 자체를 제안하기 위한 전략을 도출 중이다.

불과 몇 년 전까지 명동과 강남역 같은 중심상권의 점포들과 유명 백화점들이 유통의 중심 역할을 하던 시절에는 백화점과 건물주, 임대인들이 임차인들의 수준과 임대료를 자의적으로 정할 수 있었다. 소위 "조물주 위에 건물주"라는 우스갯소리로 불리던 이러한 현상은 유통채널이 다양화되고, 특히 온라인 쇼핑이 제1의 구매 채널로 자리 잡으면서 상황이 역전되고 있다. 리테일 업체는 소비자들의 시간을 사고, 경험을 소비하도록 하기 위해 다양한 전략을 내놓고 있으며, 그들 중 일부는 대성공을 거두고 또 다른 이들은 소리 소문 없이 사라지고 있다. 이 책에 담긴 내용들은 지난 10여 년간 리테일 점포개발을 하며 각 담당자들이 겪은 살아있는 현장의 이야기이다.

분량의 한계로 모든 리테일들의 현황과 전략을 다 살펴볼 수는 없겠지만, 우리나라 주요 리테일들의 점포개발 전략과 우리 생활에 미치는 이야기를 한 번에 훑어볼 수 있는 좋은 기회가 되기를 기대해본다.

서울
5대 상권 트렌드

The
RETAIL
BIBLE
2020

김성호
/
《더테넌트뉴스》 편집장

가천대학교 졸업, 컴퓨터 프로그래머,
광고대행사 AE, 패션전문지 기자와 편집부장을
거쳐 지금은 유통 전문지 《더테넌트뉴스》에서
총괄 편집장으로 일하고 있다. 2007년에
전국 주요 200여 상권을 직접 그린 전국
패션상권지도를 《JUMP UP 전국 로드숍
상권&브랜드 가이드》라는 책자로 발행한 후,
2014년에는 업그레이드 버전인
《대한민국 패션상권지도》로 펴내, 유통과
패션업계에 유용한 자료로 평가받고 있다.
상업부동산컨텐츠협회, 전국패션대리점연합회를
창립, 초대 회장, 임원, 홍보이사 등의 역할을
맡아 현재까지 업계의 주요 오피니언 리더로
자리매김하는 데 일조하고 있다.

가두상권의 지속적인 인기

최근 한국의 전통적인 가두상권*은 온라인 시장의 활성화와 쇼핑채널의 다각화로 인해 그 어느 때보다 어려움을 겪고 있다. 온라인 시장의 활성화는 실내와 실외 어디서든 장소에 구애받지 않고 쇼핑이 가능한 특성으로 인해 전통적인 가두상권의 고객을 죽소시키는 주요 원인으로 작용하고 있다. 또한 백화점과 대형마트 중심이던 대기업의 유통사업이 과거 10년 간 아울렛과 복합쇼핑몰 등의 영역으로 확장되면서 '유통채널의 다각화'라는 결과를 만들어냈다. 결국 유통채널의 다각화는 고객들을 이와 같은 신규 유통시설로 이동시켜 가두상권의 고객들을 죽소시키는 또 하나의 주된 원인으로 작용하는 것이다.

이처럼 전국의 주요 상권은 온오프라인을 망라한 신규 유통채널의 지속적인 등장으로 고객의 이탈이 가속화되면서 매출 하락 등 어려운

---

*가두상권 로드상권, 거리상권이라고도 불림.

현실에 놓이게 된 것이다. 하지만 가두상권이 과거에 비해 다소 축소되긴 했지만 여전히 유동인구가 많고, 큰 규모의 매출이 일어나는 대표적인 유통채널임에는 틀림없다. 읍면 단위 등 소규모 지역의 가두상권 가운데는 어려움 속에 사라지거나, 유명무실해진 곳이 존재하는 것도 사실이다. 하지만 전국의 주요 대도시 상권이나 이슈와 함께 새롭게 부상한 신흥 상권 가운데 일부는 여전히 사람들을 끌어들여 쇼핑하고, 먹고, 즐기도록 만드는 공간으로서의 역할을 톡톡히 해내고 있다.

한국의 대표적인 상권으로는 서울의 명동, 강남역, 가로수길, 홍대 등 국내 최고의 자리를 넘어 글로벌 상권으로까지 자리 잡은 곳이 있으며 지방에도 대구 동성로, 부산 광복동과 서면, 전주 고사동, 목포 하당 등은 핵심 상권으로서의 기능을 계속 유지하고 있다. 여기에 서울 경리단길과 익선동, 전주 한옥마을, 광주 송정역 골목 등은 새롭게 떠오른 신흥 상권으로 젊고 활기 넘치는 분위기가 형성돼 있다. 이처럼 전국 곳곳에 위치한 가두상권 중 상당수가 여전히 강력한 영향력을 발휘하고 있는 것이다.

앞서 언급한 대표 상권에는 고객을 끌어당기는 핵심 콘텐츠(브랜드)가 존재한다. 높은 매출과 인지도를 유지하는 리테일 브랜드들은 대부분 가두상권을 기본 유통채널로 삼고, 주요 핵심 상권을 공략하고 있다. 국내 리테일 브랜드 가운데 스타벅스Starbucks, 올리브영Olive Young, 유니클로UNIQLO, 나이키Nike, 파리바게뜨PARIS BAGUETTE, 다이소daiso 등은 연간 매출 1조 원을 넘긴 브랜드들로 이들은 모두 가두상권을 핵심

가두상권의 대표 주자, 명동

유통채널로 삼고 이곳에 유통망을 집중하고 있다. 대도시의 핵심 상권과 주요 신흥 상권은 물론 전국 곳곳에 수천 개에 달하는 유통망을 확보해 운영하고 있는 것이다. 따라서 매출 규모를 성장시키고자 하는 브랜드 입장에서는 가두상권 진출과 이곳에 얼마나 많은 유통망을 확보하느냐에 따라 많게는 수천억 원 또는 그 이상의 매출도 가능한 것으로 분석되고 있다.

또한 가두상권은 기업의 수익성을 높이는 중요한 유통채널이다. 브랜드마다 매출과 이익을 분석해보면 백화점이나 복합쇼핑몰 매장보다 가두상권 매장의 효율이 더 높은 것으로 나타난 것이다. 매출에 따라 수수료를 내는 특정 매입 방식의 백화점, 수수료는 조금 낮지만 보증금과 수수료를 함께 내는 임대 방식의 복합쇼핑몰에 비해 고정 금액을 임대료로 내는 가두상권에 지출되는 비용이 훨씬 낮은 것으로 파악됐다. 매출이 오르면 비용도 함께 오르는 수수료 방식보다 임대료가 고정된 확정임대 방식의 가두상권 매장이 수익 측면에 있어 훨씬 도움이 된다는 것이다.

전국의 가두상권은 하나의 거대한 유통시설로 봐야 한다. 패션과 커피전문점, 음식점과 화장품 매장, 영화관과 생활용품 전문매장 등이 어우러진 하나의 복합쇼핑몰과 같은 곳이다. 이처럼 전국의 가두상권은 새로운 브랜드가 들어서 신선도를 유지해 주고, 상권 내에 이미 위치한 각 브랜드 매장들은 고객을 위해 재미있고 유용한 이벤트를 펼치는 등 늘 살아 숨 쉬는 라이프스타일 공간으로서 우리와 함께하고 있는 것이다. 앞으로도 전국의 주요 가두상권들은 우리들의 생활 속 깊숙이 들어와 사람들의 라이프스타일을 주도할 것으로 기대를 모으고 있다.

가로수길, 새로운 옷으로 갈아입다

패션의 축소 그리고 다양한 글로벌 기업의 진출.

서울 강남구에 위치한 '가로수길 상권'에서는 브랜드 철수와 신규 매장 오픈이 빈번하게 반복되며 변화의 바람이 일고 있다. 한때 패션과 뷰티의 중심이었던 이곳에 기존과 다른 업종의 플래그십스토어Flagship Store*들이 속속 들어서며 새로운 상권으로 변모하고 있는 것이다. 한편에선 대형 자동차 회사나 코스메틱 회사들이 한시적으로 브랜드 홍보를 위한 팝업스토어를 열어 눈길을 끈다.

가로수길은 이미 세계적인 핫플레이스로 떠오른 지 오래다. 국내 젊은 층을 비롯해 해외 관광객이나 비즈니스 목적으로 방문하는 외국인들이 한국의 문화를 접하기 위해 반드시 방문하는 곳 중 하나로 자리

---

*플래그십스토어 브랜드의 콘셉트와 이미지를 가장 잘 표현한 대표 매장.

잡았기 때문이다.

이러한 가로수길에 새로운 브랜드의 숍들이 속속 들어서며 상권의 성격이 크게 바뀌고 있다. 2018년 1월 22일, 미국의 애플 사는 국내에 처음으로 직영 플래그십스토어인 '애플스토어'를 가로수길에 오픈했다. 애플은 서울에 첫 직영점 오픈을 계획한 후 대상지를 물색하던 중 IT 트렌드를 주도하고, 애플의 타깃 고객이 가장 많이 모이는 곳이며 애플 스토어의 이미지와도 가장 부합하는 곳이 바로 가로수길이라고 판단한

리테일 바이블 2020

것이다. 애플스토어는 본사 규정에 부합한 매장 확보를 위해 건물을 신축했으며, 앞쪽은 판매 공간, 뒤쪽은 오피스로 사용하고 있다. 이렇게 오픈한 매장 내부는 오픈 첫날부터 매일같이 몰려드는 고객들로 붐비고 있다.

2017년 8월에는 가로수길의 메인 거리에 BAT코리아British-American Tobacco Korea의 전자담배 브랜드 '글로glo'가 오픈해 대표 매장으로 자리매김하고 있다. '글로'의 국내 첫 매장인 이곳은 건물 3개 층에 루프탑 라운지까지 갖춰 가로수길의 특성을 잘 반영한 곳으로 인식되면서 사람들의 발길이 이어지고 있다. '글로'보다 앞서 필립모리스코리아Philip Morri Korea Inc.의 전자담배 브랜드 '아이코스IQOS'도 일찌감치 가로수길에 진출했다. '아이코스' 또한 오픈 초기에 국내는 물론 해외 마니아들까지 찾아오면서 이른 아침부터 길게 줄이 형성될 정도로 인기가 높았다. 지금도 젊은 애연가들이 즐겨 찾는 매장으로 손꼽힌다.

2017년 9월, 세계적인 자동차 회사 재규어랜드로버코리아JAGUAR LAND ROVER KOREA는 가로수길의 메인 도로변에 '재규어&랜드로버 스튜디오'라는 이름의 팝업스토어Pop-up Store*를 오픈해 운영했다. 장기 프로젝트로 진행한 이곳은 팝업스토어임에도 정식 매장 이상의 감각 있는 인테리어 디자인을 선보여 가로수길을 대표하는 숍의 이미지를 보여줬다. '재규어&랜드로버 스튜디오' 오픈 직후 같은 라인에 르노자동차

---

*팝업스토어 인터넷에서 떴다 사라지는 '팝업창'과 비슷하다고 해서 붙은 이름. 짧게는 하루, 길게는 몇 개월만 운영하는 매장을 말한다.

젠틀몬스터 신사

템버린즈의 플래그십스토어

또한 3개월 간 팝업스토어를 오픈해 홍보매장으로 사용하기도 했다. 그 맞은편 대형 매장에도 현대자동차의 스포츠유틸리티 브랜드 '코나 Kona'를 홍보하기 위한 팝업스토어인 '코나 스튜디오'가 한시적으로 운영되었다. 이곳에는 패션 전문 기업 F&F의 신규 브랜드 '스트레치엔젤스STRETCH ANGELS'가 2018년 6월에 정식 입점해 브랜드 인지도를 높이기 위한 플래그십스토어를 운영하고 있다. 또한 2017년 10월에는 가로수길에 매장 2개, 갤러리 1개를 운영하고 있는 '젠틀몬스터GENTLE MONSTER'가 별도 법인을 설립해 코스메틱 브랜드 '탬버린즈tamburins' 플래그십스토어를 오픈했다. 핸드크림 단일 아이템으로 시작한 '탬버린즈'는 5개월 만에 페이스크림을 두 번째로 출시해 관심을 집중시키고 있다. '탬버린즈'는 세로수길의 옛 페이퍼가든 자리에 대형 플래그십스토어로 오픈했으며, 한 스토어에서 수백 가지 아이템을 보여주는 방식이 아닌 단 한 개의 아이템에서 출발해 충분히 고객에게 어필한 다음 또 하나의 아이템을 출시하는 전략을 사용해 기존 브랜드와는 전혀 다른 코스메틱 브랜드라는 인식을 주고 있다. 2018년 3월에는 북유럽 디자인을 현대적으로 재해석한 가구 및 소품 디자인, 리빙 아이템을 판매하는 'HAY'가 단독 건물을 매장으로 오픈해 상권에 신선함을 전하고 있다.

가로수길에는 또 하나의 대형 프로젝트가 실행되고 있다. 메인 도로변에 대형 신축건물 공사가 한창이다. 시계 브랜드 '스와치SWATCH'와 코스메틱 브랜드 '바닐라코BANILA CO' 매장 옆과 뒤쪽이 현장인 이곳에 국내 최대 자산운용사인 '이지스자산운용'이 400억 원을 투자해 새로운 쇼핑시설을 짓고 있는 것이다.

이지스자산운용은 서울 인사동의 인기 쇼핑시설 '쌈지길'을 소유하고 있는데 '쌈지길'을 성공적으로 운영한 경험을 토대로 가로수길에 신축 중인 건물에 일명 '제2의 쌈지길'을 만들겠다는 계획이다. 이곳에 아기자기한 숍들을 만들어 신진 패션 디자이너, 잡화 및 액세서리 가게, 공방 등을 유치함으로써 재미는 물론 고객들에게 쇼핑의 즐거움을 제공한다는 계획이다.

이처럼 가로수길 상권은 다양한 숍들이 나가고 들어오는 사이클이 반복되고 있다. 일각에서는 최근 가로수길 상권에도 공실이 증가하는 것을 토대로 한때 호황을 누리다 그 기세가 꺾인 상권처럼 힘이 점차 약해지고 있다는 의견을 제시한다. 하지만 또 다른 일각에서는 세계적인 기업들이 플래그십스토어를 가로수길에 오픈하는 것을 볼 때 여전히 이곳은 서울을 넘어 세계적인 핫플레이스로 인기를 얻고 있다며 의견이 팽팽히 맞서고 있다.

명동 상권, 프리미엄 슈즈와 마트의 성장세

'아트모스', 'JD스포츠'에 이어 '휠라'까지 가세.

라라마트·K마트·코리아마트·명동마트·이마트24의 경쟁.

서울의 명동은 국내를 넘어 세계적인 상권이다. 명동을 보면 전체 가두상권의 현황을 알 수 있다고 말하기도 한다. 명동은 글로벌 브랜드, 국내 유명 브랜드, 해외 진출을 위한 브랜드 등 다양한 브랜드들이 매장 오픈 대상 1순위 지역으로 꼽고 늘 예의주시하는 곳이다.

2018년 상반기 명동 상권의 가장 큰 변화는 '슈즈 시장의 확대'다. ABC마트, 레스모아, 폴더 등의 기존 슈즈 편집숍과 나이키, 아디다스 등의 스포츠 브랜드 신발이 강세인 이곳에 프리미엄 슈즈 브랜드들이 가세한 것이다. 기존 브랜드들이 매스마켓mass-market*을 타깃으로 했다

---

*매스마켓 대량 판매와 대량 소비의 실행에 의해 형성되는 시장.

면, 최근 명동에 새로 진입한 프리미엄 슈즈 브랜드들은 유행을 주도하는 트렌드세터들을 메인 타깃으로 설정해 국내 슈즈 시장에 변화의 바람을 예고하고 있다.

2018년 4월 27일, 유럽 최대 슈즈&의류 멀티숍 브랜드인 'JD스포츠'가 명동에 두 개의 매장을 동시에 오픈했다. 기존 핫티HOT-T 매장을 JD스포츠로 전면 개편한 것인데 앞서 문을 연 첫 매장인 'JD스포츠 강남점'에 이어 두 번째와 세 번째 매장을 동시에 오픈한 것이다.

이번에 오픈한 명동점 역시 앞선 강남점과 마찬가지로 전날부터 몰려든 고객들이 길게 줄을 형성해 화제를 모았다. 이것은 다름 아닌 'JD스포츠'만 보유한 한정판 신발들을 매장 오픈과 동시에 출시했기 때문이다. 나이키의 프리미엄 라인 '에어조던1 브레드토Air Jordan 1 OG HIGH "BRED TOE"'와 '에어조던11 윈라이크Air Jordan11 "Win Like 82"'의 선착순 판매를 사전 공지를 통해 알렸고, 이를 구입하기 위해 전날부터 신발 마니아들이 몰린 것이다. 에어조던 시리즈 외에도 '아디다스adidas'와 '리복Reebok' 등의 프리미엄 라인도 함께 선보여 높은 판매고를 올리고 있다.

바로 다음날인 4월 28일에는 프리미엄 슈즈 멀티숍 '아트모스atmos'가 명동점을 오픈했다. 2017년 12월, 서울 압구정점 첫 매장을 오픈한 데 이어 두 번째다. 이곳 역시 '아트모스' 전용 신발을 사기 위해 오픈 전부터 고객들이 몰려 긴 줄이 형성됐다. '아트모스'는 일본에 29개의 지점을 둔 프리미엄 슈즈 멀티숍 브랜드로 마니아들 사이에서 최고의 슈즈 숍으로 손꼽히는 곳이다. 이번에 출시한 '아트모스' 독점 상품은

나이키 '에어맥스Air MAX' 시리즈 중 대표적인 '에어맥스1', '에어맥스90', '에어맥스92' 3개 모델이다. 이 모델들은 슈즈 마니아들이 신발과 함께 박스까지 함께 수집한다는 것에서 착안해 박스 이미지를 신발 외피에 반영한 독특한 디자인이 특징이다. 'WE LOVE NIKE'라는 부제로 출시한 이 제품들은 오픈 첫날부터 불티나게 팔려나가고 있다.

최근 인기 급상승 중인 스포츠 브랜드 '휠라FILA'도 2018년 4월 27일 명동점을 오픈했다. 한때 명동에서 철수한 바 있던 '휠라'가 이날 오픈하자마자 국내외 고객들이 몰려 성공적인 재진입을 알렸다.

'휠라' 명동점은 이날 지난해 100만 족 넘게 판매고를 올린 슈즈 '코트 디럭스'를 비롯해 최근 출시한 디스럽터와 레이 등이 매출을 주도했다. 또한 슈즈 외에도 헤리티지 의류 라인을 비롯한 전 상품이 고른 인기를 보여, 오픈 후 3일동안 1억 2,000만 원 이상의 매출을 달성한 것으로 알려졌다.

명동점에는 또 '휠라'의 프리미엄 신발 라인이 곧 구성될 예정이다. 최근 '휠라'는 1995년 출시한 러닝슈즈 모델 '마인드 블로워MindBlower'와 이탈리아의 '10꼬르소꼬모10 corsocomo', 미국의 '핑크돌핀Pink Dolphin', 국내의 '카시나kasina' 등과 컬래버레이션을 진행했다. 전 세계 8개국, 47개 멀티숍 또는 브랜드와 진행한 이번 컬래버레이션은 휠라의 글로벌 스포츠 브랜드로서의 이미지를 한층 높이는 결과로 나타나고 있다. 우선 '카시나'를 비롯해 몇몇 유통망에 공급하고, 추후 명동점을 비롯한 주요 매장에 순차적으로 공급하게 된다.

이철순 아트모스서울 대표는 "슈즈의 단계 중 가장 높은 레벨인 '에너지라인'이 일본 전체 시장의 15%를 형성하고 있다. 하지만 우리나라는 이제 1% 정도 될까 싶다."면서 "인구수와 국민소득 대비 우리나라와 일본을 비교해 보면 에너지라인 시장이 일본보다 작지는 않을 것이라고 본다. 이에 현 추세로 볼 때 아트모스의 성장은 무궁무진해 보인다."며 향후 시장을 밝게 전망했다.

또한 명동 상권에는 이미 'ABC마트'가 운영하는 슈즈 멀티숍 '온더스팟On the spot'과 아식스코리아ASICS Korea의 '오니츠카타이거Onitsuka Tiger'가 먼저 시장에 진입해 프리미엄 슈즈 시장을 확대해 나가고 있다. 따라서 앞으로 기존 브랜드와 신규 브랜드의 경쟁은 물론, 전 브랜드들이 각자 시장 확보와 확대를 놓고 한 판 경쟁이 불가피해 보인다.

한편 명동 상권에는 올해 들어 생활필수품을 판매하는 '마트'의 매장 수가 크게 늘고 있는 점이 눈에 띈다. 이들은 단순한 슈퍼마켓을 넘어 수입과자, 화장품, 김, 홍삼, 지역특산물 등을 판매하는 새로운 모습의 마트다. 이들의 성장을 이끄는 구매층은 단연 외국인들로 이들이 마트 활성화를 주도하고 있다. 외국인들은 국내 토종 제품들에 관심이 높아, 때론 대형 박스로 물건을 구매하는 등 큰 금액을 쓰기도 한다. 명동에 위치한 전체 마트 수는 현재 11개에 이른다. 라라마트, K마트, 코리아마트, 명동마트, 핑크마트, 레몬마트는 각 1개씩, 하모니마트는 2개, 이마트24 3개가 있다. 마트는 모두 공간이 큰 곳을 선호하기 때문에 지하나, 반지하에서 영업 중임에도 좋은 매출 결과를 보이고 있다.

신세계, 스타필드 코엑스점에
화력을 집중하다

시코로, 데블스도어에 이어 삐에로쇼핑을 오픈하다.

신세계그룹이 스타필드 코엑스점에 유통사업을 집중시키고 있다. 별마당도서관을 오픈해 고객 집객과 매출이 크게 상승하자, 이제는 다양한 자사 브랜드를 이곳에 집중시켜 활성화 수준을 더욱 끌어올리는 전략을 사용하고 있는 것이다. 스타필드 코엑스점은 복합쇼핑몰이지만 지하 단층 면적상 세계 최대 규모인 유통시설로 마치 하나의 가두상권을 보는 듯하다. 매장과 매장 사이의 길은 가두상권의 골목길 같고, 각 매장은 가두상권의 건물과 같은 형태이다.

신세계그룹의 ㈜이마트는 이 스타필드 코엑스점에 2018년 6월 '삐에로쇼핑' 1호점을 오픈했다. '삐에로쇼핑'은 '펀Fun'과 '크레이지Crazy'를 표방하는 신개념 전문점이다. 일본의 돈키호테* 같은 '어뮤즈먼트 디스카운트 스토어Amusement Discount Store**'를 지향하는 이 브랜드는 가성비 높은 다양한 상품들을 판매해 생활용품 시장을 주도한다는 계획이다. 마치 만물상 가게를 들른 듯한 느낌을 전해준다.

신세계그룹은 이보다 앞서 지난 6월 11일에는 ㈜신세계푸드를 통해 코엑스몰 1층에 수제맥주 전문점 '데블스도어Devil's Door', 유기농 아이스크림 전문점 '쓰리트윈즈three twins', 햄버거 전문점 '버거플랜트BURGER PLANT' 세 곳을 동시에 오픈해 외식과 케이터링 사업을 강화했다.

수제맥주 전문점 '데블스도어'는 990㎡(300평)에 400석 규모의 대형 매장으로 중앙 바테이블 상단에 설치된 대형 LED스크린과 DJ부스가 특징이다. 신세계푸드는 이를 활용해 월드컵 대규모 응원전 등 다양한 이벤트를 펼쳐 특히 직장인들로부터 높은 인기를 얻고 있다.

'버거플랜트'는 프랜차이즈 사업을 염두에 둔 브랜드로 4,000~6,000 원대의 합리적인 가격에 수제 햄버거 수준의 품질을 구현해 좋은 반응을 얻고 있다. 그리고 유기농 아이스크림 브랜드 '쓰리트윈즈'는 이마트에서 판매하던 브랜드 중 좋은 반응을 거둬 처음으로 단독 매장을 연 사례이다. 미국에서 직수입한 쓰리트윈즈 유기농 아이스크림뿐 아니라 신세계푸드가 자체 생산하는 베이커리, 음료를 접목해 팬케이크, 셰이크, 조각케이크 등을 판매하는 프리미엄 아이스크림 디저트 카페이다.

한편 올해 1월에는 신세계의 뷰티 스페셜티 스토어 '시코르CHICOR'를

---

*돈키호테 일본의 대형 유통업체, 연매출이 8조 원에 달하는 것으로 알려짐.
**어뮤즈먼트 디스카운트 스토어 재미있고 희귀한 물건들을 싼 가격에 판매하는 상점.

스타필드 코엑스점에 입점한 삐에로쇼핑

왼쪽부터 데블스도어, 쓰리트윈즈, 버거플랜트

7번째로 이곳에 오픈하기도 했다. 판매제품을 체험할 수 있는 제품별 테스터존 외에도 별도의 셀프바가 배치되어 인기 메이크업 제품들과 헤어 스타일링 기기, 브러시 등 세분화된 뷰티 용품들을 자유롭게 경험해볼 수 있어 인기다. 시코르 스타필드 코엑스점에는 베네피트benefit, 바비 브라운BOBBI BROWN 등 럭셔리 브랜드부터 립스틱 퀸LIPSTICK QUEEN, 바이테리BY TERRY, 케빈어코인KEVYN AUCOIN 등 해외직구를 통해서나 만날 수 있었던 브랜드까지 모두 150여 개 브랜드의 다양한 제품들이 빼곡히 들어서 있다.

향후 스파필드 코엑스점은 주변 개발 호재로 더욱 활성화될 것으로 보인다. 현대자동차그룹이 코엑스몰 맞은편 옛 한전부지에 글로벌비즈니스센터Hyundai Global Business Center, GBC를 추진하고 있기 때문이다. 이곳에는 15개의 계열사가 입주할 예정으로 상주인구만 1만여 명에 이를 것으로 전망된다. 또한 스타필드 코엑스점과 글로벌비즈니스센터 사이의 영동대로에는 서울시의 지하 개발 계획이 잡혀 있다. 이 사업은 총 사업비 1조 3,000억 원이 투입되는 대형 프로젝트다. 버스, KTX, 지하철 등의 교통수단은 모두 지하로 이동하고, 지상에는 공원이 조성된다. 이로 인해 향후 스타필드 코엑스점은 그 가치가 계속 상승할 것으로 예상되는 대표적인 상권이다.

압구정로데오에 집결하는 스트리트 패션

'무신사'부터, '카시나' 스투시'에 이어 '앤더슨벨'까지 속속 들어서다.

최근 압구정 상권이 부활의 움직임을 보이고 있다. 새로운 콘텐츠가 들어와 신선도를 높이는가 하면, 건물주들의 역할로 임대료가 낮아지면서 숍을 열고자 하는 사람들이 늘어 빈 점포들이 조금씩 사라지고 있는 것이다.

여기에는 젊은 층에게 인기 있는 SNS 채널, 특히 인스타그램이 중요한 역할을 하고 있다. 인스타그램에서는 사람과 장소, 패션과 음식 아이템들이 인기를 얻거나 빠르게 홍보되기도 한다. 최근 인스타그램을 통해 유명해진 압구정로데오거리의 맛집이 있다. 바로 '로켓 크리스피 치킨Rocket Crispy Chicken'이다. 이곳은 치킨 메뉴 소개와 이 메뉴를 만드는 과정을 인스타그램에 영상 콘텐츠로 올려 화제가 되었다. 또한 동물복지 인증 치킨을 사용해 쾌적한 환경에서 자란 닭만을 사용해 믿을 수

있는 음식으로 인기를 더한다.

또 한 연예인이 오픈한 한우갈비와 닭꼬치를 메인 메뉴로 하는 고깃집 '마법갈비 요술꼬치'도 로데오거리에 활력을 불어 넣고 있다. 이곳은 사장이 인기 연예인인 탓에 친한 스타들이 자주 방문해 사람들이 가게를 찾도록 하는 효과도 얻고 있다.

하지만 이런 개별적인 성공 요인 외에 압구정이 다시 핫플레이스로서의 위치를 찾아가는 데는 '지역주민센터'와 '압구정로데오 상권살리기 추진위원회'의 적극적인 참여가 밑바탕이 됐기 때문으로 보인다.

압구정로데오에 필요한 브랜드 유치와 공실을 방지하기 위해 위원회 소속 건물주들이 자발적으로 임대료를 대폭 낮춘 '반값임대료' 운동이 주효했던 것이다.

결국 건물 가격과 임대료가 현실적인 수준으로 조정되자, 패션 브랜드의 입성이 늘고 있다. 하지만 과거와 달리 여성복, 남성복 등의 백화점 브랜드가 아닌, 젊은층을 타깃으로 한 액션 스포츠와 힙합 문화를 반영한 스트리트 트렌드의 브랜드들이 속속 들어서고 있는 것이다. 오래 전부터 스트리트 대표 브랜드 역할을 해온 '스투시Stussy'가 압구정로데오 한켠에 단독 건물로 자리하고 있고, '칼하트carhartt'와 '오베이OBEY'로 유명한 '웍스아웃WORKSOUT'도 단독건물 전체를 사용해 성공적인 운영을 펼치고 있다. 그리고 스투시를 운영하는 이은혁 사장은 또다시 별도 건물을 계약해 프리미엄 신발 중심의 편집숍 '카시나'를 오픈했다. 2018년 8월에는 자체 브랜드 카페도 추가했다. 스트리트 브랜드의 특성상 마니아층을 중심으로 운영되다 보니 고객 유동은 다소 적어 보이지만 목적 구매가 높고, 가격대가 높은 한정판 상품들로 매출이 일정 수준 이상으로 유지되는 것으로 나타났다. 최근에는 중국을 비롯한 해외 고객들이 부쩍 늘어 매출은 상승세에 있다.

압구정로데오 상권에는 온라인 편집숍 '무신사MUSUNSA'가 집합 건물의 일부를 매입해 입성했으며, 스트리트 디자이너 브랜드 '앤더슨벨Andersson Bell'도 도산공원 옆 단독 건물을 매입해 둥지를 틀었다. 또한 '라이풀LIFUL'과 'LMC'를 전개하는 ㈜레이어도 숍과 오피스를 모두 압구정로데오 인근에 두고 있다. 그리고 '에스피오나지ESPIONAGE'는 쇼룸을 2층에 구성했음에도 많은 고객들이 찾아오고 있다. 최근 인기가 급성장 중인 '챔피온Champion'은 압구정로데오 상권 중심부에 직영 플래그십스토어를 오픈해 성업 중이다. 이렇게 이 지역을 다시 하나둘씩 채우

출처 www.worksout.co.kr

고 있는 스트리트 패션 그리고 이들과 가장 밀접한 요소 중 하나가 바로 슈즈다. 압구정로데오에 2017년 12월 한정판 프리미엄 슈즈를 강점으로 내세운 '아트모스'가 문을 열고 현재 성업 중이다.

이처럼 압구정로데오 상권은 젠트리피케이션* 현상으로 모두 떠날 때 스트리트 패션과 슈즈 편집숍은 오히려 입성하고 있는 것이다.

마니아 중심으로 운영되는 이 브랜드들은 현재의 압구정로데오 상권이 최적의 장소라고 말했다. 다양한 규모의 건물들이 존재하고, 고객 수준이 높은 강남권이면서, 스트리트 문화를 즐기며 직접 참여하는 성향의 사람들이 몰려 있는 집결지 같은 곳이기 때문이다. 앞으로도 압구정로데오 상권에는 스트리트 문화에 속한 기업들의 진출이 계속 이어질 전망이다. 이들은 하나같이 임대료만 현실적이라면 압구정로데오 상권은 가장 진입하고 싶은 상권 중 하나라고 강조했다.

***젠트리피케이션** 낙후 지역이 개발돼 임대료가 오르면서 기존 원주민이 밀려나는 현상.

강남역, 스포츠 브랜드의 치열한 격전지

나이키, 아디다스, 데상트에 뉴발란스와 다이나핏까지 나란히 들어서다.

"강남역을 중심으로 신논현역과 논현역으로 이어지는 강남대로 상권에 요즘 스포츠 브랜드들의 경쟁이 한창이다. 이 지역은 전국 최고의 상권으로 손꼽히는 곳으로 다른 상권에 비해 젊은 층과 직장인이 많다는 특징을 갖고 있다. 이곳은 늘 젊고 활기가 넘치는 지역적 특성으로 인해 스포츠 브랜드 매장들이 대거 포진해 있어 이들의 격전지로 주목받고 있다.

'나이키'는 2014년 6월 기존 중소형 매장에서 탈피, 초대형 매장인 '나이키 강남 플래그십스토어'를 오픈했다. 연면적 $1,800\,m^2$(약 550평)에 3층 규모인 이곳은 나이키의 모든 혁신과 에너지를 집대성해 선보이는 글로벌 플래그십스토어로 오픈 당시 국내 스포츠 브랜드 매장 중 최대 규모를 자랑했다.

나이키의 초대형 매장 오픈은 경쟁 브랜드들에게도 자극이 돼 모두 메머드급 매장 오픈에 뛰어들도록 하는 계기가 됐다. 나이키의 뒤를 이어 대형 매장 경쟁에 먼저 뛰어든 것은 '데상트DESCENTE'다. 2011년에 매장을 오픈한 바 있던 데상트가 나이키 플래그십스토어가 오픈한 직후인 2014년 6월에 매장 면적을 두 배 키워 재오픈한 것이다. 데상트는 이곳에 다양한 스포츠 카테고리 제품들을 한눈에 볼 수 있도록 구성하고, 계절마다 디스플레이를 달리해 브랜드 아이덴티티를 선보이는 대표 매장으로 활용하고 있다.

2017년 1월에는 글로벌 스포츠 브랜드 '언더아머UNDER ARMOUR'가 초대형 매장 '언더아머 브랜드 하우스'를 열면서 진출했다. 이곳은 국내 스포츠 매장 가운데 가장 큰 $1,980\,m^2$(600평)규모의 매장으로 전 세계 언더아머 매장 중 두 번째로 큰 곳이다. 지상 1층과 지하 1층 2개 층으로 구성돼 있으며 다양한 제품 라인 및 체험 공간을 구성한 점이 눈에 띈다.

'아디다스'도 강남역의 대형 스포츠 브랜드 매장 대열에 합류했다. 2017년 12월 '아디다스 강남 브랜드 센터'를 오픈한 것이다. 이곳은 온오프라인 체험을 강화한 최첨단 디지털 매장으로 구성해 인기를 얻고 있다. 기존 논현점과 강남역점을 합쳐 약 $1,103\,m^2$(335평)에 총 4층 규모로 확장한 매장으로, '아디다스'의 모든 콘셉트와 상품, 스포츠 체험을 한 곳에서 경험할 수 있도록 특화시켰다. 이밖에 2016년 4월에는 뉴발란스가 '강남 플래그십스토어'를 오픈했다. 뉴발란스 최초의 콘셉트 매장으로 피트니스 체험 공간을 선보여 화제가 된 이곳은 총면적 약 830

m^2(250평)로 '뉴발란스' 매장 중 국내 최대 규모다. 국내 스포츠 매장 중 최초로 21m의 초대형 미디어 파사드Media-Facade*를 설치했으며 매장 곳곳에 터치스크린을 배치하는 등 최첨단 디지털 기술을 결합했다.

또한 지난 6월 케이투코리아의 스포츠 브랜드 '다이나핏DYNAFIT'이 플래그십스토어를 오픈했다. 다이나핏 강남 플래그십스토어의 외관은 언더브릿지 콘셉트underbridge concept에 강렬한 '스노우 레오파드' 로고를 더해 사람들의 시선을 붙잡고 있다. 매장은 2개 층으로 이뤄져 있으며 1층에서는 슈즈와 캐주얼하게 즐길 수 있는 평상복 라인을, 2층에서는 고기능성을 강조한 스포츠 의류 라인을 구성했다.

이처럼 강남역 상권에는 글로벌 브랜드와 국내 브랜드를 비롯 다양한 스포츠 브랜드들이 메머드급 매장을 선보이면서 치열한 경쟁을 펼치고 있다. 이들은 강남대로 상권이 글로벌 마켓의 장이 된 만큼 자신들만의 콘셉트와 상품을 제대로 보여 줄 수 있는 플래그십스토어를 전면에 내세우는 것이다.

***미디어 파사드** 벽에 LED 조명 또는 영상을 비춰 스크린으로 꾸미는 것.

특수상권의
모든 것

권 성 희

GS리테일 개발사업부문 차장

성균관대학교에서 산업심리학을
전공하고, LG유통에서 백화점
영업·MD기획, 쇼핑몰 신규점포 개발
프로젝트를 시작으로 리테일 업계 활동을
시작했다. 개발사업부문에서 상업시설과
관련된 개발·운영·MD·상업시설
PM 등 전 영역에 대한 다양한
업무를 담당했으며 현재는 상업시설
MD·공간기획을 담당하고 있다. 다양한
특수상권(지하철·오피스·병원) 및
복합시설을 기획·개발했으며, 현재는
중대형 복합시설 개발 프로젝트를 중심으로
새로운 콘텐츠 개발 및 최신 트렌드인 보다
가치 있는 공간 구성을 기획하고 있다.

특수상권에 대한 이해와 오해

특수상권에 대해 본격적으로 이야기하기에 앞서 특수상권의 정의는 무엇이고 어떤 유형이 있는지부터 알아볼 필요가 있다. '특수상권'에 대한 정의는 다양한 의견이 있지만 일반적으로 '로드숍Road Shop*과 달리 특정한 목적을 지닌 집합건물로서 특정한 고객을 대상으로 한 매장이 모여 있는 상권'을 의미한다. 여기서 주목할 키워드는 '특정한 목적을 가진 집합건물', '특정한 고객'이다. 즉 특정 목적을 가진 고객을 대상으로 한 상권이라는 점이다. 이러한 특수상권의 대표적인 유형으로는 쇼핑몰, 역세권 상업시설(역사·지하철·지하상가), 병원 부대시설(대형 전문병원), 대학교(학교 내 상업시설), 오피스 상업시설(오피스 하부 아케이드 등), 극장, 휴게소 등이 있다. 이런 대표적인 유형들을 보면 앞서 특수상권의 정의에서 언급한 '특정한'이라는 조건의 의미가 이해될 것이다. 여

---

*로드숍 백화점이나 쇼핑몰 등 건물 내부가 아니라 도로나 인도 주위에 위치한 상점.

기서 특정한 고객이란 연령, 성별 등 인문통계학적인 분류가 아닌 소비자행동, 더 나아가 라이프스타일 패턴에 있어서의 특정한 목적을 가진 고객을 말한다. 특수상권에서의 사업을 준비 또는 희망하는 사람이라면 무엇보다 이 상권을 방문, 상주, 이용하는 고객들의 다양한 라이프스타일에 집중해야 한다. 그런데 특수상권 방문 고객들은 당연히 이곳의 입점 매장을 이용할 것이라는 기대는 더 이상 하지 말자. 특수상권이 많은 유동객을 토대로 손쉽게 황금알을 낳아주던 시대는 끝났기 때문이다. 이곳은 많은 기회 못지않게 커다란 리스크 또한 공존하는 상권이라는 점을 명확히 인식해야 한다. 물론 오피스, 대학, 역사, 병원 등의 특수상권에는 일반 상권에 비해 분명한 소비행동 패턴을 지닌 고객과 유동객을 토대로 예측이 용이하다는 장점이 존재한다. 또한 다양한 사례분석을 통해 해당 상권의 리스크 예측 또한 가능하다.

최근에는 전문지식과 경험을 바탕으로 특수상권 내 상업시설의 마케팅 및 MD 조정, 시설관리 등을 운영하는 운영사 및 컨설팅업체가 많아 효율적인 도움을 받을 수 있다.

이 장에서는 기획, 운영 경험을 바탕으로 특수상권의 실질적인 특징과 사업을 개진할 때 고려해야 할 다양한 포인트들을 함께 짚어보고자 한다.

특수상권은 유동객과 수익을 담보해준다?

이 말은 일정 부분은 맞다고 하겠다. 하지만 일반 로드숍에 비해 그렇다는 것이지 유동객이 곧바로 매출 및 수익으로 연결되는지 여부는 면밀히 계산해봐야 한다. 지하철과 지하도 상가, 공항·철도·항만 등의 대합실, 병원, 박물관과 미술관, 도서관 등 많은 사람이 출입하고 이용하는 실내형 다중이용시설은 로드숍에 비해 비교적 날씨의 영향을 적게 받으며 기본 유동객을 확보할 수 있다. 하지만 막연한 추정이나 기대감으로 중요한 결정을 내려서는 안 된다. 역세권과 쇼핑몰, 병원 등 대부분의 다중이용시설은 이용객의 숫자를 토대로 한 데이터가 많으니 입점 여부를 판단할 때 이를 중요한 기준으로 삼아야 한다.

특수상권의 유의점 중 놓쳐서는 안 되는 것이 계약조건이 대부분 열악하다는 점이다. 이런 시설들의 경우 안정된 유동객과 매출을 전제로 계약기간을 1년 단위로 체결하거나 임대료 및 수수료가 높은 경우가 많다. 여기서 '상가임대차보호법'이 존재하는데 왜 영업기간을 보장받을 수 없냐고 생각할 수 있는데 이 경우에는 계약구조가 임대차계약이 아니기 때문이다. 백화점 같은 특정매입, 상품공급계약의 형태 또는 기본 매장 인프라를 임대인이 투자하여 만들어 놓은 경우에는 '단기행사' 계약 형태로 진행돼 일반적인 임대차계약에서 제외된다. 즉, 임대차계약이 아니므로 상가임대차보호법 대상이 아니라는 것이다. 물론 이런 경우는 예전에 비해 많이 줄어들었지만 아직도 존재하는 만큼 계약 형태에 각별히 유의해야 한다. 그리고 기본적으로 최고가 입찰 및 제한 경쟁 입찰, 지명 입찰 등 높은 임대료를 내야 입점할 수 있는 계약구조가 많아 일반적인 가두상권에 비해 높은 원가 비중을 고려해야 한다. 이런 경우 높은 매출을 올리고도 기대 이하의 수익을 남기는 경우도 많기 때문이다. 실례로 대형 S병원의 한 편의점은 하루 평균 2~3,000만 원의 매출을 올려 부러운 시선을 받았지만 실제로는 마이너스 수익이 발생해 결국 퇴점하는 상황을 겪기도 했다. 이렇듯 특수상권에 접근하는 경우에는 단순히 매출액만 보지 말고 현실적인 원가구조에 대해 꼼꼼히 살피는 것이 중요하다. 또한 매출과 유동객 여부는 계약 주선자나 임대인의 말만 듣고 판단하지 말고 직접 방문해 면밀히 조사해볼 필요가 있다.

뒤에서 좀 더 자세히 설명하겠지만 기본 유동객이 많다고 내 매장 앞의 유동객 또한 많을 거라고 단정하는 것은 위험하다. 특히 역세권의 경우에는 동일한 공간임에도 유동객의 동선에 따라 매장별 임대료는 엄청난 차이를 보이기도 한다. 일반적으로 MD컨설팅업체에서는 같은 층에서의 임대료 차이를 5~10%로 두는 경우가 많지만 실제로는 업종, 매장 규모, 동선 및 위치에 따라 20% 이상 차이 나는 경우도 있다. 또한 원가구조(특히 임대료)가 높을 수밖에 없는 특수상권은 단순히 주변 시세만 보고 판단하지 말고 주력 상품, 메뉴의 단가와 매장 면적, 테이블 회전율 등을 토대로 매출을 추정해 임대가의 적정성을 따져야 한다. 초기에 이런 판단을 잘못해 울며 겨자 먹기로 그 조건을 유지할 수밖에 없는 사례가 생각보다 많다. 일반적인 임대차계약 기간을 감안할 때 해당 시설의 오픈 시기와 사업주가 계약하려는 시기를 고려하면 오픈 후 3~4년 된 시점보다는 재계약 시점인 5~6년 시점이 더 정확한 시세일 가능성이 높다. 통상적으로 처음 오픈 시 상권의 큰 변화가 없는 경우 부정적인 요인보다는 긍정적인 활성화 등 기대 요인을 임대료에 반영하는 경우가 많으며, 이러한 요소의 진위여부는 보통 짧게는 1~2년, 길어도 3년 정도 후에나 판단되기 때문이다. 그러나 5년 계약의 경우 임대료 하락 요인이 발생해도 계약서에 의거해 어쩔 수 없이 계약을 유지하는 경우가 많다. 임대료 및 상권 거품이 빠진 시기가 재계약 시점인 위에서 말한 오픈 후 5~6년이라는 것이다.

만약 특수상권으로의 입점을 검토하고 있다면 승자의 저주에 걸리지 않도록 신중해야 한다. 입점은 곧 성공이라는 기대로 인해 입찰 과정에서 무조건 높은 조건을 제안하는 우는 범하지 말아야 한다는 것이다. 특수상권의 임대료는 이제 더 이상 운영자 입장에서 받아야만 하는 수익이 아니라 입점하는 임차인도 안정적인 운영이 가능할 만큼 합리적인 수준이어야 한다.

각 시설의 운영주체에 따라 업종의 배치, 업체 선정 및 계약 방식, 계약 조건은 상이하다. 시설의 특성을 누구보다 잘 인지하고 있는 시설 운영기관이나 회사는 입점한 임차인의 수익을 고려한 구조보다는 운영주체 중심의 수익·계약 구조를 가지고 있다고 볼 수 있다. '최소보장금'을 전제로 한 수수료 계약 등이 이러한 전형적인 구조이다. 운영자 측면에서는 최소한의 안정적 수익을 보전하고 많은 매출을 확보하도록 매출수수료에 연동해 부가적인 수익 확보가 가능하게끔 한 것이다. 최근 이러한 계약 구조는 특수상권에 있어 보편적이며 점차 확대되고 있는 상황이다. 특수상권 입점을 구상하고 있다면 최소보장금 차원의 보수적인 매출 추정을 바탕으로 사업성을 검토하는 것이 필요하다고 할 수 있다.

 ## 특수상권의 운영·임대 주체를 파악하라

기존의 특수상권은 스타필드처럼 전문 유통기업이 운영하는 쇼핑몰을 제외하고는 개발업자가 운영하는 게 일반적이었다. 또한 지하철 역사 같은 공공시설의 경우에는 해당 시설을 운영하는 공공기관이나 위탁받은 민간기업이, 오피스 등은 건물주 등이 직접 임대를 관리하며 운영하는 경우가 많았다. 그러다 보니 운영 자체가 시설관리 중심으로 이뤄져 업종의 중복이나 상업시설에 적합한 인테리어 등의 준비에는 소홀하기 쉬웠다. 이렇듯 임대 주체가 운영 및 임대를 관리하는 경우에는 업종 간의 중복이나 리테일 업종의 아이템 조정 등이 제대로 이뤄지지 않아 임차인 간의 분쟁이나 매출 영향을 제대로 관리하기 어렵다. 실제로 학교, 병원, 역사 등의 일부 특수상권에는 배타적인 업종 독점권이 보장되지 않는 경우가 많다. 물론 최근에는 직영 중심의 단순 입찰이 아닌 전문 운영사를 통한 마스터 리스master lease*나 위탁계약 형식으로 시설 전체를 운영하는 형태가 점점 증가하고 있어 이러한 점은 점차 개선되고 있다. 임차인 입장에서는 전문업체가 운영하는 특수상권에 입점하는 것이 보다 더 안정적인 사업이 가능해진다. 전문 운영사의 경우 상업시설의 기획단계에서부터 운영 및 임차인의 수익성까지도 함께 고려하기 때문이다.

특수상권의 MD와 공간이 변화하고 있다

최근 특수상권의 MD(머천다이징)를 보면 지역 명물 브랜드, 맛집 유치 등 고객들의 일차적인 니즈에 대한 만족과 편의에서 벗어나 새로운 가치를 부여하기 위한 시도로 확대되고 있다. 그 중에서도 F&B(식품과 음료 판매 사업)의 비중은 점점 늘어나고 있으며 상권에 맞춰 세분화가 이뤄지고 있다. 가령 오피스 상권의 경우 낮시간 커뮤니티는 물론 미팅이나 자유로운 회의 등 체류시간을 증대시키기 위한 카페 업종과 저녁시간의 공동화 현상을 극복하기 위한 개스트로펍Gastro pub** 등 트렌드에 맞춘 나이트에프앤비Night F&B***가 더 세분화되고 확대되고 있다. 리테일의 경우 온라인과 모바일 쇼핑의 발달로 인해 갈수록 위축되고, 다중이용시설 내 리테일은 액세서리 및 중저가 의류, F&B 등으로의 업종전환이 이뤄지고 있어 동일 업종 간 경쟁이 더 치열해질 것으로 예

---

*마스터 리스 건물이나 시설을 통임대한 후 재임대하는 방식.
**개스트로펍 호텔 수준의 음식을 맥주, 와인 등과 곁들여 즐길 수 있는 이국적 개성의 술집.
***나이트에프앤비 밤에 즐길 수 있는 식당이나 술집.

여의도 District.Y 파워플랜트(Power Plant)

아모레퍼시픽 사옥 내 상업시설

상된다. 이러한 상황에서 기본은 한다는 프랜차이즈 브랜드의 경쟁력은 점점 더 낮아지고 독특함과 상품 콘셉트의 차별성을 보유한 아티산Artisan* 및 크래프트Craft**업체가 더 각광을 받을 것으로 예측된다.

공간의 측면에서도 고급화 또는 골목길을 연상시키는 등 명확한 콘셉트를 보여주는 인테리어, 이용객의 휴식과 체험, 자연적 요소의 적극적인 반영 등 복합쇼핑몰에서 보여지는 요소를 도입함으로써 부대시설로서가 아닌 자체적인 경쟁력을 가지는 시설로 변모하고 있다.

이제 상권을 창조하고 소비를 리딩하는 세대가 요구하는 콘텐츠와 공간을 특수상권에서도 구현해야 한다. 그래야 일반 가두상권에서 겪었던 시행착오를 최소화할 수 있을 것이다.

---

*아티산 특정 업종·메뉴에 있어서의 장인.

**크래프트 대량생산이 아닌 수가공 또는 수제작으로 생산하는 것.

유형별 특징과 라이프스타일에 집중하라

특수상권은 매우 다양하며, 이곳을 이용하는 이용객과 상주고객들의 니즈와 라이프스타일 또한 다르다. 여기서는 특수상권별로 시설의 특징과 이용객의 라이프스타일에 입각한 최근의 변화를 살펴봄으로써 특수상권 내 창업 시 특수상권이 지닌 장점과 희망요소뿐만 아니라 리스크 또한 충분히 고려할 수 있기를 바란다.

역세권 지하철/지하상가/역사 상업시설

역세권 상업시설은 TOD Transit Oriented Development*의 관점에서 만들어진 시설이다. 즉 목적 자체가 대중교통 이용의 편리성은 물론 더 나아가 대중교통 이용으로 인한 도시생활의 효율성을 보장하려는 것이다.

역세권 상업시설은 최근까지도 이러한 효율성과 편리성 측면에서의 공간구성과 업종을 기획해왔다. 물론 공간구성 과정에서는 상업시설 이용객을 충분히 고려하지 않는다. 지하철이나 대형 역사 개발 시 우선적으로 고려되는 것은 철도 이용의 편리이며, 뒤늦게 상업시설의 동선이나 배치 등이 고려되기도 한다. 그로 인해 상가를 만들어 놓고도 임차인을 유치하지 못하거나 유치하더라도 제대로 활성화하지 못해 어려움을 겪는 경우를 심심치 않게 볼 수 있어 안타까울 때가 많다.

그나마 최근에는 이러한 문제점을 극복하기 위한 다양한 시도가 진행되고 있다. 철도를 운영하는 공공기관 등은 부대시설에 대한 전문성이 높지 않고 별도의 운영조직도 관리 대응에 그치는 경우가 많다. 따라서 입찰 공모 등을 통해 전문 운영사업자를 선정한 후 위탁 또는 전체 책임임차**를 진행함으로써 기획, 운영상의 문제를 해결하려는 경우가 있다. 대표적인 사례가 바로 지하철 9호선과 신분당선 등이다. 이들은 안정적이고 전문적인 운영사를 선정함으로써 MD(업종), 공간 및 운영 관련 이슈들을 한 번에 해결한 사례이다.

지하철 및 지하상가는 기본적으로 역사 이용객 및 인근 지상 상권으로의 유동객에 의존한 상권이다. 이 경우에는 교통정보 등 다양한 데이터를 통해 역사의 이용객 수 확인을 거쳐 입점을 검토할 수 있는 장점이 있다. 그런데 역사의 이용객 수는 해당 상권 출점을 결정하는 가

---

*TOD 대중교통지향형 개발, 미국 건축가 피터 캘도프*Peter Calthorpe*에 의해 제시된 이론으로 대중교통 이용에 중점을 둔 도시개발 방식.
**전체 책임임차 마스터 리스 운영.

장 중요한 지표 중 하나지만 그것만 보고 출점을 결정하는 것은 매우
위험하다. 신규 지하철 역사의 경우 개통 후 실제 이용객 수가 사업타
당성 검토 당시의 예측과 큰 오차를 기록하는 경우가 허다하기 때문
이다.* 역세권 상권을 판단하는 데 있어 고려해야 할 변수는 그 외에도
많다. 실제로 역사 이용객 수는 승하차와 환승객으로만 이뤄져 있어 해
당 역사의 수많은 출구 및 환승통로를 이용하는 숫자는 고려되어 있지
않다. 즉 실질적인 해당 역사 내 입지는 현장조사 및 세밀한 유동객 수
의 확인 과정이 꼭 필요하다는 것이다. 출구별로 유동객의 차이가 많거
나 해당 매장의 위치가 주요 동선에 있는지 벗어나 있는지 잘 살펴보

---

* 최근에는 추정 대비 50% 수준에 그치는 경우도 발생.

자. 가령 일반인들은 개찰구 바로 옆에 위치한 매장이 유리하다고 생각하는 경우가 대부분이다. 물론 개찰구는 모든 이용객이 집중되는 곳이다. 하지만 그 이유로 유속도 빠르고 복잡한 경우가 많다. 개찰구를 통과할 때 시선은 대개 정면 또는 바닥을 향하며 옆으로 시선을 돌리는 경우는 많지 않다. 따라서 예상과 달리 의외로 고객 유입이 적은 매장이 바로 개찰구 옆에 위치한 매장이다. 또한 시간대별 이용객 수에 따라 해당 역사의 특성이 결정되며, 그에 따른 업종이 결정된다. 예를 들어 출근시간의 승차객 수가 많은 역사는 테이크아웃형 F&B Food and Beverage의 아침 매출이 좋지 못하다. 복잡하고 바쁜 출근시간에 식음료를 챙겨들고 지하철을 이용하기는 어렵기 때문이다. 그리고 일반 주거를 배후로 한 근린형 역세권은 대표적으로 출퇴근시간에만 이용객이

집중되는 경우이다. 이렇듯 상권을 세부적으로 이해하는 게 무엇보다 필요한 것이 특수상권이다. 그리고 무엇보다 더욱 집중해야 하는 것이 바로 해당 특수상권을 이용하는 고객의 라이프스타일인 것이다.

지하철 고객은 역사를 이용할 때 습관적으로 동일한 동선으로만 다니는 경우가 대부분이다. 이때는 다른 공간에 관심을 두지 않는 경우

지하철 역사의 개방형 입구 매장

계산대와 진열대를 전면에 배치한 매장

가 많다. 즉, 시야가 매우 좁다는 것이다. 그리고 지하철 역사는 어느 특수상권보다 사람들의 이동속도가 빠르다. 다시 말해 매우 짧은 시간에 해당 매장의 콘셉트와 상품이 고객의 눈에 들어오도록 해야 한다는 의미다. 이전에는 주로 일부 업종에서만 도입한 개방형 입구가 최근에는 카페, 분식집 등으로 확대된 것이 이러한 부분을 잘 보여준다. 고객 유속이 빠른 공간에서는 매장의 문을 열고 들어가는 것 자체가 구매를 결정하는 데 생각보다 많은 장애를 가지고 오기 때문이다. 그래서 아예 매장 정면을 마감하지 않고 개방하는 경우가 확대되고 있으며, 테이크아웃의 비중이 높은 커피나 샌드위치 전문점, 중저가 베이커리 등은 계산대 및 진열대를 아예 매장 전면에 배치하는 경우도 있다. 실제 역세권 상가의 경우 입구를 개방형으로 리모델링하기 전과 후의 매출이 20~30%까지 차이 나는 경우도 있다.

지하철, 지하상가 등의 역세권 특수상권은 더 이상 효율과 이용객의 편의만 고려해서는 안 된다. 명확한 콘셉트를 기반으로 일반 쇼핑몰과 동일한 수준의 공간적 개념과 쾌적한 환경을 구현해야 한다. 지하라는 공간적 폐쇄성, 특수성에 대한 선입견을 얼마나 깨뜨릴 수 있는지가 거기에 달려 있기 때문이다. 인터넷과 모바일로 무장한 옴니채널omni-channel* 방식에 익숙한 요즘 소비자들은 낮은 층고와 어두운 조명, 지하보도나 대합실 같은 환경에서는 더 이상 구매와 이용 욕구가 생겨나지 않는다. 기존의 전통적인 역세권 상업시설에 이러한 요소들을 충실히 반영해 기획하고 리뉴얼함으로써 상권을 활성화시킨 사례는 바로 고속

---

*옴니채널 온오프라인 및 모바일을 넘나들며 상품 검색과 구매 등이 가능한 서비스.

고속터미널 지하상가 리뉴얼 전

고속터미널 지하상가 리뉴얼 후

터미널역과 강남역에서 만나볼 수 있다.

　지하철 3호선 고속터미널역 지하상가는 1985년에 조성돼 30여 년 간 특별한 개보수를 하지 않아 낮은 천정고와 비좁은 동선, 복잡한 매장 구획 등 낙후된 지하상가의 전형적인 모습을 지니고 있었다. 또한 이곳에는 저가 의류, 액세서리, 잡화처럼 중복된 업종이 몰려 있어 이용객들의 다양한 니즈를 충족시키지 못하는 상황이었다. 그랬던 공간이 2016년 3월 새로운 전문 상업시설 운영업체가 선정되고 대대적인 리모델링을 거쳐 2017년 1월, 완벽히 새로운 공간으로 탄생되었다. 새로운 전문 운영업체인 '엔터식스enter6'는 낮은 천정고를 개방감 있게 디자인하고 이중 동선을 단일 동선으로 변경함으로써 이용객의 편의 및 만족도를 높였으며 F&B, 뷰티, 잡화, 패션 등 다양한 업종으로 상권을 구성해 폭넓은 이용객들의 니즈에 부합하였다.

　한편 강남역의 지하상가 중 기존 지하철 상가와는 달리 통일된 인테리어 콘셉트와 쾌적한 환경을 제공하는 공간이 2011년 오픈하게 된다.

신분당선 지하상가

합정역 지하통로

바로 신분당선 지하상가가 그곳이다. 지하철 개통 후 유휴공간에 상가를 구성하던 기존 방식이 아니라 설계 단계부터 전문 운영사를 선정해 업종 선정과 유치 활동을 진행함으로써 개통과 동시에 성공을 거둔 모델로 평가받고 있다. 이곳은 일반 쇼핑몰과 동일한 수준으로 통일된 매장 입구, 공용공간의 완성도 있는 인테리어와 중복을 최소화한 식음업종의 배치, 유명 브랜드 유치 성공 등 지하철 부대시설의 벤치마킹 대상으로 손꼽힌다.

앞에서 열거한 성공 사례들의 공통점은 모두 전문 운영사를 통해 개발과 운영을 진행했다는 점이다. 아직 철도와 지하철 운영기관들은 그런 트렌드를 알고 있으면서도 직접적인 인프라 제공 등은 하지 않은 경우가 많으며 설비투자비 대부분을 입점업체 부담으로 하기도 한다. 즉, 식음 업종의 경우 급배기와 급배수, 중앙공조 외에 냉난방 등은 일체 입점업체 부담일 가능성이 높다는 것이다. 특별한 설비 추가가 필요치 않은 업종이 아니라면 이 부분에 대해 면밀히 고려해야 한다. 때로는 이런 비용이 인테리어 비용보다 더 발생하는 경우도 있으며, 역세권의 특성상 이용객 안전 및 불편 최소화를 위해 가스 사용 금지 등의 제한 사항도 있으니 사전에 이를 잘 파악하길 바란다.

공동화 현상 극복을 위한 오피스 상권의 변화

오피스 상권에는 누구나 알고 있는 명확한 특징이 존재한다. 바로 평일 저녁과 주말의 공동화 현상이다. 이러한 현상을 극복하기 위해 오피스 상업시설을 기획하고 운영하는 업체는 물론 해당 시설에 입점한 임차인 모두 고민 중이다. 이러한 고민은 최근 오피스 하부 부대시설에서 일고 있는 패러다임 변화에서도 엿볼 수 있다.

'아케이드'라 불리는 전통적인 오피스 상업시설에는 일단 지하를 중심으로 리스크가 적은 탕, 구이, 면, 찌게 등을 다루는 한식당 또는 횟집, 중식당 등이 일반적이었다. 또한 낮은 층고인 경우가 대부분이며 효율성 극대화를 위해 획일적인 바둑판 구성으로 인해 동선과 분위기는 대체로 답답하고 폐쇄적이었다. 급배기 설비 또한 부족해 온갖 냄새가 섞이다보니 쾌적함이 부족해 그저 한 끼를 때우는 공간이 되었고 최대한 많은 매장을 배치한 탓에 업종의 중복이 빈번했다. 시설 중심의 관리에만 집중하다 보니 MD에 대한 전문성 등이 턱없이 부족했기 때문이다.

그러나 시간이 갈수록 이런 시설은 점차 외면 받게 되었고 대표적인 오피스 상권인 CBD(종로 중심 업무지구), GBD(강남 중심 업무지구), YBD(여의도 중심 업무지구) 중심으로 새로운 변화가 시작되었다. 건물주는 전문 MD컨설팅 및 운영업체에 MD와 기획을 의뢰했고 그 성공적인 변화는 GFC(강남파이낸스센터), SFC(서울파이낸스센터) 등에서 시작돼 최근 그랑서울(종로)과 D타워에서 정점을 이루고 있다.

오피스 근무자의 마인드 에이지Mind age*가 낮아지고 개성, 자기표현, 공유의 중요성을 인정하는 이들에게 오피스 상권은 더 이상 한 끼 식사를 해결하는 공간이 아니다. 업무와 주거 이외에 '제3의 공간'으로서 힐링과 커뮤니케이션 공간으로 진화하고 있는 것이다.

이러한 측면에서 한식 일변도였던 업종 구성은 커뮤니티 활동과 휴식이 가능한 카페 업종의 확대와 세분화(브런치 식당, 커피전문점, 주스와 티 전문점, 디저트 카페 등)되고 있다. 맛집 또한 돈가스, 우동, 스시, 이탈리안, 에스닉, 셀렉다이닝 등 다양한 국적으로 구성되며 일반적인 프랜차이즈 브랜드보다는 '아티산' 브랜드들이 희소성과 명확한 매장 콘셉트를 바탕으로 빠른 트렌드에 대응하는 플랫포머Flatfomer**로서의 위상이 높아지고 있다.

업종의 변화는 그것을 둘러싼 공간적 변화가 함께할 때 비로소 완성된다. 지하 중심의 상업시설은 지상 저층부로 확대되고, 보이드Void***

---

*마인드 에이지 신체적 나이가 아닌 라이프스타일, 가치관, 감성 등을 포괄한 정신적 나이.

**플랫포머 다양한 상품과 서비스를 인테리어, 시스템, 공간 등의 플랫폼을 제공하고 수익을 창출하는 자.

***보이드 동선이 집중되는 공간과 내부에서 중심이 되는 오픈 공간.

포스코 사옥에 위치한 테라로사

종로 D타워 내부 모습

등을 활용해 개방성을 확보하고 일반 쇼핑몰처럼 공용공간 및 휴식 공간의 과감한 인테리어 구성 등을 통해 오피스 건물의 가치를 대변하는 공간으로 변모하고 있다. 이러한 변화를 가장 잘 나타낸 것이 종로의 'D타워'이다.

D타워는 테라스를 실내로 도입해 이국적 공간을 연출한 것은 물론 공용공간을 서비스 면적으로 전용화한 것도 D타워만의 파격적인 시도라 할 수 있다. 또한 계단식 에스컬레이터 구성을 통해 수직적 연결을 강화함으로써 기존의 답답하고 복잡한 동선을 한눈에 들어오도록 했다. 이런 통합 전개를 통해 사각 공간을 최소화함으로써 공간 자체로서의 차별적인 매력 포인트를 구현했다.

이런 업종과 공간의 구성은 SNS의 발달에 힘입어 먼 거리에서도 이용자들이 찾아오도록 만드는, 기존에는 상상도 못했던 상황들을 이끌어내고 있다. 상주인구에만 의존하던 오피스 상권이 그 시설 자체로서도 경쟁력 있는 상권으로 개발되고 있는 것이다. 그런데 이러한 변화는 앞서 언급한 공동화 현상을 최소화하는 데 어느 정도 효과가 있기도 하지만, 오피스 상권에 입점을 고려하는 테넌트라면 보수적인 입장에서 공동화 현상을 충분히 고려해야 할 것이다.

병원과 대학교의 특수상권

병원 또는 대학교 내 상업시설은 특수상권 중에서도 아주 기복이 심한 경우이다. 특히 대형병원은 주변 상권과 독립돼 포켓상권*을 형성하는 경우가 많고 시설 특성상 외부 유출이 거의 이루어지지 않는다. 외부 이용객 또한 명확한 목적으로 방문하는 만큼 내부에서 모든 소비가 이루어지게 되며 기본적인 유동·상주 수요(외래진료환자, 입원환자 등) 모두를 확보할 수 있다. 대학병원의 경우에는 의과대학의 수요도 기대할 수 있으며 대형 대학병원의 경우 일 방문객이 2만 명에 달한다. 통상적으로 병원은 한 공간에 부대시설이 집중적으로 구성되는 경우가 많아 효율 측면에서는 특수상권 중에서도 매우 매력적인 것으로 평가된다.

하지만 병원은 장점이 많은 만큼 입점하는 데 상당히 높은 진입장벽이 존재한다. 또한 대형병원의 경우에는 병원에서 전문 운영사를 선정하거나 병원 소속 조합에서 직접 운영하는 경우도 있어 개인이 입찰을 통해 개별적인 입점을 시도하기란 여간 힘든 것이 아니다. 전문 운영사와 네트워크가 있거나 병원 관계지인이 아닌 경우 일반적인 조건으로 입점한다는 것은 거의 불가능에 가깝다. 그리고 입찰이 진행돼도 자격 요건에 유사 병원시설에서의 운영 경험을 전제로 하는 경우가 많다. 이유는 동일한 업종이라도 병원이라는 특수성을 고려해야 하기 때문이

---

*포켓상권 인근 주민 수요를 붙잡는 상권.

다. 예를 들어 헤어숍의 경우 커트나 펌 같은 일반 서비스는 무방하지만 네일 서비스는 영업이 쉽지 않다. 간호사를 비롯해 병원 직원은 손에 별도의 치장이 허용되지 않기 때문이다. 또한 병동의 입원 및 수술 환자를 대상으로 한 출장 이발과 가발을 동시에 취급해야 하는 특수한 상황도 있다.

전문 운영사가 관리하는 병원에서는 푸드코트나 스넥델리 등은 대부분 직영으로 운영하는 경우가 많아 해당 업종의 경우에는 가맹점 형태로 입점해야 하는데 그러한 기회마저도 아주 드물다. 다만 최근에는 식음료 분야의 경우 일반적인 메뉴 외에 호떡 등의 지역 맛집이나 트렌디한 테이크아웃형 메뉴에 한해 별도의 전대차계약이나 단기 계약으로 진행되는 경우도 있다. 또 병원 근무자, 환자 및 보호자를 위한 편의점에서 취급하지 않거나 비중이 높지 않는 속옷 또는 티셔츠와 같은 기본 의류나 기초 화장품, 팬시용품 등을 취급하는 편집숍의 니즈가 증

연세세브란스병원 내 식음시설

가하는 상황이다. 그런데 소규모 캐주얼 식음료 매장이나 편집숍은 대기업 및 전문운영사가 진입하기 힘든 틈새시장인 만큼 개인매장의 진입 가능성이 있다.

그런데 다양한 장점을 지닌 병원 상권에도 리스크는 존재한다. 주말에는 외래진료가 없거나 직원들의 상당수(50% 이상)가 휴무인 경우가 많으며, 메르스 등의 사태에서 보았듯이 특별한 질병이 유행할 경우 병원 이용객 자체가 급격하게 줄 수밖에 없다는 것이다. 반대로 평일 저녁이나 주말에는 오피스와 유사한 공동화 현상이 있다고는 해도 교대로 일하는 직원과 입원환자 및 보호자 등의 숫자 자체가 적지 않아 늦은 시간에도 저녁식사나 야식 등의 수요가 있다.

물론 여기서도 병원의 특수성은 잘 나타난다. 병원 근무자는 보편적으로 늘 바쁘고 충분한 식사와 휴식시간이 주어지지 않으며 장시간 자리를 비울 수 없기 때문에 대부분 도시락이나 스낵 같은 패스트푸드 종류에 의존하는 경우가 많다. 이런 경우 예약을 통해 각 진료과나 단

현대아산 병원 내 상업시설

체별로 주문을 받아 공급하기도 한다. 또한 낮에 병원을 방문하는 고객 중에는 외래환자 이외에 병문안이나 업무차 병원 관계자를 방문하는 부류도 적지 않아 베이커리, 죽, 떡 등의 테이크아웃형 니즈가 많은 상권이다. 테이크아웃 업종은 적은 면적에서 고효율을 얻을 수 있는 만큼 상대적으로 투자비가 적은 개인의 경우 병원 입점 시 가장 먼저 고려해볼 만한 업종이다. 다만 해당 업종은 그런 고효율이라는 것을 병원에서도 잘 알고 있는 만큼 높은 사용료(임대료)를 받는다는 것을 고려해야 한다.

병원의 업종을 보면 편의점과 일부 서비스 업종을 제외하고는 식음 분야의 비중이 80% 이상일 만큼 압도적이다. 병원 부대시설을 위탁 또는 마스터리스로 운영하는 대부분의 업체가 전문 대형 식음업체라는 것은 병원에서 식음 사업이 얼마나 중요한 업종인지를 반증한다. 또한 앞서 언급한 테이크아웃 외에 테이블을 배치한 식음 매장의 경우 여러 매장이 좌석을 공유하는 푸드코트 형태가 일반적이다. 점심시간에 한꺼번에 몰리는 수요를 최대한 수용함으로써 골든타임의 회전율을 끌어올리는 것이 매출 확보의 열쇠이기 때문이다.

병원 외에 가장 어려운 특수상권은 대학교 내 부대시설이 아닐까 싶다. 대학교라는 공간 자체가 단과대학별로 대형화되거나 해당 건물별로 상업시설이 분산된 점도 그렇지만 무엇보다 '방학'이라는 커다란 리스크가 존재하기 때문이다. 일 년 중 50%의 기간은 평균 매출의 50%까지도 내려갈 수 있다는 점을 각오해야 한다. 그렇다고 임대료가 싼 것도 아니다. 일반 가두상권보다 높은 임대료로 인해 학내서점, 학교 기

넘품, 학생식당 이외의 일반적인 식음이나 리테일 정도로는 경쟁력이 없는 경우가 많다. 요즘 대학생들은 SNS의 발달로 인해 누구보다 정보에 밝으며, 대중교통의 발달로 대학 상권을 벗어나는 경우가 많아 포켓 상권으로서의 장점은 예전에 비해 현격히 줄어들었다. 계절학기 등의 다양한 목적으로 방학 기간 중 학생이 방문한다 해도 그들이 교내 시설에서 소비한다는 것은 기대하기 어렵다. 예전에는 대학교 앞은 늘 활성화된 상권이었지만 요즘 주변을 둘러보면 상황이 많이 달라진 것을 느낄 것이다. 홍대 인근처럼 광역적인 핫플레이스가 되지 않는다면 연세대, 이화여대가 위치한 신촌이나 외국어대, 고려대 등지에서 예전 같은 상권 부흥은 쉽지 않을 것으로 판단된다.

앞에서 살펴본 것처럼 리테일 분야에서 특수상권은 지속적으로 존재할 것이다. 하지만 해당 상권을 이용하는 고객의 이용 행태나 니즈는 갈수록 빠르게 변화할 것으로 예상된다. 4차 산업혁명과 IT기술의 발달에 따른 교통수단의 변화, 의료기술의 발달로 인한 병원의 역할 변화, 재택근무와 공유 패러다임, 시설의 복합화, 지상 개발 한계로 인한 지하공간의 개발 등은 지금보다 더 다양화된 특수상권을 생성시킬 가능성이 높다. 특히 시장의 주목을 받고 있는 영동대로 지하개발, 잠실

캐나다 몬트리올의 언더그라운드 시티

종합운동장 재개발, 강남대로 지하개발, GTX Great Train Express* 등이 추진 또는 예정이어서 향후 지하공간에 대한 관심 또한 크게 증대되고 있다. 양극화로 치닫는 기후 변화와 미세먼지 등이 중대한 사회문제로 커지는 가운데 기존 지하상가와 역사 중심의 지하공간 개발에서 지하도시 개념으로의 성공적인 변화가 이뤄진다면, 지하공간은 새로운 생활권과 상권으로서의 잠재력을 드러낼 것으로 예상된다. 이러한 사례는 해외에서도 볼 수 있는데 대표적인 사례가 캐나다 몬트리올에 있는 '언더그라운드 시티 Underground City'이다. 이곳은 몹시 추운 캐나다의 기후가 만들어낸 지하공간으로 쇼핑몰, 호텔, 박물관, 오피스 등 지상 각 건물들과 지하철 등을 연결해 하루 유동객이 50만 명에 육박하고 있으며, 기존의 답답한 지하공간의 틀에서 벗어나 자연채광과 높은 층고, 퍼포먼스와 커뮤니티가 끊임없이 이뤄지는 광장 등 입체적인 공간개발에 성공함으로써 새로운 라이프스타일을 창조하는 역할을 톡톡히 해내고 있다.

하나의 예시지만 이러한 변화를 주시한다면 기존의 특수상권은 물론 변화하는 시장에서 새로운 성공의 기회를 얻을 수 있지 않을까 기대해 본다.

---

*GTX 수도권 광역급행철도.

특수상권 속의 틈새시장,
영화관

The
RETAIL
BIBLE
2020

원 재 식

이마트24 전략개발부 과장
전 CGV·메가박스

경기대학교 지역개발학과를
졸업하였으며, GS리테일
백화점사업부와 슈퍼마켓 점포개발
업무를 거쳐, CGV 사업개발팀에서
영화관 출점 업무를 담당하였다.
신촌아트레온, 분당서현, 대전탄방 등
다수의 영화관 출점 경력을 보유하고
있으며, 현재는 이마트24에서
새로운 형태의 편의점 개발 업무에
힘쓰고 있다.

꾸준히 증가하는 한국의 영화 관람객

우리가 영화관이라고 할 때 가장 먼저 떠오르는 3개사의 '멀티플렉스 영화관' 수는 2017년 12월 31일 기준 354개로 CGV 145개, 롯데시네마 114개, 메가박스 95개 순이다. 2016년도에 330개였던 영화관이 1년 만에 7.6%인 24개가 증가한 것이다. 구체적으로 보면 CGV 12개, 메가박스 10개, 롯데시네마 2개 순으로 증가했다. 〈겨울왕국〉, 〈인터스텔라〉, 〈국제시장〉 그리고 아직도 17,615,039명으로 누적관객 수 1위 자리를 지키고 있는 〈명량〉까지 천만 관객 영화가 4편이나 나왔던 2014년의 영화관 개수는 288개로 영화관을 운영 중인 기업들은 매년 꾸준히 영화관 개수를 늘려 왔다. 멀티플렉스의 수가 늘어나는 만큼 대한민국 영화 관람객도 매년 증가하고 있는 것은 사실이지만 그 증가 폭은 점점 둔화되고 있다. 2017년 대한민국 영화 관람객은 2억 1,987만 명으로 전년대비 1.3% 증가했다. 2010년 1억 4,918만 명, 2011년 1억 5,972만 명, 2012년 1억 9,489만 명, 2013년 2억 1,335만 명, 2014년

2억 1,506만 명, 2015년 2억 1,729만 명, 2016년 2억 1,702만 명을 기록하며 2012년에 22% 급증한 이후 증가율은 1%대에 머무르고 있는 것이 현실이다.*

하지만 영화 관람은 한국인들의 생활 중 가장 대중적인 문화 활동임에 분명하다. 글로벌 산업정보조사기관인 IHS의 자료에 따르면, 2017년도 대한민국 국민 1인당 연간 영화관람 횟수는 4.25회로 세계 최고 수준을 보여주고 있다. 아이슬란드의 4.3회에 이어 세계 2위를 기록한 이 데이터는 한국인들에게 영화 관람은 매우 친숙한 일상이라는 것을 말해준다.

---

*출처 2017년 전국 영화상영관 현황/영화진흥위원회 자료.

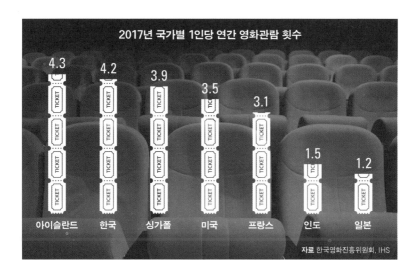

2017년 국가별 1인당 연간 영화관람 횟수

4.3 아이슬란드
4.2 한국
3.9 싱가폴
3.5 미국
3.1 프랑스
1.5 인도
1.2 일본

자료 한국영화진흥위원회, IHS

대한민국에서 가장 많은 상영관을 보유했던 메가박스 코엑스점의 경우 한 해 관람객수가 400만 명을 넘은 바 있다. 이 수치는 하루 약 1만 명 넘는 인원이 이 극장을 방문했다는 뜻이다. 물론 영화관의 특수성에 의해 주말과 평일 관람객 수의 차이가 큰 것은 사실이지만 하루 1만 명의 사람이 방문하도록 만든다는 것은 영화관 자체가 대단한 집객 요인이라는 점은 부인할 수 없다.

앞서 언급된 IHS의 자료에 따르면 한국인은 1년에 적어도 네 번은 영화관을 방문하고 있다. 따라서 건물에 영화관이 입주해 있다는 사실만으로 영화관마다 연간 평균 30만~100만 명 정도의 유동인구를 창출하고 있다는 사실이다. 극장이란 공간이 매우 효과적인 집객시설이라는 반증이다.

상업시설을 개발하는 디벨로퍼나 건물주들은 그들이 개발하거나 보유중인 건물에 영화관을 입주시킴으로써 이른바 '샤워효과'를 활용, 다른 층 매장들의 매출을 늘리고 임대료를 제고하는 전략을 쓴다.

'영화관 입점'이라는 광고 문구 하나가 수만 명에 달하는 고객을 확보해 주는 약속이 되었으며, 임대인(디벨로퍼, 건물주) 입장에서는 집객을 위해 저렴하게 입주시킨 영화관의 임대료를 보전하기 위해, 타 매장의 임대료는 비교적 높게 책정하는 전략을 구사한다. 아래 광고는 우리나라 영화관이 입점한 상가의 분양광고이다. 영화관이 입점하는 건물에 대한 집객효과는 그 자체가 광고가 된다는 점을 잘 말해주고 있다.

이제부터는 영화관이라는 특수상권에 대한 접근 방법과 기회를 간략히 다루고자 한다.

신흥역 롯데시네마 타워 상가분양 신문광고

출처 분양사무소 홈페이지

건물주들이 영화관을 적극 유치하는 이유

영화관은 한 공간에 많은 사람을 모을 수 있다는 점에서 가장 효과적인 업종이다. CGV, 롯데시네마, 메가박스 등 대표적인 멀티플렉스 브랜드는 빈 땅, 즉 나대지 상태에서부터 입점 협의가 이뤄진다. 영화관의 하드웨어 상 층고가 높아야 하는 특이점을 가졌기 때문이다. 간혹 두 개 층 사이의 바닥을 터 층고를 확보하는 경우도 있지만 막대한 원상복구 비용 발생 또는 건물 하중 부담에 따른 안전상의 이유로 결코 쉽지 않다. 따라서 건물 설계 시 영화관의 사양을 반영하는 것이 합리적인 선택이 된다. 그런데 영화관은 다중이용시설로 계약조건 자체가 매우 까다롭다. 시설적인 면에선 높은 층고 및 공조기 설치 등 건축비가 상승한다. 동일 건물 내 편의점, DVD상영관, 팝콘 판매대, 즉석구이 음식 등의 입점을 제한하는 조항도 있다. 물론 각자 건물주가 다른 집합건물은 금지조항 적용이 불가능하겠지만 일반 건축물 또는 MD대행사가 마스터 리스 방식으로 입점 업종을 결정하는 경우에는 영화관 측에서 강력하게 요구하는 사항이다. 그런 불리한 조건에도 불구하고 많은 시행사와 건축주들이 영화관 유치에 힘쓰는 것은 영화관은 모두 부담스러워하는 최상층부의 넓은 면적을 단번에 해소해주며 다른 층의 분양가에도 큰 영향을 미치기 때문이다. 거기에 '샤워효과Shower effect'를 이용해 아래층 임차인 유치 또한 수월해진다. 샤워효과란 샤워기의 물이 위에서 아래로 흐르는 것처럼 위층에 주요 시설물을 배치해 아래층까지 소비가 이뤄지게 하는 전략이다. 단독 건물이 아닌 경우 극장은

용산 전자랜드에 위치한 롯데시네마

대부분 꼭대기 층에 위치해 있다. 영화를 관람한 고객들이 내려오면서 아래층의 식당이나 의류 매장을 자연스럽게 이용하도록 만들기 위해서이다. 가끔 영화관이 건물 1층에 있는 특이한 경우도 있지만 대부분은 건물의 맨 위에 자리한다.

일부 영화관은 매표소와 매점, 상영관이 각각 분리되어 있어 팝콘을 든 채 에스컬레이터를 이용해 상영관으로 이동한 경험이 있을 것이다. 이는 알고 보면 건물의 분양가와 임대료 때문이다. 영화관 운영자와 비교적 낮은 임대료로 체결한 계약에서 발생하는 손실을 사람이 가장 많이 모이는 매점, 매표소 앞 공간을 활용해 보전하기 때문이다. 매점, 매표소가 위치한 층의 분양가와 임대료는 상가의 얼굴인 1층 분양가와 임대료의 80~90% 수준에 육박한다. 공간을 너무 크게 만들어 공실로 남아 있는 경우도 있지만 매점, 매표소와 동일한 층의 공간만 찾는 업종이 있기 때문에 분양에 있어 어느 정도 안정성이 있는 것은 사실이다. 게임장을 비롯 커피숍, 핫도그와 팝콘 등 주로 먹거리를 판매하는 매장들이 매점, 매표소와 같은 층의 입점을 선호하며 최근엔 스크린야구, VR기기, 화장품, 액세서리 매장 등 젊은 층을 타깃으로 한 다양한 업종들의 진출이 눈에 띄게 늘어났다.

영화관 건물에 입점하는 게 유리할까

영화관 한 곳당 한 해 평균 관람객은 약 100만 명에 육박한다. 365일로 나누면 하루 평균 약 2,700명의 사람이 영화관을 방문한다는 이야기다. 물론 평일과 주말의 편차와 영업이 잘되는 영화관과 그렇지 않은 영화관의 편차 모두 상당하다. 하지만 그럼에도 많은 사람이 지속적으로 한 곳에 모인다는 것은 그 건물에 입점해 있는 식당 등 편의시설을 이용할 확률이 늘어난다는 뜻이다. 영화를 보기 전이나 후에 식사도 해야 하고 상영시간을 기다리며 커피 한 잔 하거나 게임장에서 시간을 보내기도 한다. 그래서 영화관 건물에 입점할 수 있는 기회가 온다면 대부분의 사람들은 다소 비싼 임대료에도 불구하고 더 큰 수익에 대한 기대감으로 창업하려 할 것이다.

영화관의 주말 이틀 관람객은 전체 관람객의 70~80%를 차지한다고 해도 과언이 아니다. 이렇게 많은 사람이 동시에 몰려 지하주차장은 흡사 전쟁터를 방불케 한다. 특히 웨딩홀과 영화관 함께 입점해 있는 건물은 그야말로 주차지옥이다. 그러한 주차 문제로 대형마트 건물에 영화관이 들어가기는 쉽지 않다. 이미 마트의 고객만으로도 주차난이 심각해 영화관을 반기지 않기 때문이다. 마트의 체류시간은 2시간 이내이며 객단가Customer Transaction*는 10만 원에 육박하지만 영화관의 객단가는 1만 원 수준이며 체류시간은 기본 3시간은 되기 때문에 기회비용Opportunity cost**이 더 크다고 생각하는 것 같다. 대부분의 영화관은 주로 중심상업지역, 번화한 곳에 위치하기 때문에 접근성이 굉장히 용이하다. 주차난을 겪고 싶지 않아 대중교통을 이용하는 경우도 많다. 그런데 보다 여유 있는 옆 건물에 주차를 하고 영화관람 후 주차해둔 건물 식당에서 식사를 할 수 있다면 어떨까? 그 고객은 주차도 편하게 하고 주차비도 식사비용으로 할인받을 수 있다. 김포시에 있는 한 영화관의 경우 주차 문제로 상가 입점 업체들과 잡음이 끊이지 않았다. 같은 건물 내 영화관과 외식업체로 주차장은 늘 가득 찼기 때문이다. 반사이익으로 영화관 인근에 있는 주차타워가 혜택을 보았으며 주차타워에 입점한 커피숍과 다른 식당들 또한 영업이 잘된다고 들었다. 물론 여러 가지 요인이 있었겠지만 영화관 인근, 특히 바로 옆이라는 위치가 큰 영향을 미친 것이다.

다시 한 번 생각해보자. 과연 영화관이 있는 건물에 입점하는 것이 절대적으로 유리할까?

---

*객단가 경제용어로, 고객 1인당 평균매입액을 뜻한다.
**기회비용 어떤 선택으로 인해 포기된 기회들 가운데 가장 큰 가치를 갖는 기회 또는 기회의 가치.

정답은 없다. 내가 하고자 하는 업종이 어떤 것인지부터 잘 파악해 보자. 영화관은 사람을 모으는 가장 훌륭한 업종임에 틀림없지만 임대료가 비싼 편이며 주말 매출과 평일의 매출 차이가 매우 크다. 관심을 갖고 있는 영화관은 몇 개관에 몇 석을 보유했는지, 영화관 건물 내 또는 인근에 어떤 업종과 브랜드가 있는지, 영화관이라는 조건으로 계약상 제한사항은 없는지 꼼꼼히 따져볼 필요가 있다. 흔히 특수관이라고 불리는 아이맥스IMAX, 4DX 등은 일반 영화관 건물에는 잘 넣어주지 않을 만큼 투자비가 일반 상영관의 약 1.5배~2배에 달한다. 따라서 이런 특수 상영관이 있다면 영화관 운영사 측에서도 조금 더 좋게 보는 상권이라고 생각해도 좋을 것이다.

월드컵경기장 안에 위치한 CGV상암

무인화, 영화관 내 창업의 열쇠

2018년의 영화관 시장은 어느 정도 포화상태임을 드러낸 바 있다. 멀티플렉스 운영 3사 간 과도한 출점 경쟁으로 신규 출점보다는 기존 운영 중인 영화관의 브랜드 전환에 힘쓰고 있으며 '씨네스테이션Q'라는 새로운 회사의 멀티플렉스 시장 진입 역시 긍정적인 상황이라고 볼 수 없다. CGV를 운영 중인 CJ CGV의 주가는 2016년 이후 지속적으로 하락하다 최근 4만 원대(2016년 5월 123,500원 기록)까지 내려앉았는데 그 이유는 국내 영화관 영업이익 감소와 확실한 캐시카우Cash Cow*역할을 하던 국내 시장이 점차 불확실해지고 있기 때문이다. 하지만 과거에도 홈시어터의 유행과 IPTV 등 대체 수단의 발달로 사람들이 영화관을 찾지 않을 것이라는 의견이 많았지만 시간이 흐른 지금 영화관은 더 늘어나 있고 관람객 역시 미약하나마 증가하고 있는 것이 사실이

---

*캐시카우 수익창출원, 즉 확실한 돈벌이가 되는 상품이나 사업을 의미한다.

다. 영화관을 운영하는 회사들 또한 아이맥스, 3D, 4DX 등 특수관과 특수효과를 만들어 계속 진화하고 있으며 차별화된 서비스를 제공하기 위해 노력하고 있다. 영화 관람이 현재까지는 가장 대중화된 취미생활이며 제작사의 콘텐츠도 지속적으로 발달하는 만큼 영화관 산업은 쉽게 무너지지 않을 것이다.

따라서 영화관 내 창업 역시 계속될 것이고 이 경우 영화관과 공존하는 효과를 최대한 이용해야 할 것이다. 영화관은 상영시작 전 약 10분~20분 정도에 가장 많은 사람이 모인다. 최근에는 영화입장권 하단에 약 10분 후에 상영이 시작된다고 표기하는 경우도 있고, 영화 상영전 대략 10분 정도는 광고시간이라는 걸 대부분의 사람들이 아는 만큼 상영시작에 맞춰 앉아 있는 사람은 드물 것이다. 참고로 영화시작 시간에 따라 광고 금액이 달라지니 어떤 광고가 영화 시작하기 바로 전에 송출되는지 확인하는 것도 또 다른 재미일 것이다.

창업을 하려는 사람과 인건비 특히 최저임금은 떼놓을 수 없는 관계이다. 2018년도의 최저임금은 시간당 7,530원으로 내년은 8,350원으로 확정된 바 있다. 영화관 내 창업뿐만 아니라 모든 예비 창업자들이 가장 중요하게 생각해야 되는 것이 바로 '인건비'다. 최저임금이 가파르게 상승한 2018년의 경우 대부분의 자영업자들은 투자는 본인이 했음에도 알바생보다 더 돈을 못 번다고 이야기한다. 그만큼 인건비에 대한 부담이 크게 증가했으며 2019년의 인건비 부담은 더욱 가중될 것으로 봐야 한다. 결국 이런 상황에 직면한 기업들은 무인화 시스템을 도입하거나 적극 개발 중에 있다. 패스트푸드와 식당 등 일부 업종에서는 '키

오스크_{kiosk}*'가 계산대에서 근무하던 직원 또는 아르바이트생들을 대체한 곳이 많다. 영화관의 티켓판매기 역시 관람객들의 이용률이 빠르게 늘어나고 있으며 사용기간이 수년 차에 접어들면서 이제는 높은 연령대까지 사용하기 편한 수준으로 발전했다. 그 결과 영화관 대부분에서는 매점 근무자들은 많지만 매표소 근무자들은 1~2명 정도 배치하는 것이 일반화되었다. 그들의 업무는 주로 나이 드신 어르신 응대 또는 교환 업무 정도로 제한되고 있다. 이미 많은 기업들이 하고 있는 것처럼 모든 예비 창업자는 향후 인건비를 축소시킬 다양한 방법을 강구해야 한다. 그 중 이미 무인 시스템으로 보편화된 업종이 영화관 내 게

*키오스크 '신문, 음료 등을 파는 매점'을 뜻하는 영어단어로, 무인·자동화를 통해 대중들이 쉽게 활용할 수 있는 무인단말기를 말한다.

임장이다. 영화 상영 전 대기 고객들이 가장 많이 이용하는 업종 중 하나가 바로 게임장이다. 친구, 가족, 연인들은 영화를 보기 전 들뜬 기분 탓에 평소에 비해 소비심리가 고조되어 있다. 따라서 몇천 원 정도의 돈을 쓰는 것에 크게 개의치 않는다. 대부분의 사람들이 영화관을 찾는 주말은 한 주 동안 쌓여온 스트레스를 해소하는 날인만큼 게임장에 있는 비디오게임, 노래방, 인형 뽑기 등의 매출은 영화시작 전 10분 남짓이라는 제약된 조건에도 불구하고 크게 발생한다. 평균적으로 한 멀티플렉스의 상영관은 6~8개관으로 이뤄져 있고, 각 관마다 입장시간이 약 10~20분 정도 차이가 나니 매 시간 사람이 끊이지 않는다고 봐도 무방하다.

10여 개의 영화관 내에 게임장을 운영하는 사업자의 말에 따르면 연

간 50만 명 정도의 관객이 모이는 영화관의 넓이 $100\,m^2$(약 30평) 게임장의 경우 월 500만 원 정도의 순수익이 발생한다고 한다. 게임장 한 곳당 투자비는 1억~1억 5,000만 원 정도 소요되며 반드시 매점, 매표소와 같은 층에 위치해야 한다고 강조한다. 간혹 어떤 영화관은 반 층 또는 한 층 위로 올라가야 게임장이 있는 곳이 있다. 이렇게 매점, 매표소와 게임장이 다른 층에 위치할 경우에는 같은 층에 있는 경우에 비해 매출이 약 70%밖에 안 된다고 한다. 따라서 임대료가 조금 비싸더라도 매점, 매표소와 함께 있어야 한다는 것이 게임장 운영자의 철칙이다. 게임장 관리는 모두 CCTV로 하며 동전 인식을 못하는 등의 클레임이 발생하는 경우에는 모니터로 확인 후 계좌로 입금해준다고 한다. 또한 요즘은 시간을 타이머로 세팅해두면 기계가 자동으로 전원을 켜고 끄도록 되어 있어 관리가 용이하다. 매장 청소는 주말 4시간 정도 소요되며 게임기 유지보수는 1주일에 1회씩 납품업체에서 방문해 관리한다고 한다. 다만 게임장은 학교환경위생정화구역*의 규제를 받는 만큼 반드시 관할 지자체를 통해 사전에 확인하는 게 좋다. 세종시에 있는 한 멀티플렉스는 연간 관람객이 60만 명을 넘지만 학교정화구역 내에 있어 결국 게임장을 입점시키지 못한 사례도 있다.

불과 몇 년 전까지만 해도 영화관에 외부 음식을 가지고 들어가는 것은 영화관 측에서 금지시키거나 임대차계약서에 명시하는 사항이기도 했다. 지금도 대부분의 영화관에 외부 음식 반입이 안 될 거라고 생

---

*학교환경위생정화구역 학교 경계선이나 학교 설립 예정지 경계선으로부터 200m 이내에 학교의 보건·위생 및 학습 환경을 보호하기 위하여 교육감이 지정하는 구역을 말한다.

각하지만 전혀 문제가 없다. 다만 너무 냄새가 심한 음식은 다른 관람객에게 불쾌감을 주니 사양해 달라고 권할 뿐이다.

영화를 보며 먹는 팝콘과 음료 등의 간식은 영화관을 찾는 또 다른 즐거움이지만 최근 인상된 관람비를 고려하면 6~7,000원을 훌쩍 넘는 추가비용은 부담일 수밖에 없다. 충청도 대학가 인근의 한 영화관은 매점 매출이 1인당 고작 1,000원 남짓이다. 전국 평균이 2,000원 중반인 걸 고려할 때 절반 수준인 것이다. 그 이유는 영화관 매표소와 매점이 1층에 위치해 있는데 주변에 편의점이 많아 관람객들이 영화관 매점에서 판매하는 팝콘과 음료 대신 인근 편의점에서 먹을 것을 사가지고 들어가기 때문이다. 그런 이유로 영화관이 가장 껄끄러워하는 업종이 바로 편의점이다. 편의점에는 없는 제품이 없고 할인행사가 상시 진행되기 때문에 영화관 매점에서 구매하는 금액의 절반이면 다양한 간식을 구매할 수 있기 때문이다. 따라서 앞서 언급한 편의점 등의 업종 입점 금지조항이 없다면, 매표소 층의 편의점 창업은 상당한 수익성을 보장해 준다고 할 수 있다. 물론 테이크아웃이 가능한 아이스크림이나 핫도그, 프레첼, 육포 등의 간식 판매대도 비슷한 상황이다.

이 책에서 소개하고 있는 팝업스토어 역시 영화관 매표소 층에서 양호한 수익성을 거둘 수 있는 사업 중 하나이다. 영화관 매표소 층 일부 코너를 팝업스토어 회사에 임대해 영화관이 수수료를 받는 사업 방식으로, 팝업스토어의 판매자들은 영화관 매표소의 집객인구를 고객으로 확보할 수 있다는 장점이 있다. 예를 들어, 영화관 매표소 층에 액세

서리 코너나 화장품 매장을 오픈하려면 많은 비용이 소요된다. 그러나 영화관 매표소 층의 팝업스토어에 입점한다면, 운영되는 기간 농안은 영화관의 관람객을 온전히 매장의 고객으로 공유할 수 있는 것이다.

또한 〈게임제공업소 등이 아닌 영업소의 게임물 설치대수 고시〉에 따라 영화 상영관 내에서는 별도의 등록절차 없이 전체이용가 비경품 게임물을 5대까지 설치할 수 있다. 매표소층 창업 전략의 하나가 될 수 있다(이른바 '싱글로케이션 방식'). 이뿐 아니라, 음료 자판기나 사진촬영기 등 발품을 팔아 아이템을 찾고, 건물주 혹은 영화관 측과 입점 협의에 성공한다면, '영화관 매표소층'이라는 특수상권을 활용할 기회는 더 이상 남의 이야기가 아닐 것이다.

패션 리테일의
현재와 미래

이 대 한

/

메가박스중앙(주) 사업개발팀장 / 부장,
전 유니클로

고려대학교 졸업 후 롯데백화점의
신규사업팀에서 백화점 점포개발 업무를
시작으로 대형상업시설 기획·개발과
다양한 리테일 점포개발을 수행해왔다.
롯데그룹 정책본부 부동산개발팀에서는
계열사의 유통 및 다양한 식음시설들의
점포개발을 담당했다. 이후
롯데자산개발에서 대형쇼핑몰 개발업무를
했으며, 삼성그룹 계열사에 몸담기도
했다. 이후 FRL코리아(유니클로)
출점개발팀장을 거쳐 지금은
메가박스중앙(메가박스영화관)의
사업개발팀장으로 재직 중이다.

장 영 봉

/

Decathlon Korea Expansion-team
Leader, 전 H&M

홍익대학교에서 도시공학과 경영학을
전공하고, 서울시립대학교에서 도시공학
박사과정을 수료했다. 이후 상업용 부동산
업계에서 경력을 쌓으며, 아모레퍼시픽,
삼성테스코, 이케아IKEA, H&M
등에서는 사업 전략 수립 및 점포 출점
업무를 수행했다. 부동산 컨설팅 회사인
C&W(쿠시먼 앤드 웨이크필드) 및
삼성물산에서는 상업용 부동산 기획, 개발,
마케팅 업무도 참여했다. 현재는 글로벌
스포츠 브랜드인 데카트론Decathlon에
근무하며 국내 점포 개발 및 스포츠 브랜드
저변확대에 힘쓰고 있다.

패션, 리테일의 제왕

글로벌 부동산 컨설팅 회사인 '쿠시먼앤웨이크필드Cushman & wakefield' 에서 2017년 말 발표한 자료에 따르면 명동의 임대료는 전 세계에서 8 번째로 비싼 수준이다. 국토해양부가 매년 발표하는 개별 공시지가 기준으로 평당 3억 원이 넘는 땅이 존재하는 대한민국에서 가장 비싼 동네인 것이다. 명동에 입점해 있는 화장품 매장의 개수만 해도 올해 (2018년) 기준으로 150개가 넘는다. 2008년 기준 21개와 비교할 때 무려 7배가 넘게 늘어난 수치이다.* 트렌드에 가장 민감한 화장품 매장이 값비싼 임대료로 인한 출혈경쟁을 마다 않고 150개 이상 입지했음에도 사람들은 명동을 화장품거리라고 부르지 않는다. 명동 상권에 점차 화장품 매장이 늘어나고 있다고 말할 뿐이다. 그 이유는 자명하다. 아직까지 명동을 지배하고 있는 가장 큰 축은 패션이기 때문이다.

---

*출처 소상공인 상권정보시스템.

세계 상권 임대료 순위 TOP 10

2017년 순위	2016년 순위	지역	m²당 월간 임대료
1	1	뉴욕, 5번가	309만 8,140원
2	2	홍콩, 코즈웨이베이	297만 2,181원
3	3	파리, 샹젤리제	141만 2,767원
4	4	런던, 뉴보드스트리트	132만 4,986원
5	8	도쿄, 긴자	128만 9,873원
6	5	밀라노, 몬테나폴레오네	127만 9,546원
7	6	시드니, 피트스트리트몰	99만 9,677원
8	9	서울, 명동	93만 7,714원
9	7	취리히, 반호프거리	89만 6,405원
10	10	빈, 골마르크트	49만 2,610원

조사기간 2017년 3분기~ 2018년 2분기 **자료** 쿠시먼앤드웨이크필드리서치

일반적으로 상권을 형성하기 위해서는 고객을 유인하기 위한 강력한 무언가가 필요하다. 상업시설을 일컫는 '리테일retail'이란 영역에서 제왕 자리를 지키며 상권을 주도하는 것이 바로 '패션 매장'들이다. 이런 패션 업종들 중에서도 시대를 주도하는 핫hot한 브랜드가 위치해 있다면 그 상권은 정말 금상첨화인 것이다. 패션 매장의 힘은 단순히 고객을 이끄는 것만이 아니다. 식음이나 다른 업종이 해결하지 못하는 넓은 임대공간도 한 번에 해결해주는 해결사 능력도 가지고 있다. 자라Zara나 유니클로UNIQLO 같은 유명 매장은 대형건물 전체를 사용하는 경우가 많다. 또한 그 주변의 액세서리, 신발, 화장품 등 다른 업종의 매장들은 패션 매장 덕에 유발된 유동인구로 인해 활성화가 되고 있다.

　오랜만에 만난 친구와 기분전환 삼아 옷을 사기로 했다고 가정하자. 친구를 만나기 전에 짬나는 시간에 카페에서 커피 한잔을 즐길 것이고, 한참 쇼핑을 하고 나면 허기를 느껴 레스토랑에 들러 함께 식사를 할 것이다. 이후에는 다시 이런저런 목적으로 인근 액세서리 가게나 화장품 매장에 들러 쇼핑을 하게 될 것이다. 이런 조합을 가능하게 만드는 것이 패션이 가진 힘이고 상권이나 쇼핑몰을 구성할 때 패션이 중요한 의미를 갖게 하는 지점이다.

　반대의 예를 들어보자. 송파구의 압구정이라 불리는 '잠실새내역(구 신천역)'이나 젊음의 거리 '건대입구'가 있다. 두 지역 모두 다양한 식당들과 주점이 위치해 있어 해가 지고 나면 늘 사람들로 가득하다. 하지만 이곳을 방문하는 사람들은 대부분 뭔가를 먹기 위한 목적이어서 그것이 해결되고 나면 집으로 향하거나 2차를 위해 다른 곳으로 떠나 이곳에 더 이상 머물지 않는다. 바로 소비를 이끌고 사람을 머물게 할 수 있는 패션이 없기 때문이다.

비단 패션은 시간적인 측면에서 뿐만 아니라 금전적인 측면에서도 중요한 의미를 가진다. 명동 눈스퀘어NOON SQUARE에 입지한 에이치엔앰H&M, 자라, 명동역의 유니클로와 같은 일명 플래그십스토어Flagship Store 수준의 대형 매장에서 부담하는 연 임대료는 50~60억 원 수준이다. 은행이자 3%로 계산해보면 2,000억 원의 돈을 은행에 예치해두고 이자를 받는 것과 같은 금액이다. 명동뿐만 아니라 강남역, 가로수길, 홍대 등 일명 인기 상권에서 대형 패션 브랜드들은 모두 유사한 수준의 임대료를 감당하고 있다.

패션과 MD

명동, 강남역, 홍대 등 상업시설들이 많이 모여 있는 곳을 방문해 보면 패션 매장, 화장품 매장, 액세서리 매장 그리고 여러 종류의 식당과 카페들을 만나게 된다. 이런 조합들은 얼핏 보면 무질서하게 모여 있는 것 같지만 사실 이곳 나름의 질서와 규칙을 가지고 오랜 시간에 걸쳐 형성된 것이다. 그리고 큰 의미에서 전문가들은 이것을 '리테일 MD'라고 부르기도 한다. MD는 '상업시설 머천다이징merchandising'의 줄임말이다. 간단하게 표현하자면 상가건물 내의 업종 배치 정도로 말할 수 있다. 예를 들어 A라는 상가건물이 있는데 이곳에 어떤 브랜드나 업종을 입점시키는 게 상가 활성화에 도움이 되고 가능한 많은 임대료를 받을 수 있도록 만드는지를 고민하는 것이다. 가장 전통적이고 대표적인 MD를 접할 수 있는 곳이 바로 '백화점'이다.

현대백화점 무역센터점과 같이 박스형의 넓은 공간이 있다고 한다면 우선 층별로 주제(테마)를 정한다. 그리고 정해진 주제를 유지하기 위해

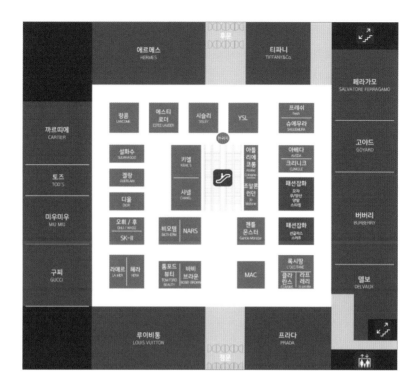

각 층마다 한 평 한 평 심사숙고하며 최고의 조합을 만들어내는 방식
이다.

이러한 효율적인 공간 구성 덕분에 백화점을 방문한 고객들은 다른
곳으로 이동할 필요 없이 원스톱 쇼핑이 가능하다. 그리고 이런 그들의
고심이 오랜 기간 동안 백화점이 유통의 왕좌를 지킬 수 있도록 만든
비결이기도 하다.

백화점이란 장소는 면적이 한정되어 있다 보니 항상 선택을 통해 채워
야 하는 어려움이 따른다. 이럴 때 빛을 발하는 것 역시 MD이다. 고객

들이 궁금해하고 기꺼이 구매할 만큼 참신한 브랜
드를 가져다 넣는 것이다. 또한 매출이 부진한 점포
에게는 새로운 위치를 제안하거나 빼기도 한다.

트렌드에 맞춰 무언가를 새롭게 시도해보고
싶어도 공간적 한계 탓에 쉽지 않은 경우도 많다.
자라나 코스cos 같은 패션 SPA 브랜드*를 백화점
에서 만나기 쉽지 않은 이유도 이 때문이다.

백화점의 가장 본질적인 문제는 좁고 폐쇄된 공
간 안에서 쇼핑을 하는 만큼 고객들 역시 답답함
을 느끼게 되는 것이다. 정기적으로 인테리어에 변
화를 준다 해도 결국 한계가 존재한다. 이것이 바
깥 공기와 햇볕을 쬐며 거리를 걷는 느낌을 주는
형태의 '쇼핑몰'이 부상하는 이유다. 이런 쇼핑몰

THE HYUNDAI	
11F	문화센터 · 하늘정원
10F	식당가 · 문화홀
9F	현대백화점 면세점 입점 공사 중
8F	현대백화점 면세점 입점 공사 중
7F	남성패션 · 아웃도어
6F	영캐주얼 · 구두 · 핸드백 · 스포츠
5F	여성패션 · 란제리
4F	리빙 · 아동 · 골프
3F	수입 · 디자이너
2F	럭셔리 부티크
1F	해외패션 · 화장품 · 패션잡화
B1	식품관 · 대행사장
B2	주차장
B3	주차장
B4	주차장

에서는 기존 백화점과 달리 높고, 넓은 쾌적한 환경에서 내가 원하는
브랜드의 상품을 편하게 고를 수 있다. 쇼핑몰에서 한번 '몰링Malling**'
을 경험한 고객들에게 더 이상 백화점은 궁극적인 쇼핑의 목적지가 되
지 못한다. 쇼핑몰에 가면 백화점 푸드코트처럼 좁은 공간이 아닌, 제
대로 된 식당에 앉아 서빙을 받으며 식사할 수 있다. 옷을 살 때도 백
화점에서처럼 10평 남짓한 공간에서 점원이 추천해주는 위주로 걸쳐보

---

*SPA 브랜드 자사의 상품을 직접 제조해 유통까지 하는 전문 소매 브랜드.
**몰링 대형 복합쇼핑몰에서 쇼핑은 물론 외식, 문화활동 등 여가를 동시에 해결하는 소비 패턴.

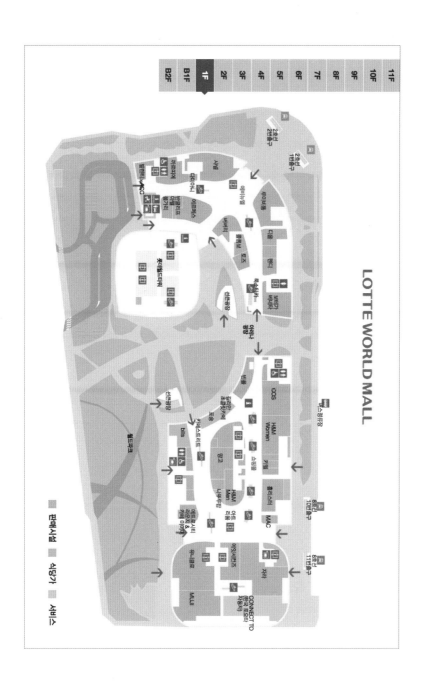

는 게 아니라 2~300평이 넘는 매장에서 내 취향에 맞는 옷을 직접 찾아볼 수 있게 되었다. 또한 중간중간 쉬고 즐길 수 있는 공간도 충분하니 쇼핑을 하지 않는 사람들도 얼마든지 지루하지 않게 기다릴 수 있게 되었다.

간단하게 MD에 대해 살펴보았는데 백화점, 쇼핑몰 그리고 가두상권의 경우 모두 한 가지 공통점을 가지고 있다. 고객들이 가장 많이 몰리는 곳 그리고 고객들이 접근하기 편한 곳에는 항상 패션 매장이 존재한다는 것이다. 고객을 유입할 수 있으며 가장 높은 임대료를 낼 수 있는 업종이 패션이기 때문이다. 최근 가두상권에 패션 매장들이 줄어들면서 상권 자체가 죽어가는 곳들이 많다. 그중 대표적으로 위축되고 있는 곳이 대전 은행동, 전주 객사동 그리고 광주 충장로이다. 이 세 곳의 공통점은 과거에는 패션 매장들로 거리가 가득 차 있었으며 주위에는 식당, 커피숍, 화장품 매장들이 즐비해 낮부터 밤까지 사람들로 번잡했던 곳이라는 점이다. 그런데 패션 매장들이 하나둘씩 빠져나가기 시작하면서 1층에 공실이 발생하기 시작했고, 2층에 있던 식당들은 1층으로 이동했다. 그렇게 남겨진 2층 매장들은 차례로 공실이 되었다. 번화한 대로변은 그나마 버틸수 있었지만 후면부나 뒷골목에는 더 이상 채울 업종이 없는 상황이 돼버렸다. 패션 상권이었던 곳이 식당과 주점 위주의 '먹자 상권'으로 바뀌면서 저녁이나 주말에만 활성화되고, 남아 있는 패션업체도 간단한 액세서리 매장이나 저가 화장품 매장 등으로 변해버렸다.

이와는 반대로 상권이 점차 성장하는 경우도 있다. 대표적인 예가 강남역이다. 전통적인 강남역 패션 상권은 이전 뉴욕제과 빌딩을 지나 현재 자라 매장이 위치한 곳까지였다. 좀더 구체적으로 말하면 지오다노와 금강제화 인근이 패션 상권의 핵심이었다. 하지만 이제는 뉴욕제과 자리에 에잇세컨즈8seconds가 자리 잡고 있으며 신논현역까지 패션업체들로 가득 차 있다. 맞은편에도 언더아머Under Armour, 나이키NIKE를 비롯해 유니클로, 무지MUJI 등 대형 패션 브랜드들이 거리를 차지하고 있다. 강남역부터 신논현역까지 이르는 강남대로 전체가 패션으로 업그레이드된 것이다.

패션시장을 움직이는 MD의 역할

고객이 원하는 상품을,
고객이 원하는 장소에서,
고객이 만족하는 가격으로 제공하여
고객의 가치만족과 즐겁고 합리적인 소비생활에 기여한다.

Contribute Customers' Satisfaction & Happy Life
By providing nice goods in wonder place with reasonable price.

출처 원더플레이스 홈페이지

MD라는 단어는 또한 Merchandiser라는 말의 축약이기도 하다. 우리말로 '상품기획자'라고 부르며 패션 MD는 유망직업으로 꼽힌다. 개념적으로는 상품을 기획하고 생산, 판매장소까지 선택해 고객에게 접근하도록 만드는 역할인데 우리 생활에서 가까이 볼 수 있는 장소는 '편집숍'과 '홈쇼핑'이다. '원더플레이스'나 '에이랜드' 같은 편집숍을 방문하면, 정말 다양한 브랜드의 상품들이 시즌에 따라, 유행에 따라 자주 바뀌어 진열되는 것을 볼 수 있다. 이렇게 팔릴만한 옷을 브랜드에서 골라 진열하고 판매할 수 있도록 하는 게 바로 패션 MD들이 하는 일이다.

출처 CJmall 홈페이지

k. by kimseoryong
SIGNITURE WOOL MIXED SUIT SET

출처 GS SHOP 홈페이지

그리고 또 다른 예로는 '홈쇼핑'을 들 수 있다. 홈쇼핑 판매에 적합한, 시중과는 다른 상품들을 구성하기 위해서 색다른 브랜드와 접촉해 트렌드 상품을 기획하고 이에 맞는 생산공장을 찾아 홈쇼핑 판매를 할 수 있도록 만드는 모든 과정을 기획하는 것이 홈쇼핑 MD의 역할이다.
이제는 MD라는 개념이 백화점부터 시작해 대형할인점, 대형슈퍼마켓, 홈쇼핑, 인터넷 쇼핑몰 등 정말 다양한 곳에서 활용되고 있다.

국내 패션 상권의 역사

글로벌 유통업체의 임원들과 한국의 패션 상권 변화에 대해 이야기를 나눠보면 이들이 공통적으로 하는 이야기는 '한국은 정말 다이나믹하다'이다. 이들은 1~2년마다 바뀌는 거리 풍경에 눈이 휘둥그레질 정도라고 했다. 조금은 과장해 표현하자면 전 세계에 유례가 없을 만큼 빠르게 변화하고 있다는 것이다. 유럽의 경우 상업시설이 있는 거리의 변화를 알아채기 위해서는 최소 20년이 걸릴 정도라고 한다. 하지만 한국에서는 이런 변화 주기를 2년 정도로 보고 있다. 사실 이보다 더 빠른 속도로 변하는 곳도 많다. 2010년 이후 떠오른 핫스팟Hot spot만 해도 홍대 인근(망원동, 합정동, 상수), 경리단길, 가로수길, 샤로수길(서울대), 송리단길 등이 있으니 말이다.

우리나라에 제대로 패션 상권이라고 할 만한 공간이 등장한 시기는 일제강점기와 해방 그리고 6.25전쟁을 거치면서이고, 그곳이 바로 지금의 '명동'이다. 1950년대 들어 이 지역이 개발되면서 대형 백화점과 고층빌딩이 함께 들어섰고 이곳에서 일하는 사람들과 방문객들이 늘어나면서 자연스럽게 패션 밀집지역을 형성해나가기 시작했다. 사람이 모이면서 식당, 카페 같은 먹거리 업종이 생겨났고 고급 양장점, 양화점, 의상실(일명 디자이너 부티크) 등이 모여들며 패션의 거리로 활성화되었다. 하지만 명동의 위상에 변화가 생기고 서울 곳곳에서 패션을 접할 수 있게 된 계기는 바로 '88올림픽'이었다. 한국을 방문하는 외국인들을 의식하며 서울 곳곳에서는 도시환경이 정비되었다. 도로가 넓어지고 대형 건물들이 들어설 수 있도록 반듯한 모양으로 정비되면서 골목상권이란 개념이 생겨났다. 그리고 패션이 본격적으로 진입할 수 있는 토대 또한 만들어졌다.

그리고 상업적인 측면에서는 해외 브랜드들의 OEM(주문자생산)을 통해 기술을 쌓은 한국 패션업체에서 자체적인 브랜드를 만들기 시작했고, 올림픽을 계기로 패션시장이 개방되면서 글로벌 브랜드들이 속속 한국 시장에 진출하게 되었다. 당시 우리나라 대표적인 토종 브랜드로는 이랜드, 헌트, 언더우드, 브렌따노 같은 추억의 이름들이 있었다. 국내 시장에 진출한 외국 브랜드로는 게스 GUESS와 마리떼 프랑소아 저버 MARITHE FRANCOIS GIRBAUD가 선두주자 격이었다.

1990년대로 접어들며 서울 전역에서 패션을 찾아볼 수 있게 되었는데 '이대'와 '동대문'의 역할이 절대적이었다. 이대는 '보세의 절대 강자'로 평가되며 패션과 뷰티가 공존하는 20대 여성 문화의 핫스팟 역할을 해냈다. 이랜드도 1980년대에 이대 보세 골목에서 '잉글랜드'란 옷가게로 시작해 지금 패션 공룡의 지위에 올랐으니 당시 이대가 지녔던 패션의 상징성과 영향력을 엿볼 수 있다. 이대와는 조금 다른 성격으로 1990년대에 패션시장의 메카로 떠오른 곳이 바로 동대문이다. 100년이 넘는 전통을 가진 동대문은 현대적 시설을 갖춘 거평프레야, 디자이너 클럽, 밀리오레, 두타 등 대형 패션 전문 쇼핑몰이 들어서며 젊은 층의 패션 성지로 떠오른 것이다. 이들의 하루 영업시간은 무려 18시간에 달해 고객들은 언제든 찾아가 쇼핑할 수 있었다.

시장에서는 유명 연예인과 TV광고를 앞세운 스톰, 닉스, 티피코시, 톰보이 같은 브랜드들이 입지를 넓혀갔고, 폴로, 닥터마틴, DKNY 같은 해외 브랜드들이 일반 소비자들에게 점차 대중화되기 시작했다. 또한 백화점이 서울 곳곳에 자리 잡으면서 본격적인 고품격 패션 쇼핑이 가능해진 시점도 바로 1990년대이다.

지금과 같은 패션 쇼핑 환경은 2000년을 전후해 경제성장과 더불어 패션산업이 급격하게 커지면서 조성되었다. 압구정동, 강남 같은 한강 남쪽이 떠올랐고, 목동, 문정, 건대, 압구정 등 소위 로데오라고 불리는 패션 전문시장도 업계에 활기를 불어 넣었다. 패션 상권이 전국적으로 300개에 이르던 당시를 국내 패션업계에서는 최고 전성기로 꼽는다. 서울 같은 대도시의 경우는 이미 도시화가 완료돼 쇼핑몰, 아울렛 등을 제외하고는 새로운 패션 쇼핑 공간이 등장하기란 쉽지 않다. 다만 홍대처럼 독특한 이유로 패션타운이 형성되는 경우도 있다.

패션 분야처럼 유행을 앞서는 업종을 운영하면 항상 위험이 뒤따르

는 만큼 투자금을 최소화하는 것이 리스크를 줄이는 가장 좋은 방안
이다. 1980~1990년대 신촌 일대에서 가장 강력한 패션 중심지는 '이
대'였다. 누구든 옷가게를 열고 싶다면 우선 이대로 달려가던 시절이
었다. 당시 전용면적 20평짜리 매장을 하나 시작하려면 권리금으로
만 5~6억 원에 500~600만 원 정도의 월 임대료를 내야 했다. 만약
100평짜리 패션 매장을 시작한다면 적어도 30억 원 내외의 권리금에
3,000~4,000만 원에 달하는 임대료를 내야 한다는 계산이 나온다. 여
기에 인테리어 공사비나 마케팅 비용을 감안하면 막대한 자금력을 바
탕으로 자사 브랜드를 홍보하려는 대형 브랜드를 제외하고는 진출조
차 어려운 상황이었다. 이때 대안으로 떠오른 곳이 홍대였다. 이대보다
는 큰 평형의 매장 구성이 가능하고 임대료는 오히려 낮아 새로운 수요

들이 홍대로 옮겨갔고, 한국으로 진출한 H&M, 자라 같은 글로벌 SPA 브랜드들을 앞세워 서울 3대 패션 상권으로 성장하게 되었다.

가로수길은 거리 자체가 패션으로 진화된 곳이다. 강남이라는 입지적인 우월성에, 아기자기한 유럽식 가두상권의 느낌이 더해지며 잠재력이 폭발한 경우이다. 잠시 주춤하기도 했지만 국내 1호 애플숍이 들어와 상권의 중심을 잡아주고 있으며 미처 진입하지 못한 브랜드들은 그 이면에 위치한 세로수길로 점차 확장해나가고 있다. 가로수길처럼 긍정적인 변화가 일어나고 있는 경우도 있지만 국내 패션시장에서 가두상권은 점차 힘을 잃어가고 있다. 전반적인 경기 하락으로 패션에 대한 소비심리가 위축되고, 온라인 시장이 성장하면서 더 이상 직접 방문할 이유가 사라졌기 때문이다. 또한 쇼핑몰 같은 새로운 공간의 활성화 역시 패션 상권에 악재임에 분명하지만 그보다 더 근원적인 이유는 '패션시장의 양극화'에 있다.

한때 잘나가던 중고가 브랜드들의 제품을 고객들은 더 이상 찾지 않게 되었다. 제대로 된 명품을 구입해 들고 다니면서 브랜드를 과시하고, 일상에서 매일 입는 옷은 트렌드에 맞으면서도 저렴한 SPA 브랜드로 구매하기 때문이다. 그런데 중고가 브랜드 제품을 구매하는 경우에도 정상가를 모두 지불하기보다는 아울렛을 통해 할인가로 사는 패턴이 일반화되고 있기 때문에 가두 패션 상권과 패션시장 역시 고전이 예상된다.

미래를 이끌어갈 패션시장 트렌드

 SPA = 패스트 패션 Fast-fashion

국내 4대 패션 상권을 선정한다면 명동, 강남역, 홍대, 가로수길을 꼽는다. 이들 상권 중 가장 통행량이 많고 가시성이 좋은 곳에는 어김없이 자라, H&M, 유니클로 같은 패션업체가 자리 잡은 걸 볼 수 있다. 패션시장이 양극화되면서 저가의류 시장은 점차 SPA 업체들이 독식하는 형태로 진행되고 있다.

SPA 브랜드의 대표주자로는 자라, H&M, GAP, 유니클로, 망고 MANGO, 포에버21 FOREVER21 정도 등이 있다. 중저가 패션시장에서는 SPA 브랜드가 대세가 된 만큼 국내업체들도 에잇세컨즈 8seconds(삼성물산), 탑텐 TOPTEN10(신성통상), 스파오 SPAO(이랜드), 미쏘 MIXXO(이랜드) 등의 SPA 브랜드를 만들어 시장을 공략하고 있다. 여기서 SPA는 미국 브랜드

GAP이 1986년에 최초로 도입한 개념의 단어로 실제 SPA 업계 사람들은 '패스트패션Fast-fashion'이란 단어를 주로 사용한다. 패스트패션 시장을 정의한다면 '자라ZARA'라는 한 단어로 대신하고 싶다. 자타공인 전 세계 패션업계의 최강자이기 때문이다. 자라의 회장이자 소유주인 '아만시오 오르테가Amancio Ortega Gaona'는 2016년도에 빌 게이츠를 제치고 전 세계 1위 부자의 자리에 오른 바 있다. '패스트패션'이라는 표현이 적합할 만큼 자라는 최신 트렌드를 반영한 의류들을 1주일에 두 번씩 출시해 매장에 진열하고 있다. 그래서 자라 매장을 방문하면 매번 새로운 상품들이 진열되어 있는 것이다. 만일 오전에 보았던 상품을 미처 구입하지 못했는데 오후에 그 상품이 없다면 다시는 만나지 못할 공산이 크다. 1년에 약 20,000종에 달하는 신상품을 출시하는 자라는 대부분 그 다음해에는 다시 생산하지 않기 때문이다. 자라는 이렇듯 다양한 제품들을 빠른 속도로 생산해내는 능력이 있다. 경쟁사의 디자인이 히트하거나 최신 트렌드가 갑자기 바뀌었을 때, 자라는 이런 정황을 반영한 신제품을 개발해 매장에서 판매하기까지 단 일주일이면 충분하다. 그리고 자라 전체 상품 중 약 70% 이상이 이렇게 최신 트렌드를 반영하고 있다고 하니, 고객 입장에서는 매장을 찾지 않을 수 없는 것이다.

그런데 자라가 한국에 진출한 시점은 다른 아시아 국가에 비해 빠르지 않았다. 한국에서 자라의 포문을 열어준 일등공신은 롯데백화점으로 그 덕에 19개의 자라 매장을 단기간 내에 오픈할 수 있었다. 2008년 처음 자라가 우리나라를 공략할 때 아마도 많은 고민에 빠졌을 것이다. 면적이 1,000평이 넘어가는 대형매장을 열만한 곳은 좀처럼 찾기 힘들었고, 패션피플들이 많이 찾는 백화점은 대개 30~40%의 입점수수료를 요구하니 매장을 열기가 어려운 상황이었다. 게다가 한국의 고객들은 전통적으로 얌전한 스타일의 옷들을 선호하다보니 알록달록하고 파격적인 스타일을 펼쳐 보이던 자라 입장에서 한국 시장은 중요하면서도 참 어려운 시장이었을 것이다. 마침 국내 유통시장에서 가장 큰 플레이어인 롯데와 손잡은 자라는 상대적으로 저렴한 수수료에, 파격적이라고 할 만한 100평 이상의 전용매장을 오픈해 한국시장을 공략할 수 있었다. 어떻게 보면 자라는 사업의 기회를 얻고 롯데는 새로운 콘텐츠를 공급받은 것이다. 또한 백화점이라는 프리미엄 이미지를 자라에 입힐 수 있게 되었다.

자라는 2014년 말 명동 눈스퀘어점 확장을 마치고 2017년 말 강남역 매장마저 리모델링을 통해 확장하는 등 향후에는 1,000평 이상의 대형 플래그십스토어에 집중할 것으로 보인다. 점차 온라인과 오프라인이 결합되고 패션시장의 치열한 경쟁이 예상되는 시점에서 자라가 택한 전략은 '제대로 보여주기'이다. 주요 상권의 핵심 입지에 자라의 콘셉트를 충분히 보여줄 만한 공간을 확보함으로써 자사 제품을 홍보하고 판매하는 공간을 만드는 데 주력하는 전략을 채택한 것이다.

패스트패션 업계에서는 1위인 자라에 이어 H&M, 유니클로, GAP 순으로 자리매김 하고 있다. 매출 문제로 고전한다는 일부의 지적이 있지만 여전히 패스트패션 업계는 다른 패션 업계와 달리 성장세를 지속하고 있다.

아만시오 오르테가 Amancio Ortega Gaona

자라의 창업자이자 오너인 '아만시오 오르테가'는 슈퍼리치답게 서울에도 건물을 소유하고 있는데 명동에 위치한 엠플라자와 가로수길의 H&M 매장이 위치한 빌딩이 그것이다. 좀 더 명확히 이야기하자면 '아만시오 오르테가'는 '폰테가데아'라는 개인 부동산 회사를 통해 우리나라의 부동산을 구입하였다. 일반적으로 패스트패션 회사들은 빠른 성장을 위해 부동산 투자보다는 상품개발에 자금을 쏟아 붓기 때문에 건물을 '매입(구매)'하기보다는 장기임대를 선호한다. 하지만 '아만시오 오르테가'는 이를 통해 개인적인 이득도 취하고 있다. 업계 라이벌인 H&M 역시 똑같은 방식으로 부동산 회사를 보유하고 있다.

컨템포러리 브랜드의 시대

H&M이 다소 하락세를 보이는 것과는 달리 2014년 국내에 처음 진출한 H&M의 프리미엄 브랜드 '코스cos'는 소위 대박의 길을 걷고 있다. 롯데월드몰에 위치한 1호점은 개점 이후 매상평효율* 1등의 자리를 단 한 번도 내준 적이 없을 정도이며 최근 오픈한 한남동, IFC몰 매장도 손님 끌어 모으기에 성공하고 있다. 연중 2번 진행하는 세일 기간엔 점포에 발을 들이기도 힘들 정도이다. 코스의 성공 요인으로는 한국인이 선호하는 심플한 디자인과 색감을 꼽을 수 있지만 패스트패션인 것에 비해 월등한 품질 때문이라는 의견도 많다. 하지만 단순히 상품성만으로는 큰 성공에 대한 설명이 부족하고 오히려 컨템포러리 시대에 잘 편승하였다고 봐야 할 것이다. '컨템포러리contemporary'는 '동시대의' '현대의'라는 사전적 의미를 가지고 있는데 패션업계에서는 '기존 명품 브랜드와 대중 브랜드 사이에 위치하며 유행에 민감한 30대 직장인 여성들을 위한 옷'을 말한다. 소위 20대의 영패션과 40~50대의 마담패션 사이에 위치한 카테고리인 것이다.

최근에는 40대와 50대 여성 고객들에게도 컨템포러리 장르가 인기를 끌고 있는데, 이 계층도 다양한 매체에 노출되면서 유행에 민감해지는 추세이기 때문이다. 또한 소비심리가 위축되며 명품 의류 소비의 주

---

*매상평효율 매장 면적 1평 정도에서 나오는 연간 또는 월별 판매효율.

요 고객이던 40~50대 중년 여성들이 상대적인 대안으로 컨템포러리 브랜드를 찾고 있기 때문인 것으로 보인다. 게다가 '코스'는 일반적인 컨템포러리 브랜드에 비해 강력한 가격경쟁력을 가지고 있는 만큼 한국에서 인기는 나름의 합당한 이유가 있는 것 같다.

편집숍의 성장

편집숍은 어느덧 유통채널의 중심축으로 성장했다. 국내 편집숍 중 가장 의미 있는 발걸음을 내딛고 있는 업체는 바로 2005년에 설립된 '에이랜드ÅLAND'이다. 기존 편집숍들이 여러 브랜드의 옷들을 가져다 나열하는 식이었다면 에이랜드는 국내외 신진 디자이너의 다양한 옷과 액세서리를 한곳에서 구입할 수 있도록 만들었다. 더 이상 동대문 곳곳을 돌아다니지 않아도 원하는 옷을 살 수 있게끔 한 것이다.

현재 편집숍 업계에서 1등 주자는 '원더플레이스WONDERPLACE'이다. 전국에 많은 매장을 보유하고 있으며 국내 최대 규모의 편집숍이라고 해도 과언이 아닐 만큼 큰 규모를 자랑한다. 한 가지 스타일을 추구하는 것이 아니라 트렌디한 최신 의류와 액세서리, 신발 등 다양한 아이템을 판매하고 있다. 저렴한 가격의 원더플레이스, 에이랜드, 트위TWEE, 레벨5LeVEL5 외에도 대기업에서 운영하는 무이MUE(한섬), 비이커Beaker(삼성물산), 분더샵BOONTHESHOP(신세계), 어라운드코너around the corner(LF), 10꼬르소꼬모10 corsocomo 등 가격대, 성별, 취향에 따라 다양한 편집숍들이 개발되고 있어 편집숍이 향후 패션시장의 주요 플레이어 역할을 해나갈 것으로 예상된다.

패션시장의 양극화 시기에 편집숍은 패션에 관심 많은 개인이 접근할 수 있는 영역으로 평가받고 있다. 그런데 이런 편집숍에도 작은 변화가 진행 중이다. 편집숍들이 패션 위주에서 라이프스타일숍으로 진화하고 있는 것이다. 단순한 물건 판매를 넘어 확실한 라이프스타일을 제안하는 형태로, 좀 더 쉽게 설명하자면 옷만 취급하는 게 아니라 거기에 어울리는 액세서리와 잡화, 가방 그리고 음식과 가구까지도 판매하는 것이다. 대표적인 예는 무지MUJI, 자주JAJU, 플라잉타이거 코펜하겐 flying tiger copenhagen, 미니소MINISO 같은 업체들을 들 수 있다. 다만 편집숍들이 패션 매장에서 라이프스타일로 옮겨가고 있다면 무지는 라이프스타일 중심의 브랜드인데 옷을 판매한다는 점이다.

원더플레이스 아이파크몰 용산점(위), 현대 신촌점(아래)　　　출처 www.wonderplace.co.kr

📍 동대문의 위상 변화
🛒

　2000년대까지 패션의 메카로 불리던 그 동대문은 더 이상 존재하지 않는다. 콘텐츠 면에서 유사한 형태의 상가가 난립하고, 과도한 호객행위로 스스로 고객의 발길이 끊어지도록 만든 안타까운 경우이다. 그 과정에서 밀리오레Migliore, 두타DOOTA, 에이피엠apM 등에 입점해 있던 업체들은 이제 온라인이나 편집숍으로 진출하며 직접 자신들의 활로를 뚫은 만큼 더 이상 동대문 같은 공간이 필요하지 않게 된 것이다. 그런데 소매기능으로서의 동대문은 그 수명을 겨우 연명하고 있다고 할 수 있지만 도매시장으로서 동대문의 기능은 여전히 건재하다. 패션 도매

전문상가인 '디오트THEOT'의 경우 아직도 1.5평짜리 매장을 임대하는 데 월 500만 원 이상의 임대료를 내야 한다. 물론 전반적인 소비침체와 가두상권 위축으로 찾아오는 소매상들은 줄어들었지만 그 공백을 온라인 매장과 중국 상인들이 메워주고 있어 당분간 동대문 패션시장은 도매의 기능을 통해 그 지위를 유지할 것이다.

온라인 시장의 급성장

향후 쇼핑 산업 전체 매출 중 온라인이 차지할 비중이 얼마나 될지에 대해 외국계 패션 브랜드들과 인터뷰한 결과 놀랍게도 2030년 정도에는 약 40%에 이를 것이란 대답이 많았다. 기술 발전으로 인해 향후 5년 내에 20%까지 다다를 것이라고 예상하는 곳도 있었다. 온라인 시장에서 기술적으로 앞서나가는 업체는 당연히 '자라'를 보유한 스페인 기업 '인디텍스INDITEX'이다. 자라는 이미 쇼핑에 편리한 홈페이지 차원을 넘어 전 세계 100여 개 이상의 매장에서 증강현실AR 서비스를 제공할 예정이며 이미 시스템 개발을 완료한 상태라고 하였다. 스마트폰에서 앱을 실행하고 매장 내 센서에 갖다 대면 자신이 고른 옷을 입은 모델의 생동감 있는 모습을 볼 수 있게 만든 것이다. 물론 온라인에서도 동일한 서비스를 적용해 가상현실에서 움직이는 모델을 보고 클릭하면 바로 옷을 구매할 수 있다. 온라인으로 주문한 제품을 오프라인 매장에서 받아볼 수 있는 '클릭 앤 콜렉트Click & Collect' 서비스는 로봇을 도

입해 처리 속도를 높인다. 온라인에 익숙한 신세대들의 구매를 이끌어
내며 단순히 휴대폰이나 컴퓨터 앞에 앉아 있는 것이 아니라 매장으로
도 유인하겠다는 전략이다. 패션 업종의 특성상 계획구매보다는 충동
구매의 비율이 훨씬 높은 만큼 구매단가를 끌어올리기 위해서는 오프
라인 매장으로의 소비자 유도가 가장 중요한 포인트이기 때문이다.

자라의 증강현실 서비스 장면

어떻게 기회를 잡을 것인가

만약 누구든 패션 업종에 뛰어들 의사가 있다면 사전에 철저한 준비가 필요할 것이다. '먹고 살기 위해서' 또는 '다른 대안이 없어서' 등의 이유로 자영업을 하려고 한다면 패션보다는 다른 업종을 권하고 싶다. 물론 다른 업종이 쉽다는 말을 하려는 것이 아니다. 패션은 편의점 같은 소규모 소매업이나 식음보다 매장을 운영하는 데 있어 좀 더 전문성이 필요하고, 팔릴만한 상품을 예측하는 등 트렌드를 읽는 눈이 있어야 하며, 매장을 꾸리거나 사업을 시작하는 데 요구되는 자본도 더 크기 때문이다. 단순히 '가게를 차린다'라기보다는 '경영을 한다'라는 말로 요약이 가능하다. 프랜차이즈 업종처럼 많은 부분을 가맹회사에서 챙겨주지 않기 때문에 본인 스스로 회사를 창업하고 운영할 능력이 있어야 패션 비즈니스에서 살아남을 수 있다는 점을 강조하고 싶다. 스스로 운영에 필요한 모든 부분을 수행할 수 있어야만 한다. 그러기 위해서는 확실한 고객 분석을 거쳐 아이템을 선정하는 것이 중요하다.

확실한 아이템 선정

　최근 패션 업종의 트렌드는 SPA를 비롯한 몇몇 특정 브랜드들의 거대화 그리고 온라인 시장의 폭발적인 성장 및 오프라인으로의 진출, 각종 편집숍의 발달로 요약될 수 있다. 이런 상황에서 개인이 패션업을 운영하고자 한다면 고객층을 세분화해 타깃으로 특정된 대상 관련 아이템을 확정해야 한다. 시대의 흐름에 따라 장래성과 존속 가능성이 달라지는 만큼 트렌드에 지속적인 관심을 기울일 필요가 있다. 2010년대 초반, 지하철역 인근 가두상권에서는 와이셔츠 전문점들을 쉽게 볼 수 있었다. 가격경쟁력도 충분했고 다양한 상품구색을 갖추고 있어 단기간 확장도 가능했다. 그만큼 장사가 잘 되었기 때문인데, 이제는 찾아보기조차 힘들다. 이 현상의 근본 원인은 신사복 시장의 쇠락이다. 신사복 시장 자체가 줄어들고 있어 백화점에 있던 매장들은 아울렛이나 할인점으로 옮겨가고 있고, 지명도 낮은 브랜드들은 이제 땡처리 매장 같은 곳에서나 만날 수 있게 되었다. 신사복 브랜드의 수가 줄어들고 캐주얼 의류가 일상화되면서 시장 자체가 죽어버린 것이다. 결국 신사복에 수반된 와이셔츠 시장도 동시에 축소될 수밖에 없다보니, 업종이나 브랜드의 경쟁력과 아무 상관없이 매출은 당연히 감소하게 된 것이다. 결국 뒤늦게 이 분야에 뛰어든 많은 사람들은 투자원금조차 회수하지 못 한 채 장사를 접어야 했다.

📍 나만의 전문성 추구

패션 비즈니스를 위해서는 반드시 자신만의 전문성이 필요하다. 시장을 미리 읽고 준비할 수 있는 감각이든, 좋은 상품을 알아볼 수 있는 눈이든, 효과적으로 PR할 수 있는 역량이든 모든 걸 갖출 필요는 없지만 어떤 요소든 본인이 가지고 있는 전문성을 추구해야만 한다. 특히, 대기업의 프랜차이즈 대리점이 아닌 자신만의 패션숍 또는 편집숍을 시작할 경우에는 이러한 전문성을 반드시 갖춰야만 한다. 앞으로 유망하다고 판단되는 아이템과 자신의 전문성이 교집합을 만들 수 있는 품목 위주로 선정하고 철저히 준비할 필요가 있다.

📍 상권에 대한 판단

먼저 확실히 말해둘 것이 있다. 앞서 말한 것처럼 새로운 패션 상권이 생겨나는 경우는 이제 없을 것이다. 경제성장이 둔화되고 시장은 성숙기에 접어들었으며 인구는 꾸준히 감소하고 있다. 이런 외부환경 속에서 신규 상권은 미니신도시(인구 10~20만 명 규모) 규모의 개발 이외에서는 창출되기 힘들다. 그리고 상권이 자리 잡는 데만도 최소한 4~5년이 소요되며 이렇게 만들어진 상권이 꼭 패션 비즈니스에 적합하다고 보장하기도 어렵다. 위례, 동탄, 미사, 세종, 광교를 살펴봐도 대형 유통시설을 제외하고는 패션 업종이 있을만한 공간이 많지 않다. 결국 기존 패션 상권이 형성되어 있어 어느 정도는 검증된 지역에 매장을 열고, 그곳에서 살아남는 것을 목표로 해야 한다. 하지만 여기서 가장 중요한 포인트는 그 지역이 계속 성장할 곳인지 아닌지를 확인하는 것이다. 앞으로는 스타필드 같은 초대형 쇼핑몰이나 대기업이 운영하는 전문점들이 점점 더 많아질 수밖에 없는 구조인 만큼 어중간한 가두상권들은 위축되거나 심지어는 소멸될 수밖에 없다.

대표적인 예가 문정동 로데오거리이다. 600미터 남짓한 거리에서 200여 개의 브랜드 매장이 고객들을 유치하기 위한 각축전을 벌이던 곳이었다. 이곳에서는 최근 공실이 속출하고 있으며 이대로라면 로데오 거리 자체의 존속이 불투명한 상황이다. 따라서 이런 가두상권에는 절대로 들어가면 안 된다.

문정동 로데오거리의 시대별 상황

1990년대~2000년대 전성기	국내외 유명브랜드 200개 이상 출점
2010년대 초반	대형 SPA 진출(유니클로, 8세컨즈)
2013년	잠실 롯데월드몰 백화점 오픈 송파구/강남구/강동구 구매력 상실
2016년	가든파이브, 현대시티아울렛 오픈 문정로데오 점포들 가든파이브로 대거 이동 및 폐점

우리가 찾아야 할 기회는 앞으로 확장될 수 있는 대형 상권이다. 대표적인 지역이 홍대 상권이다. 앞으로 홍대 상권이 전통의 명동 상권과

종로 상권을 넘어 강북지역 최고의 상권으로 발전하는 것은 물론 강남역 상권과 함께 우리나라 2대 상권으로 성장할 것으로 예측하는 전문가들이 많다. 그 이유는 다음과 같다.

① 젊은이들과 트렌드 세터(예를 들면 힙스타들)가 절대적으로 선호하는 장소이고
② 문화와 거치를 창출해 유행을 선도하며
③ 이미 상수동·합정동 지역으로 상권의 확장이 진행되어 있고
④ 북쪽의 경의역사 개발과 함께 연남동 방향으로도 골목 상권이 활성화되고 있기 때문이다.

이곳에는 주중과 주말, 낮과 밤을 가리지 않고 사람들이 모여들고

있으며 후면으로 들어가도 패션, 잡화, 식음 관련 상권이 매우 활성화되어 있다. 또한 이미 사람들에게 '홍대'는 하나의 브랜드가 되어 있다. 바로 이런 상권 안에서 점포를 찾아야만 한다. 외국인 관광객이 거리의 절반 이상을 차지한 명동이나 주중에는 오피스족들에게 점령되는 종로 상권과는 장래성에서 많은 차이가 있기 때문이다.

명동의 경우, 유동인구는 홍대보다 더 많지만 매장의 구성이 너무 일률적이고(외국인 관광객을 노린 잡화, 화장품 위주) 의류를 구매할 고객층들이 이면블록까지 들어오는 경우가 많지 않다. 현재 명동의 패션 상권은 메인도로변의 대형 브랜드 위주로만 재편되어 있어, 소규모 옷가게들은 설 자리가 없는 상황이다.

이것은 종로 상권 역시 마찬가지다. 주말장사는 매출이 어느 정도 받쳐주지만, 주중에는 출퇴근하는 직장인들이 유동인구의 주류이다. 이들은 옷을 사기보다는 술을 마시거나 다른 사람들과 어울리는 회식 등을 선호한다. 따라서 이런 입지에 패션 관련 매장을 내는 것은 적합하지 않다. 홍대 상권 이외에도 가로수길의 이면 상권인 세로수길이나 이태원 상권, 한남오거리에서 옥수동으로 이어지는 한남동 지역 같은 곳은 향후에도 상권이 확장될 수 있는 곳으로 판단된다.

입지의 중요성

입지적으로는 홍대처럼 확장 중인 대형 상권의 이면에서 점포를 구해야 한다. 어차피 대형 도로변에는 일반인이 감당할 만한 가격의 점포는 나오기 힘들고 자라 같은 대형 브랜드들과 경쟁할 수는 없기 때문이다. 시간 날 때마다 이면도로나 뒷길을 걸으며 찬찬히 살펴보자. 주중·주말과 점심·저녁 시간으로 구분해 최대한 여러 차례 걸어 다녀봐야 상권이 어느 정도 보이기 시작할 것이다. 이때 우선적으로 눈여겨봐야 할 것은 사람들의 동선이다. 특히, 내가 생각하는 아이템을 살만한 잠재고객들이 어느 쪽으로 움직일지 예상해 보고 그들의 움직임을 좇아가보자. 그들이 주로 어느 길로 다니는지, 주중과 주말을 포함해 시간대별로는 어떻게 움직이는지, 어느 주차장을 주로 이용하고 어디서부터 걸어 다니는지를 꿰고 있어야 한다. 또한 고객 입장이 되어 살펴보는 것도 중요하다. 내가 고객이라면 시선을 어디에 두고 어느 점포를 자주 들어가게 될지 또한 고민해봐야 한다. 패션 매장을 시작하려고 한다면, 기존의 옷가게에는 어떤 사람들이 주로 방문하며 언제가 가장 붐비는지 등을 모두 머리 속에 담아두어야 한다. 통상적으로 사람들이 이동하는 동선 자체는 크게 변하지 않는다. 하지만 시간대별로, 요일별로 오가는 군집단(群集團)의 성격이 바뀌게 된다. 이를테면 평일 오전에는 40~50대 주부층이, 주말 오후에는 20~30대 젊은 계층이 가장 많이 오고가는 것처럼 말이다. 메인도로에서 이면도로로 벗어나 보자. 사람들의 속성은 큰 변수가 없는 한 똑바로 걸으려 한다. 이면도로에서 건다보면 교차로가 종종 등장하는데, 대부분의 도보상권은 사거리에서 오른쪽 또는 왼쪽으로 전환되지 않고 계속 직진 방식으로 형성된다. 따라서 입지 면에서도 똑바로 이동하는 방향에 위치한 건물들 중에서 매장 후보지를 찾는 것이 좋다. 단, 신호등이 있거나 4차선 이상의 도로를 만날 경우 도보상권의 단절 현상이 일어날 수 있다. 하지만 홍대 상권의 경우에는 이미 상권이 매우 넓게 형성되어 있는 만큼 길 건너에도 다양한 패션, 잡화, 식음 점포들이 영업 중이어서 단절 현상은 거의 일어나지 않는다. 가급적이면 이면블록 중에서도 메인도로에 가장 가까운 첫 번째 사거리변의 건물 코너가 입지 면에서 우수하다는 걸 기억하자.

동선에 있어 중요한 것은 후보지 주변의 점포 구성이다. 주변이 얼마나 활성화되어 있는가, 활성화되어 있다면 주로 어떤 업종이 분포하고 있는지가 중요하다. 패션 업종은 식음 업종에 비하여 집재성(集在性)*이 매우 강하고, 목적성이 매우 약한 편이다. 옷의 경우, 여러 옷가게가 함께 모여 있는 곳에서 구매할 확률이 높다. 그래야 자신이 다양한 옷 중에서 가장 마음에 드는 물건을 선택할 수 있기 때문이다.

따라서 이면블록들을 다니며 자기가 시작하고 싶은 아이템과 유사한 업종이 모여 있고 사람들의 주요동선에 위치한 건물 중에서 후보지를 찾아야 한다. 아무리 사람들이 많다고 해도 유명 맛집이나 다른 업종들이 몰려 있는 블록에 옷가게를 오픈한다면 실패할 확률이 높아진다.

---

*집재성 동일한 업종이 한 곳에 모여 입지하는 것이 유리한 유형.

그리고 사람들은 옷가게가 자신의 눈에 잘 띄어야만 '인식을 하고' '구매할' 마음을 먹게 된다. 간판과 쇼윈도가 잘 보이지 않으면, 아예 쇼핑을 할 동기 자체가 생기지 않는다. 또한, 매장 앞을 이동하는 고객들이 실제로 매장을 방문할 확률도 매우 낮은 편이다. 점포 앞을 지나가는 사람들이 매장 내부로 '들어오는' 비율은 10% 미만이고, '구매를 하는' 비율은 3~4% 수준이다. 따라서 점포 후보지의 입지를 살필 때에는 얼마나 잘 보이는지가 중요하다. 통상 사람들은 길가를 걸어 다니며 반경 10~20미터 주변을 육안으로 살피는 경우가 대부분이다. 움직이는 물체(차량 등)가 있다면 거리가 더 멀어지지만, 길가의 점포 건물을 볼 때는 그 이상을 잘 보지 않는다. 그러므로 내가 생각하는 후보지가 있다면, 10~20미터 전면에서 얼마나 잘 보일지를 살펴보자. 간판(돌출 간판 포함)을 건물의 어느 부위에 걸고, 간판이 얼마나 잘 보이게 될지도 생각해 두어야 한다.

공간의 넓이 및 전면 또한 반드시 고려해야 할 요소이다. 공간의 넓이는 당신이 결정해야 하며 매장 인테리어는 어느 선까지 할지 또한 당신에게 달려 있다. 다만 재고품을 보관할 창고를 감안하는 것을 잊지 말자. 그리고 전면부의 확보는 당신 취향과는 관계없다. 반드시 최소 4미터 이상은 확보해야만 한다. 매장 후보지의 전면부가 4미터 이상 확보되지 않는다면, 아무리 입지가 좋아도 옷가게로는 실패할 확률이 높다. 고객들이 그냥 지나치기가 쉽고, 아예 들어갈 생각 자체를 하지 않게 된다. 전면부는 넓을수록 매장 구성에 훨씬 유리하다(일부 브랜드들은 전면 폭이 8미터 이하인 물건은 매장 검토 시 아예 제외하기도 한다). 그리고 경사가 있어 후보지에 계단이 설치되어 있는 경우도 주의하라. 계단은 도보접근성을 떨어뜨리고, 매출에도 직접적인 영향을 끼칠 수 있다. 통상 계단이 3개를 초과해(4~5단 이상) 설치되어 있으면, 많은 사람들이 계단을 올라 그 점포를 방문하기보다는 그냥 가던 길을 택한다. 주차에 대해서는 따로 말하지 않겠다. 지금 우리가 찾는 점포들은 주차가 거의 불가능한 상황일 것이다. 그냥 점포에서 가장 가까운 공영주차장 혹은 이용 가능한 주차공간(학교운동장은 주말에 이상적인 주차공간이다)을 찾고, 고객들에게 다음에 방문하실 때는 이용 가능한 곳을 알려주면 된다.

다시 정리해보면 다음과 같다.

앞으로 개인이 오프라인에서 패션 매장을 내고, 살아남기 위해서는 면밀한 준비가 필요하다. 자신이 이쪽 분야에 종사하면서 전문성을 쌓았거나 감각이 있어야 하며, 경영에 대한 역량을 갖춰야 한다. 그렇지 않다면, 차라리 다른 업종을 찾는 것이 더 도움 될 수 있다. 또한 고객이 찾아가는 상권, 확장되는 상권을 조사해 그곳으로 들어가야 한다. 신규 상권이 형성되는 것은 어렵고 많은 시간이 걸리므로, 기존에 형성되어 있는 상권들 중에 장래성 있는 곳을 찾아야 한다. 입지적으로는 메인도로변에서 조금 벗어난 이면블록을 찾아 들어가는 것이 좋다. 그리고 주변 점포의 구성 및 분포와 점포 후보지의 가시성, 고객접근성이 얼마나 우수한지를 조사해 선택해야 한다. 후보지 자체의 컨디션이 적합한지도 반드시 체크해야 할 사항이다.

패션 매장에 있어 좋은 위치 선정법

만약 아이템 구상이 마무리돼 가까운 시일 내에 패션 매장을 시작하고자 한다면 아래 두 가지 팁을 명심하는 게 좋다.

(1) 첫째도 유동인구! 둘째도 유동인구!

매장을 열기 위해 상권을 분석하는 데 있어 가장 중요한 부분이 유동인구 파악이다. 유통업계에서는 상권을 파악할 때면 항상 유동인구가 얼마인지부터 계산한다. 요즘은 와이파이나 RFIDradio frequency identification* 등 각종 센서를 통해 매장에 들어오는 고객 수나 유동인구를 자동으로 계산할 수 있고, 유동인구의 흐름을 제공하는 인터넷 서

---

*RFID 비접촉 방식으로 정보를 읽는 인식 시스템.

비스도 있었다. 하지만 과거에는 일일이 지나다니는 사람들을 눈이나 카운터로 세가며 유동인구를 파악했다. 지나가는 사람을 세어보고 어디에 사람이 많은지 알아보는 것인데 사업을 위한 유동인구 분석에서는 유동인구 중 실제 고객으로 전환될 숫자가 중요하기 때문이다. 그런데 상권 분석 과정에서 가장 많은 실수가 발생하는 게 바로 이 부분이다. 유동인구가 많다고 바로 최고 상권이라고 할 수는 없다. 물건을 구매하려는 고객이 많은 상권이 최고의 상권이기 때문이다.

부산 광복동에서 가장 번잡한 곳은 롯데시네마와 유니클로가 위치한 '비프광장로'이다. 이곳은 자갈치시장과 바로 연결된 탓에 주말이면 걷기조차 힘들 정도이다. 그런데 이곳이 '패션업체들의 무덤'이라고 불리는 곳이다. 유니클로 이전에 운영되던 에잇세컨즈는 계약을 중도해지하고 영업을 종료한 바 있다. 광복동에서 메인 상권이라고 할 수 있는 곳은 ABC마트와 금강제화가 위치한 패션거리 한복판이다. 지하철역과 거리도 멀고 차량진입이 어려움에도 패션 상품을 구매하려는 고객이 가장 많이 찾는 곳이기 때문이다. 유동인구, 즉 보행인구만 많은 지역이 있고 유동인구가 많지 않더라도 물건을 구입할 목적으로 방문하는 사람들이 많은 지역을 잘 살펴보는 것이 중요하다. 유동인구가 많은 곳은 일반적으로 임대료가 비싸다. 단순히 유동인구만 보고 들어갔다가 수익성이 나쁜 경우도 종종 있으니 주의해야 한다.

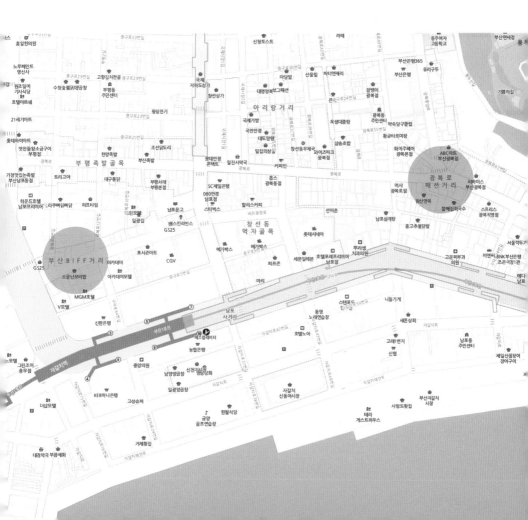

(2) 그 상권만의 특색을 살펴라

앞서 상권은 언제고 변할 수 있음을 이야기했다. 예전에는 정말 뛰어난 상권이었다 하더라도 주변 환경의 변화에 의해 하루아침에 무너질 수 있는 게 상권이다. 또한 영원히 지속되는 상권은 없으며 상권이 좋다고 모든 매장이 성공하는 것도 아니다. 무엇보다 상품의 특성과 지역, 상권의 특성이 맞아 떨어져야 한다. 만약 화장품이나 액세서리, 영캐주얼 의류를 취급하는 매장이라면 젊은이들이 많이 모이는 대학가가 좋은 입지 조건일 것이다. 하지만 이미 주요 길목에는 다른 사람들이 영업을 하고 있을 가능성이 높다. 또한 이런 입지에 점포를 내려면 권리금을 비롯해 막대한 비용이 소요되는 만큼 좀 더 주의할 필요가 있다. 따라서 이럴 때는 내가 타깃으로 정한 연령대의 사람들이 많이 모이는 곳을 더 면밀히 조사해볼 필요가 있다. 그들을 따라 다니면서 구매패턴을 공부해보는 것이다. 그리고 가장 확실한 방법 중 하나는 꼭 주요 길목이 아니더라도 본인이 시작하려는 업종과 유사한 매장이 2~3개 정도 모여 있는 곳을 공략하는 것이다. 이미 고객들이 그곳에 패션 매장이 있는 것을 인지하고 있기에 다시 방문할 가능성이 높고 패션 매장이 늘어나면 향후 패션 상권으로 발전할 가능성이 높기 때문이다.

외식시장의 트렌드 변화

나 세 롱

SPC그룹
(주)파리크라상 외식사업본부 과장

강남대학교에서 부동산학을 전공하고
롯데쇼핑 슈퍼사업부 SSM점포개발을
시작함으로써 리테일 업계에
발을 돌렸다. 이후 하이트진로그룹
신사업(키즈테마파크) 점포개발을
거쳐 현재 SPC그룹 파리크라상
외식사업부에서 쉐이크쉑, 라그릴리아,
피그인더가든, 피자업, 퀸즈파크,
스트릿 등 최신 트렌드에 발맞춘
외식 브랜드의 점포개발을 담당하고 있다.

국내 외식산업의 현황

최근 몇 년간 외식업계가 겪고 있는 불황은 1997년의 국가부도 위기 (IMF 사태)에 몰렸던 당시보다 더 어렵다는 분위기이며, 역사상 최악이라는 평가가 지배적이다. 사회 전반에 걸쳐 불황이라고 느끼는 시기에는 소비의 구조조정이 일어나고, 그 1순위는 바로 외식비가 된다. 다만 외식비가 구조조정의 대상이라는 뜻이 반드시 외식시장 규모의 절대적 감소를 뜻하는 것은 아니며, 소비패턴의 변화, 다른 형태로의 소비 등 큰 변화가 일어나고 있다는 것으로도 해석될 수 있다.

각종 외식 관련 지표에서도 나타나듯이 장기 불황에도 불구하고 외식시장은 매년 성장을 하고 있으며, 새로운 시장이 꾸준히 탄생하고 있다. 현재 외식시장에는 어떤 변화가 일고 있으며, 그 변화가 부동산시장에는 어떤 영향을 미치는지에 대한 관심을 가져볼 필요가 있다.

국내 외식시장 규모

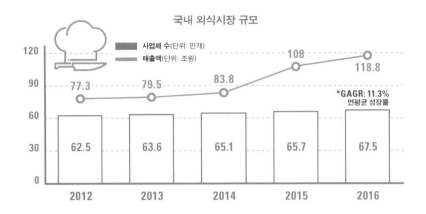

- 사업체 수(단위: 만개)
- 매출액(단위: 조원)

	2012	2013	2014	2015	2016
사업체 수	77.3	79.5	83.8	108	118.8
매출액	62.5	63.6	65.1	65.7	67.5

*GAGR: 11.3%
연평균 성장률

배달앱시장 규모

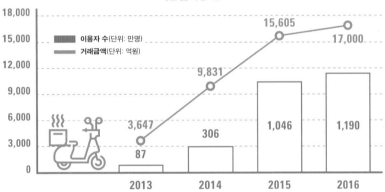

- 이용자 수(단위: 만명)
- 거래금액(단위: 억원)

	2013	2014	2015	2016
이용자 수	3,647	9,831	15,605	17,000
거래금액	87	306	1,046	1,190

HMR시장 규모

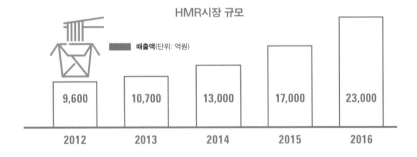

- 매출액(단위: 억원)

2012	2013	2014	2015	2016
9,600	10,700	13,000	17,000	23,000

외식사업진흥법에 따르면 외식의 정의는 '가정에서 취사를 통하여 음식을 마련하지 아니하고 음식점 등에서 음식을 사서 이루어지는 식사형태'로 정의된다. 최근 몇 년간 외식시장이 최악의 불황이라는 인식과는 달리 외식시장의 규모는 매년 성장해오고 있으며, 그 이유 중 하나가 외식 소비패턴의 변화, 즉 배달앱시장과 HMR Home Meal Replacement* 시장의 성장을 꼽을 수 있다. 전통적인 외식 수요층(매장에서 식사를 하는 형태) 중 상당수가 배달앱과 HMR시장으로 이동한 것으로 볼 수 있으며, 이 두 시장은 매년 두 자리 수 이상의 급격한 성장률을 보이고 있다. 최근 기업들도 앞다퉈 연구개발에 큰 비용을 투자하며 시장 진입에 열을 올리고 있는 상황이다.

---

*HMR 짧은 시간에 간단히 조리해 먹을 수 있는 간편 가정식. 일종의 즉석식품을 뜻한다.

외식시장의 급속한 변화

 ## 브랜드 외식의 몰락과 혁신

    브랜드는 고객이 구매 결정을 하는 데 있어 중요한 요소 중 하나이다. 최근 외식시장에서의 고객들은 반복적인 구매 패턴을 줄이고, 매장에서 식사를 하지 않거나 앱을 이용한 비대면 거래를 선호하는 경향이 뚜렷해지면서 시장에서의 브랜드 영향력은 갈수록 감소되고 있다. 과거와는 다르게 브랜드 충성도와 단골집이 점점 사라지고 있다는 것이다. 이처럼 브랜드 파워가 더 이상 고객의 구매를 결정짓는 척도가 되지 않는다는 것을 인지한 기업들은 브랜드의 기업 색채를 최소화하기 위한 노력을 기울이고 있다. 대표적인 예로 SPC그룹에서 운영하고 있는 이탈리안 레스토랑 '라그릴리아LAGRILLA'는 표준 인테리어를 고집하지 않으며 전국의 매장들마다 각기 다른 인테리어로 운영 중이다. 뿐만

다이닝 펍 컨셉의 라그릴리아 청담점

인더스트리얼 컨셉의 라그릴리아 이태원점

캐주얼 다이닝 컨셉의 라그릴리아 홍대점

아니라 각 점별로 마케팅 및 프로모션도 다르게 진행되고 있다.

이처럼 지역마다 매장의 인테리어의 콘셉트가 다르고, 메뉴의 종류 및 가격도 매장별 상황에 맞춰 다양하게 운영되고 있다.

 ## 1인 소비의 증가

최근 파워 컨슈머로 떠오르고 있는 1인 소비자 즉 '혼밥족'들이 외식 시장의 판을 바꾸고 있다. 같이 식사할 사람이 없는 비자발적 혼밥족보다 혼자 먹는 것이 더 편하고, 편한 시간에 먹을 수 있다는 장점 때문에 생겨난 자발적 혼밥족이 급격하게 늘어나는 추세이다. 업계에서는 이런 시대의 흐름을 적극 반영해, 외식 점포 출점 시 1인 고객을 위한 좌석 배치를 확대하고 있으며, 다인석과 1인석의 구분을 짓는 공간 설계는 필수요소로 여겨지고 있다.

또한 1인 소비자는 매장에서 식사를 하지 않고 방문포장 및 배달주

강남역 스트릿 스퀘어의 1인석   광화문 굿밀

문을 하는 경우가 많다. 이런 고객의 니즈를 반영해 매장 입구에 포장 전용 상품을 배치해 둔 곳도 많다.

앞의 사진에서 보는 바와 같이 점포 입구에 도시락 자판기를 설치한 곳과 매장에 들어와 바로 상품을 선택해 포장해 갈 수 있는 '그랩앤고 Grab&go' 시스템을 갖춘 점포들이 지속적으로 늘어나고 있다

비대면 외식시장의 확산

앞서 언급한 배달앱과 HMR시장은 외식과 내식의 경계에 있는 반외 식시장이라고 할 수 있으며, 반외식시장의 점유율이 높다는 것은 전통적

CJ HMR SHOWCASE, 대표 브랜드 비비고   출처 CJ그룹 포스트

외식 형태였던 대면 거래에서 비대면 거래로 이동하고 있다는 반증인 것이다. 최근 이 시장에서 다루는 상품 영역이 단순 간편식을 넘어 매장에서만 맛볼 수 있는 술안주(곱창볶음, 감자탕 등), 퓨전음식, 동남아음식, 디저트 등 다양한 상품군으로 영역을 확대해 나가고 있는 추세이다.

소비의 양극화와 가성비 시장의 부진

최근 10년간 외식시장은 가성비의 전성시대로 가성비가 좋은 식당은 절대 망할 이유가 없었다. 상대적으로 저렴한 비용을 내고 다양한 종류의 음식을 맛볼 수 있으며, 음식이 무제한으로 공급되는 한식뷔페, 스시뷔페, 샤브샤브뷔페, 샐러드바, 무한리필 등이 가성비 식당의 주류를 이루었으며, 이런 형태의 외식시장은 대중의 폭발적인 반응을 이끌며 빠르게 점포를 확장해 갔다. 그런데 최근 이 외식 가성비 불패 공식이 깨지고 있다. 전용면적 200평이 넘는 점포를 1년에 적게는 20개 많게는 50개 가까이 출점하던 브랜드 기업들이 출점을 멈추고, 매출이 부진한 매장을 하나씩 정리하는 수순을 밟고 있다. 그나마 남아 있는 매장들도 최근에 방문해보면 한때 대기표를 받고 1시간씩 기다리던 전성기가 무색할 만큼 한산해진 것을 볼 수 있다.

이 또한 1인 소비의 증가로 변화된 소비패턴의 결과로 볼 수 있다. 1인 소비의 증가는 소비패턴의 극단적인 양극화를 보여 준다. 상대적으로 저렴한 편의점 도시락, 샌드위치, 김밥, 냉동조리식품 매출의 급격한 증가와 한 줄에 4,000원이 넘는 프리미엄 김밥, 1세트에 2만 원 가까운 수제버거 시장이 확대가 되는 등 프리미엄과 이코노믹 시장이 동시에 증가하고 있다는 사실에 주목할 필요가 있다.

기업형 외식산업의 변화

과거의 기업형 외식산업은 자본력과 조직력을 바탕으로 한 식품 및 유통관련 대기업 중심으로 확대되어 왔다.

대표적인 예로 CJ그룹은 계열사 간 인프라 및 유통채널 활용을 극대화시키며 혁신적으로 원가를 개선하고, 이를 신성장동력으로 수년간 외식시장을 군림해오고 있다. CJ 외에도 이랜드, 신세계, 아워홈 등 외식 대기업들은 계열사 간의 비즈니스를 유기적으로 연계시킴으로써 수익구조를 개선해 왔다. 또한 자본력과 구매력에 기반한 원가경쟁력을 바탕으로 시장점유를 확대하며 공격적으로 매장을 출점시켜 왔다. 그러나 최근에는 이러한 연결고리가 점차 약화되는 추세이다. 계열사와 매장간의 유기적인 관계를 나타내는 것 중 대표적인 것이 'CK Central Kitchen 조리공급 시스템'이다.

현재 기업형 외식시장에 일고 있는

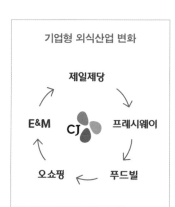

큰 변화 중 하나는 CK조리공급 시스템의 탈피를 꼽을 수가 있다. 이 시스템은 매장 외 식자재 가공시설에서 조리 또는 반조리된 상태의 식재료를 매장에 공급함으로써 맛의 표준화를 이루고, 주방인력의 최소화, 조리시간을 단축할 수 있다는 장점이 있어 기업형 외식산업 발전에 큰 기여를 해왔다.

그러나 이런 공장 생산형 대규모 식자재 공급 방식은 신규 메뉴의 개발 및 추가가 어렵고, 맛에 대한 변화나 고객 니즈에 대처하는 반응이 느리다는 것이 단점이다. 이런 이유로 최근 외식시장의 빠른 트렌드를 반영하기 위해 CK조리공급 시스템을 축소하는 추세이다. 좀 더 신선하고, 원재료의 변형을 최소화시킨 음식 맛을 느끼고자 하는 고객의 니즈를 반영해 기업들은 점포 출점 시 주방 면적을 늘이는 추세이며, 주방 인력 또한 확대하고 식재료 가공과정 및 처리를 모두 매장에서 진행하는 영업장들이 늘어나고 있다. CK조리공급 시스템을 적게 쓰는 기업 중 하나가 SPC그룹의 외식브랜드를 들 수 있다. SPC그룹의 이탈리안 레스토랑 라그릴리아 매장의 메뉴는 지역별로 메뉴와 가격이 조금씩 달라 CK방식으로 운영하는 기업에서는 할 수가 없는 구조이다.

최근 기업형 외식산업의 최대 화두는 인건비 절감을 꼽을 수 있다. 최저임금의 인상은 기업의 수익성 악화로 바로 직결된다. 그 결과 인건비 절감을 위해 고객 셀프세팅, 무인 키오스크 주문 및 태블릿PC 주문 등의 시스템을 도입하는 기업들이 증가하는 것도 눈 여겨 볼 필요가 있다.

태블릿PC 주문방식

셀프세팅 시스템

키오스크 주문방식

외식시장의 변화와 부동산시장

 신흥상권과 중심상권의 변화

유동인구 및 상주인구가 많은 상권, 세대수가 많은 지역, 차량 및 도보 접근성이 우수하며 가시성이 좋은 입지에 점포를 출점해야 한다는 것은 누구나 당연하게 생각하는 것이고, 실제로 이런 입지는 점포 출점 1순위 대상으로 인식하고 있다. 이는 외식산업뿐만 아니라 패션, 뷰티, 음료 등 대부분의 상업시설 점포에 해당된다고 할 수 있다. 그러나 최근 상권과 입지가 우수한 점포임에도 불구하고 오랫동안 임대 플래카드가 붙어 있는 경우를 자주 볼 수 있으며, 중심상권 내 외식 관련 소상공인의 폐업도 빠른 속도로 증가하고 있다.

최근 몇 년간 외식업은 신규상권을 형성하는 데 주도적인 역할을 하고 있다. 과거에는 평범한 주택가였다가 지금은 다양한 상업시설, 풍부한 유동인구 등의 요건을 갖추고 활성화된 이태원 경리단길, 합정, 상수동, 성수동 수제화거리, 연남동 연트럴파크, 북촌마을 등을 살펴보면 그 1등 공신은 외식업체들이라고 할 수 있다. 현재진행형으로 외식업체에 의해 신규 상권이 형성되고 있는 곳들도 있다.

대표적으로 최근 뜨고 있는 용산 해방촌, 익선동 한옥거리, 종로 서촌마을 등은 30년 이상 된 건물들이 많으며, 상하수도시설과 주차시설이 매우 열악한 서울시의 대표적 낙후지역이다. 이 지역은 대중교통, 차량 및 도보 접근 또한 쉽지 않으며, 점포들은 3명 이상 나란히 걸을 수 없을 정도로 좁은 길목에 위치해 있어 쉽게 찾을 수도, 볼 수도 없다. 이

2년 이상 장기간 공실 상태인 종각의 뱅뱅

익선동 골목 영업장 수의 변화

114   137   244

2015   2016   2017

2013년의 익선동 골목   **출처** Daum 로드뷰

2018년의 번화해진 익선동 골목

처럼 전통적으로 A급 상권의 필수요건으로 꼽는 유동인구, 상주인구, A급 입지의 필수요건인 접근성, 가시성 등의 요건을 갖추지 않은 채 상권적, 입지적 상식을 파괴하는 형태로의 점포 출점이 이뤄지고 있다.

이러한 시장의 흐름은 업주들의 고정비 부담 증가와 소비자들의 레트로 감성욕구와 탈프랜차이즈 욕구, 1인 소비자들의 증가 등 복합적인 원인이 일궈낸 결과로 해석된다.

이런 지역에 출점하는 외식업체의 특징은 어디에서도 볼 수 없는 음식과 인테리어의 차별화가 최대 강점이며, 소비자들의 감성을 자극하는 지역적 특색이 맞물려 신흥상권으로 급부상하게 되는 결과라고 볼 수 있다.

중심상권을 외면하는 외식시장

중심상권의 정의는 '각 상권 중 임대료가 가장 비싸고, 지역의 중심이 되는 지역'을 의미한다. 강남, 홍대, 명동, 광화문 등에서도 메인이 되는 지역, 대규모 택지개발지구에서도 상업시설이 밀집해 있는 중심지역을 뜻한다. 그런데 최근 중심상권 집합상가들의 공실률 상승세가 심상치 않다. 수익률은 매년 하락하고 있으며 임차인을 구하기 힘들다 보니 임차인 우위의 시장이 형성되고 있다.

기업형 외식업체들은 매출 안정성을 최우선으로 다양한 체험과 원스톱 쇼핑이 가능한 복합쇼핑몰과 백화점 출점을 선호하고, 소규모 혹은 영세 규모의 외식업체들은 비용 부담을 줄이기 위해 고정비 부담이 적은 신규상권으로 이동하고 있다. 과거 가성비 외식시장을 주도하던 각종 뷔페, 샐러드바, 무한리필 매장들은 집합상가의 수익률을 높이는 데 큰 역할을 한 바 있다. 점유면적을 전용면적 기준으로 적게는 200평, 많게는 1,000평 이상을 사용했으며 강한 집객력으로 이들 브랜드만 유치해도 상가의 나머지를 채우는 것은 시간 문제였다. 그러나 최근 소비자들의 외면을 받은 대형 뷔페업체들이 폐점을 늘리면서 공실이 증가하고, 폐점 이후 상당수의 상가가 임시사무실 등 단기임차를 주거나 새로운 임차인을 구하지 못해 공실 상태로 방치된 곳이 늘어나고 있다. 일부 입지가 좋은 상가는 VR방이나 PC방 등으로 전환해 공실을 해소한 곳도 있지만 수익률은 이전만 못한 상황이다.

이런 중심상권 집합상가의 외면 현상은 기업체들뿐만 아니라 중소

2016~2017년 서울시 주요 상권 권리금 추이 통계자료 단위 m²/만원

업종	2016년 m²당 평균	2017년 m²당 평균	GAP
전체	78.8	74.9	- 3.90
도매 및 소매	104.1	96.1	- 8.00
숙박 및 음식점업	64.7	64.3	- 0.40
부동산 및 임대업	95.1	90.1	- 5.00
예술, 스포츠, 여가 서비스업	32.7	30.5	- 2.20
개인 서비스업	47.2	46.4	- 0.80

출처 한국감정원

상공인이 운영하는 외식업체들도 마찬가지이다. 소규모 혹은 영세한 규모의 외식업체들은 외곽이나 뒷골목으로 이동하고 있으며 점포는 작은 규모로 축소하고 있다. 외곽 또는 골목으로 이동한다는 것은 임차료의 부담을 줄이기 위함이고, 매장의 규모를 줄인다는 것은 점포 운영인력을 최소화해 인건비 부담을 줄이기 위한 시도임을 알 수 있다. 실제 시장에서는 고객이 테이블 세팅을 직접 하고, 점주 혼자 요리와 서빙을 하는 1인 또는 2인 운영 방식, 최소 인력으로 운영해 인건비 부담을 덜 수 있는 구조를 선호하고 있다. 이러한 외식업체들의 중심상권 외면 현상은 곧바로 권리금 하락을 유도하고 있다.

부동산 최유효이용론의 오류

부동산 개발에 있어 경제적 조건으로 최대 수익실현의 가능성이 있어야 한다는 전제가 있다. 과거 통념적으로 인식하던 투하자본 대비 사업가치가 가장 큰 이용의 개념으로 최근 부동산 개발사업에 접근했다가는 100% 실패한다.

특정 상권에서 중심상권은 그 지역에서 가장 접근성과 가시성이 좋고, 땅값이 비싼 지역이다. 이런 지역에 건물을 지으면 용적률과 건폐율에 법적수용 한계치까지 설계를 해 최대 연면적을 뽑는 것과 전용률을 높여 실제 점유할 수 있는 공간을 최대로 확보하는 것이 사업가치가 높은 것으로 생각해왔다. 건폐율과 용적률을 최대로 적용한다는 것은 토지의 유휴공간을 최소화한다는 의미이고, 전용률을 높인다는 것은 공용면적을 줄인다는 의미이기도 하다. 공용면적을 줄인다는 것은 여러 가지를 의미한다. 주차램프의 폭을 줄여 차량 접근의 불편을 줄 수도 있고, 엘리베이터 숫자를 줄여 이동의 불편을 줄 수도 있고, 화장실 면적과 휴게공간을 줄여 내방객에게 불편을 줄 수도 있다는 의미이기도 하다. 과거에는 건물의 입지만 좋으면 상기에 나열한 내방객과 임차인이 겪는 불편함은 접근성의 우수함으로 상쇄되어 임차인의 모집과 고객의 집객에 큰 문제가 없었다. 그러나 최근에는 공개공간, 휴게공간, 확 트인 시야를 확보하는 보이드void* 공간에 대한 활용도가 집객에 큰 영향력을 주는 요소로 자리 잡고 있다. 자금력이 풍부한 대기업들은 이런 트렌드를 빠르게 파악해 이미 수년 전부터 고객만족과 편의 중심의 건물을 설계해왔다. 오래된 건물의 경우에도 리노베이션을 통해 건물 중앙에 보이드 공간을 배치해 1층과 상층부 간의 심리적 거리감을 단축시키기 위한 시도 등 시각적인 쾌적함을 주기 위해 많은 노력을 기울이고 있다.

대표적인 부동산 최유효이용론 실패사례로는 강남구 삼성동에 위치한 코엑스몰을 꼽을 수 있다. 코엑스몰은 2000년 5월 개장한 이후 2013년의 리모델링 이전까지는 주말 평일 가릴 것 없이 인산인해를 이루던 최대 쇼핑몰이었다. 하지만 2014년 재개장 당시 전시회를 개최하던 문화공간과 돈이 되지 않는 서점, 기타 휴게공간 등을 대폭 축소하

---

*보이드 홀, 계단, 현관 등에 구성하는 오픈 공간.

광화문 D타워 실내 전경

SPC스퀘어의 보이드 공간

코엑스의 별마당 도서관

고 이전까지는 높던 층고를 복층 구조로 변경해 점포 수를 늘리는 등 공용공간을 줄이고 수익적인 측면만을 고려해 재개장했다. 재개장 후 1년도 되지 않아 폐업하는 점포가 속출하고, 리뉴얼 이전까지 일평균 10만 명이던 방문객은 재오픈 이후 6만 명 수준으로 급감했다. 2016년 신세계그룹에서 운영권을 인수한 후 별마당 도서관 같은 휴게 및 문화공간을 늘리고, 복층 구조를 없애고 층고를 높여 시각적인 쾌적함을 주는 등의 변화로 인해 다시 과거의 영광을 찾아가고 있는 중이다.

스파이스 MD, 고유영역의 변화

백화점의 1층은 명품 또는 화장품, 귀금속 등 고부가가치 업종의 전유물이었다. 그리고 쇼핑에 집중할 수 있도록 유리창을 없애는 등 외부와 철저하게 차단되어 있었다. 최근 이런 공식이 깨지고 백화점 1층에 통유리 점포가 생기는가 하면, 백화점업계 최초로 1층에 레스토랑이 생기는 등 상식을 뒤엎는 사례가 늘고 있다. 대형서점 내부에 음식점, 여성복 전문관 내에는 디저트 카페가 배치되는 등 고유영역의 경계가 허물어지고 있다. 이를 지칭해 '스파이스 MD Spice MD' 구성이라고 하는데, 이는 이질적 성격의 카테고리 브랜드를 동일한 층에 입점시킴으

현대백화점 천호점 1층

로써 쇼핑객의 감각을 자극하는 양념 같은 역할을 한다는 의미이다. 이런 새로운 구성 시도는 다른 장르의 브랜드 간에 상승효과를 주어 매출 향상에 도움을 주고 있다는 백화점 내부 평가이다.

AK홍대의 F&B존

미래의 외식시장과 부동산

 도심형 소규모 CK공장 확보 전쟁

앞서 기업형 외식시장에서 대규모 CK조리공급 시스템을 줄이고 매장 내 직접 조리 방식으로 트렌드가 변화하는 것을 언급한 바 있다. 미래에는 외식 배달시장이 주류를 이룰 것으로 보고 이런 시장의 흐름에 맞춰 도심형 소규모 CK공장이 많이 생길 것으로 예측해볼 수 있다.

현재 외식 상품 중 배달앱을 이용한 방식은 가격과 품질 면에서 고객을 만족시키기 힘든 환경이다. 과거에 비해 혁신적으로 발전한 포장 기술을 이용한다 하더라도 매장에서 먹는 음식과 동일한 품질을 구현할 수 없기 때문이다. 기업의 입장에서도 과도한 수수료 지급 문제로 인해 수익률이 만족스럽지 않은 상황이다.

외식기업들은 배달 외식과 HMR 수요를 잡기 위해 자체적인 시스템을 구축할 가능성이 매우 높다. 도심에 가까운 입지에 소규모 CK공장을 세워 주문 즉시 생산할 수 있는 조리환경을 조성하고, 주문 후 1시간 이내에 고객에게 배송할 수 있는 물류환경을 조성하거나, 물류 전문기업과 전략적 제휴를 통해 원가 경쟁력과 배송시스템 경쟁력을 갖춘 후 시장에 진입할 가능성이 높아 보인다. 이는 물류 상하차가 편리한 저층형 건물, 최소 20대 이상의 배송차량의 주차공간이 확보된 도심 내 공장 또는 창고 밀집지역이 CK공장으로 적합하다고 할 수 있으며, 이러한 부동산을 확보하기 위한 기업 간 치열한 경쟁이 예상된다. 배달환경을 얼마나 잘 구축하였는가, 체계적인 시스템을 구축해 고객에게 가장 빠른 시간에 상품을 전달할 수 있는지의 여부가 외식기업 경쟁력 중 하나의 척도가 될 것으로 본다.

현대시티아울렛 가든파이브점의 도심형 CK공장

오프라인 외식 매장의 감소

최근 외식기업들은 새로운 매장, 즉 1호점을 낸 뒤 고객의 반응이 좋아도 추가 점포를 공격적으로 출점하지 않는다. 소비자들이 프랜차이즈를 선호하지 않는 시대적 흐름과 빠른 트렌드의 변화, 외부환경*에 의한 수익성 악화로 인해 매장 출점을 매우 신중하게 결정하기 때문이다. 이런 시장 상황이 기업들로부터 하여금 배달시장과 HMR시장(간편가정식)으로 눈을 돌리도록 만드는 주요 원인 중 하나이다. 초기에 시스템 구축을 위해 막대한 비용을 투입하더라도 많은 기업들이 이 시장을 미래의 유력한 캐시카우로 보고 있다는 데 업계 관계자들의 이견은 없다. 배달시장은 인건비, 임차료, 원재료 이 3가지 토끼를 한 번에 잡을 수 있는 기회라고 생각하기 때문이다. 음식 조리의 대부분은 공장에서 기계 또는 자동화 시스템이 하고, 차량 접근 효율만 좋으면 중심상권이 아니어도 되니 임차료 부담이 줄어들고, 원재료 관리의 일원화 및 효율적 관리를 통해 매장에서 관리할 때보다 원재료 손실 및 폐기를 줄여 재료 원가율을 개선할 수 있기 때문이다.

배달 및 HMR시장의 확대로 인해 대면거래 시장인 오프라인 매장은 마케팅 수단 중 하나가 되거나 맛과 품질의 테스팅 도구로서의 역할을 할 뿐 오프라인 매장 본연의 기능은 상당부분 축소될 것으로 보인다.

---

*인건비 상승, 임차료 상승, 원재료 상승 등

이런 이유로 인해 외식 매장을 메인으로 한 상업용 부동산 시장의 향후 전망은 밝지 않을 것으로 예측된다.

 4차 산업혁명과 외식산업

다소 낯설게 들릴 수도 있지만 미래 외식산업의 최대 화두는 바로 '4차 산업혁명'이다. 인공지능AI과 사물인터넷IoT, 클라우드 컴퓨팅, 빅데이터, 모바일 등의 네트워크로 연결되어 사람과 사물, 사물과 사물 간에 소통하는 지능형 기술 서비스를 말한다.

최근 외식기업들은 첨단 정보통신기술을 이용해 무인화를 가속화하고 있다. 이미 많은 외식기업들이 '키오스크(자판기형 주문기기)' 주문 방식을 통해 비대면 거래를 확대해왔다. 더 나아가 홀서버 없이 고객들이 자리에 앉아 테이블에 배치된 태블릿PC로 메뉴를 주문하는 매장들도 늘어나고 있는 추세이다.

또한 4차 산업혁명은 배달 외식시장을 혁신적으로 발전시킬 것으로 예상된다. 배달시장에서도 무인화가 이루어질 것으로 보는데 한 예로, 고객이 앱을 통해 주문을 하면 CK공장 센터에서 무인자동차가 목적지까지 배송을 하고, 목적지에 무인자동차가 도착하면, 드론 또는 로봇이 집 앞까지 배달하는 시대가 머지않아 올 것으로 예상된다.

공원 잔디밭에서 아웃백 토마호크 스테이크를 매장과 동일한 퀄리티로 먹을 수 있으며, 북한산 정상에서 따끈따끈한 쉐이크쉑 버거와 쉐이크를 맛볼 수 있는 등 장소에 구애 받지 않는 시기가 곧 올 것이다. 하지만 외식산업의 경우와는 반대로 4차 산업혁명의 확산이 상업용 부동산 시장에 침체를 가속화시킬 만한 요소들은 너무 많다. 4차 산업이 발전하면 할수록 오프라인 음식 매장을 이용하는 고객들은 줄어들 수밖에 없는 환경이 조성되기 때문이다.

외식 비즈니스의
현재와 미래

문 일

/

주식회사 KFC KOREA / 개발팀팀장

2001년부터 상권조사 및 점포개발
분야에서 경력을 쌓아온 전문가로
(주)코리아세븐(세븐일레븐편의점),
(주)오리온(바이더웨이), 홈플러스 개발팀에서
근무하며 편의점, 슈퍼마켓 등 전국
2,000여 개 입지조사와 140개점의 개발업무를
수행했다. 현재는 KFC에 재직하며 현재까지
약 400여 곳의 전략입지 및 신규점 예상 매출
산정 및 상권조사를 진행했으며, 입지 적합형
점포를 개발하고 있다. 이외에도 개인 창업
희망자 및 외식업 운영주, 소형 프랜차이즈 업체
개발담당들과 상권연구모임을 만들어
월 1회 현장 상권 투어를 통해 상호간 정보와
지식을 나누는 활동을 하고 있다.

직장인들은 고용불안에 시달리고 취업 준비생들은 취업난에 시달리는 가운데 예비 창업자들의 희망 1순위는 커피전문점, 제과점, 패스트푸드점(치킨점 포함) 등으로 나타났다. 그 뒤를 음식점과 주점 같은 요식업종이 차지했다(2018년 〈점포라인〉 3~4월 조사 결과).

　과거 창업 1순위이던 편의점에 비해 앞서 언급한 업종들이 급부상한 것은 상대적으로 낮은 투자비와 여성 창업자들의 접근이 용이한 점 때문이다. 부동산 사이트의 매물과 거래 현황만 봐도 이들 업종이 많은 비중을 차지하며 활발히 거래되는 걸 알 수 있다. 낮은 투자비와 다양한 아이템, 특별한 기술 없이도 사업을 가능하게 해주는 프랜차이즈 기업의 영향으로 외식업이 창업 희망 1순위로 떠오르게 된 것이다.

　이 글에서는 창업자들이 많은 관심을 갖는 요식업부터 패스트푸드까지 다양한 외식업에 대한 정보를 전달하고자 한다.

프랜차이즈의 원조 패스트푸드

식당이나 한번 해볼까?

1980년을 전후한 산업화 시기에 주부가 주택 일부를 개조해 작은 식당을 차린 데서부터 외식사업이 시작된 경우가 많다. 그 중에는 연매출이 어마어마한 식당으로 성장한 곳도 있지만 얼마 못 가 문을 닫은 경우도 많을 것이다. 변화의 시기를 맞이한 여성의 사회 진출이 우리나라 외식산업의 첫 걸음으로 봐도 좋을 것이다. 그러나 지금은 전 세계가 인터넷으로 연결되면서 한두 해면 트렌드가 바뀌는 세상이 되었다. 그리고 급변하는 트렌드에 맞춰 오픈한 개인 셰프들의 식당과 프랜차이즈 업체들의 매장이 치열한 경쟁을 벌이는 것이 현실이다. 이런 상황에서 외식사업에 대한 정보와 경험이 전무한 사람들이 생계형 목적으로, 방송의 성공 스토리나 프랜차이즈 업체의 홍보에 혹해 식당 창

업을 결정하는 일이 늘어나는 것은 우려할 만하다. OECD 발표에 따르면 한국의 자영업자 수는 556만 3,000명으로 미국과 멕시코에 이어 전 세계에서 세 번째로 많은 것으로 밝혀졌다. 다시 말해 전체 근로자 중 26.8% 정도가 자영업자인 것이다. 그리고 2006년부터 2016년까지 10년 간 폐업한 자영업체는 799만 곳에 달한다. 매일 62개의 업체가 문을 열고 36개의 업체가 문을 닫은 것이다. 그나마 프랜차이즈의 형편이 좀 나아 외식업 창업자의 3년 생존율은 독립형 식당이 39.3%, 프랜차이즈는 63%로 나타났다(《중앙일보》 '이정재의 퍼스펙티브'). 그런데 프랜차이즈의 생존율이 독립형 식당에 비해 높다고 무조건 낙관할 수는 없다. 계약해지를 원하지만 위약금 문제로 포기하지 못하거나, 업종 상의 원재료 공급 문제 때문에 울며 겨자 먹기 식으로 운영 중일 수도 있기 때문이다.

하지만 객관적인 시각에서 프랜차이즈 식당의 높은 생존율의 원인은 바로 시스템에 있다. 프랜차이즈 식당은 매장과 메뉴 관리 등 운영에 필요한 모든 시스템을 본사에서 지원한다. 그 시스템에 운영주의 관리력이 더해지면 강력한 경쟁력이 생겨나는 것이다. 프랜차이즈는 바로 그 시스템의 진화로 지속적인 매출 성장세를 유지할 수 있었다. 그럼 이제부터 프랜차이즈 방식의 외식업에 대해 살펴보도록 하자.

 ## 패스트푸드도 문을 닫는 시대

1979년, 롯데리아가 소공동에 1호점을 오픈한 이후 1984년에는 종로2가에 KFC와 버거킹이 매장을 오픈했다. 뒤를 이어 1988년에는 압구정동에 맥도날드 1호점이 생겨났다. 이중 현재까지 남아 있는 것은 KFC 종로점과 버거킹 종로점뿐이다. 10~20대가 고객의 대부분이던 당시에 비해 고객 연령대가 확대된 지금 패스트푸드 업체들은 왜 고전하고 있을까? 고객층이 늘어나고 햄버거, 치킨, 피자 등이 대중화되었음에도 왜 수많은 매장들이 사라지고 있을까? 주변에 매장들이 사라지는 빈도로 볼 때 패스트푸드 업체들이 고전을 겪는다고 볼 수 있다. 하지만 여전히 전 세계 데이터로 판단해볼 때 프랜차이즈 사업의 선두주자는 패스트푸드점이다.

1979년에 시작된 한국의 패스트푸드는 프랜차이즈 외식업 중 가장 오래된 업종 중 하나이며 사업성을 인정받는 분야이다. 다만 한 장소에서 34년간 운영을 해온 KFC와 버거킹 종로점도 상권 이동과 소비심리의 변화로 고심할 만큼 패스트푸드 업계는 또 다른 변화의 시기를 맞이하고 있다. 경제와 문화의 글로벌화로 세계의 다양한 문화가 유입되며 우리의 식문화 역시 빠르게 변화하기 때문이다. 햄버거, 피자, 파스타 등으로 상징되던 외국의 음식문화는 더욱 다양해졌고, 이 트렌드에 맞추기 위한 패스트푸드 업계의 노력 또한 급박하게 전개되고 있다.

그래도 성장 중인 패스트푸드 프랜차이즈

패스트푸드 브랜드에서 확장을 늦추거나 매장 수를 줄이는 요즘 오히려 공격적으로 매장 수가 증가하는 브랜드가 있는데 바로 '맘스터치'이다. 맘스터치는 2018년 3월 현재 1,111개의 매장(미국, 대만 등 해외매장 포함)을 운영 중이다. 다른 경쟁 브랜드에 비해 인테리어 비용과 매장 운영에 대한 교육시간 등의 부담이 적다는 장점이 있다. 무엇보다 국산 브랜드이며 가성비가 뛰어나다는 평가에 힘입어 대표적인 햄버거 브랜드로 성장 중이다. 햄버거와 치킨을 주력으로 하는 맘스터치는 지역별 고객 취향에 맞춘 다양한 메뉴를 판매하면서 매장 수로는 햄버거 프랜차이즈인 롯데리아에 이어 2위를 기록하고 있다. 한편 맘스터치에서

프랜차이즈 햄버거 매장 투자비용

	맘스터치	롯데리아
인테리어	1억 800만 원	1억 3,200만 원
가맹·교육비	500만 원	980만 원
추가 인테리어 비용	가스, 철거, 전기 증설 및 인입 시 약 1,500만 원 추가 예상	가스, 철거, 전기 증설 및 인입, 냉난방기구 약 2,300만 원 추가 예상
합계	약 1억 3,000만 원 예상	약 1억 6,500만 원 예상

*25평 매장 기준, 보증금 및 권리금 제외 **출처** 각사 홈페이지

는 가맹점주들의 수익을 위해 광고비의 본사 집행, 가맹점주의 입지 선택권 부여, 배달 서비스 등을 지원해줌으로써 패스트푸드 업체 중 유일하게 볼륨을 키워 가고 있는 것이다. 위의 표는 맘스터치와 경쟁사의 투자비용 비교 데이터이다. 기존의 패스트푸드 매장 창업은 최소 2억 5,000만 원 이상 필요했지만 '맘스터치'는 소형 매장, 낮은 투자비를 내세워 1위 브랜드를 맹렬히 추격하고 있다.

최근 외식업을 총체적인 위기로 보는 시각도 있지만 패스트푸드 업계는 IMF, 외환위기 등 다양한 위기를 딛고 일어선 만큼 강한 '생존력'을 최대 장점으로 평가할 수 있다. 실제 패스트푸드 업체들은 경제위기가 닥칠 때마다 오히려 성장했는데 1997년의 IMF사태, 2008년의 글로벌 금융위기 이후 5년 내에 매장 수가 크게 늘어났다. 불경기로 인해 돈과 시간이 부족해진 서민들의 선택을 받아 오히려 매출 성장을 이끌어낸 것이다. 그렇다면 2018년에 시작된 경기 하락세에서도 패스트푸드 업계는 반등을 일궈낼 수 있을까? 하지만 이번에는 소비자들의 식

습관의 변화, 높아진 임대료와 인건비 등의 요인으로 결코 쉽지 않을 거라는 부정적인 전망이 많은 것도 사실이다. 프랜차이즈 업계는 이미 이런 위기를 감지하고 출점 전략, 마케팅은 물론 영업방식도 대대적으로 변경하고 있다. 그 일환으로 매장을 번화가 중심에서 서울 외곽 및 경기도의 주거 근린생활 지역으로 옮기고 있다. 또한 주거지역 내 메인 상권 진출을 시도하는 등 다양한 방식으로 출점을 진행하고 있다. 한편 음식을 매장 내에서 소비하지 않고 직접 차량으로 테이크아웃하는 '드라이브 스루Drive Thru' 매장이 증가하고 있으며 골목 상권으로 이동한 점포들은 배달 서비스를 통해 매출을 이끌어내는 상황이다. 배달 중심형 매장은 현재 건당 4,000원에 달하는 수수료 문제로 운영주가 직접 배달을 하거나 별도 업체와 계약을 체결해 운영하고 있다.

　한때 학생들의 아르바이트 1순위였던 패스트푸드점에서는 인건비 절감을 위해 키오스크(자판기형 주문기기) 도입 및 가족형 운영으로 변신 중이다. 또한 유행처럼 늘어나던 수제 버거 매장들도 함께 줄어들고 있는데 이것은 경기불황 및 최근 발생한 용혈요독 증후군 사건 등의 영향도 있지만 급격한 최저임금 상승이 가장 큰 원인인 것으로 판단된다. 그리고 정크 푸드라는 사회적 인식의 확대, 매장 임대료 상승 등도 많은 부담이 되고 있다. 그렇다면 장기간 성장해오던 패스트푸드 업체들은 향후 어떠한 모습으로 변화하게 될까?

외식업의 바이블 맥도날드

'맥도날드McDonald's'는 매일 전 세계 인구의 1%가 먹을 만큼 인기를 누리는 외식업의 척도이다. 미국이 주도하는 '세계화'의 상징이자 공산주의를 무너뜨린 첫 번째 시발점이라는 말이 있을 정도다. 세계 최대의 프랜차이즈 기업으로 꼽히는 맥도날드도 초기에는 많은 종류의 메뉴를 제공하는 방식이었다. 그러다 회전율을 높이기 위해 메뉴를 간소화하고 작업 동선을 효율적으로 배치함으로써 빠르게 음식을 제공할 수 있었다. 한편 일회용 제품을 사용해 손님들이 직접 정리하도록 하고, 30초 내에 햄버거를 만들어냄으로써 드라이브 인 고객에게 신속한 서비스가 가능토록 했다. 햄버거 제조라인을 공정화한 맥도날드는 품질, 서비스, 청결, 가치를 맥도날드의 4대 원칙으로 내걸고 방대한 매뉴얼을 만들어냈다. 또한 각종 테스트를 거쳐 체크리스트도 만들었는데, 완성된 매뉴얼 항목만 50,000개가 넘으며 현재 모든 점포는 그 체크리스트를 기준으로 운영되고 있다. 개인 창업을 준비 중인 사람들도 매장 운영에 대한 지침을 만들어놓고 오픈하는 게 좋다. 외식업의 바이블이라고도 불리는 맥도날드의 체크리스트 중 외식업에 도움이 되는 '식품 표준 체크리스트'의 일부를 첨부한다.

일일 식품 표준 체크 리스트

준수사항	오전	오후	조치사항
근무자 중 질병 또는 감염(전염병)의 증상이 있는 직원이 없다.(기침, 열, 설사, 황달 등)			
모든 근무자는 손 씻기 절차를 올바르게 따르고 있다.			
음식을 다루기 전, 위생장갑을 착용/교체하기 전에 손을 씻는다.			
상처 등으로 밴드를 부착하고 음식을 다루는 직원은 위생 장갑을 착용하고 있다.			
핸드 싱크가 청결하고, 손씻기에 필요한 도구들이 비치되어 있으며, 이용 가능하다.			
모든 재료 및 음식들은 승인된 것만을 사용한다.			
교차 오염의 징후가 발견되지 않는다.			
소도구, 조리/서빙음식 접촉표면 등이 사용하기 전에 세척 및 소독된다.			
조리된 음식용 소도구, 조리/서빙음식 접촉표면 등이 날제품과 혼용 사용되지 않는다.			
날제품을 다룰 때는 앞치마를 착용하고 조리제품 사용구역과 떨어진 곳에서 작업한다.			
토마토 및 양배추 등과 같은 통제품은 썰기 전에 세척된다.			
날제품 또는 세척되지 않은 제품들은 즉시 먹을 수 있는 제품의 아래쪽에 보관된다			
아이스빈/아이스 스쿱은 얼음전용으로 사용되고, 아이스빈에 음식/음료가 보관되지 않는다.			
음식에서 이물질이 발견되지 않는다.(머리카락, 플라스틱, 유리, 밴드 등)			
음식/포장류는 화학용품과 떨어져 보관되고, 화학용품 용기를 음식보관에 사용되지 않는다.			
고객에게 이미 제공하였다가 교환/반환된 경우, 재채기/기침을 음식 위에 한 경우, 모두 폐기된다.			
도구 세척 절차가 올바르게 준비 및 준수되고, 적절한 농도의 약품이 사용된다.			
고객구역 또는 음식준비구역에서 사용하는 타올은 날제품으로부터 떨어진 곳에 보관된다.			
제품 보관 및 온도가 관리된다.			
냉장 제품은 *℃(*℉)이하로 보관되고, 배송 시 이 범위를 초과한 경우 반품된다.			
TCS 냉장 제품은 *℃(*℉)이하로 보관되고, 홀딩타임이 표시되어 있으며, *시간 이내에 폐기된다.			
뜨거운 제품은 *℃(*℉)이상으로 보관되고, 홀딩타임이 표시되어 있으며, *시간 이내 폐기된다.			
모든 원재료들은 유효기간이 표시되어 있고, 유효기간이 경과되지 않았다.			
상한 음식이 제공되거나 사용되지 않고, 반품하는 제품인 경우 "사용금지" 표시가 되어 있다.			
매장의 전기가 공급되고, 모든 장비의 전원이 정상 공급된다.			
주방에서 뜨거운 물을 사용할 수 있다.(수도와 같이 흐르는 물)			

패스트푸드 상권별 매장 타입과 변화

패스트푸드 브랜드들의 상권별 매장 타입은 대략 5가지로 구분된다. 주거지역 내 매장, 업무지역 내 매장, 상업지역 내 매장, 학원(교)지역 매장, 특수입지 매장이 그것이다.(하단 표 참고) 또한 5개의 큰 테두리에서 복합적인 형태로 상업+주거지역 내 매장, 주거지역+학교(학원) 매장, 상업+교통 복합지역 내 매장, 주거+교통 복합지역 내 매장 등 복합 형태로 추가 분류하기도 한다.

외식업의 수익성을 감안할 때 최신 트렌드에 적합한 입지는 어떤 지역일까? 바로 상업+주거가 함께 구성된 지역이다. 이곳에 지하철역이 추가된다면 더욱 뛰어난 매장 입지가 된다. 상업+주거+교통의 3요소를 갖춘 곳은 패스트푸드는 물론 외식업이 가장 선호하는 상권이다. 하

패스트푸드의 상권별 매장 분류

주거 지역	아파트지역 신도시 / 구도심+재개발 / 구도심
	주택지역 오피스텔+원룸 단독 / 빌라 / 다세대
정의	– 거주지가 가장 큰 매출 발생 요인 – 특정 영역의 거주 인구 – 구도심 또는 신도시
요소	– 인구통계: 연령 및 가계소득 – 주거형태: 유형(1인, 다수) – 주택가격 및 세대수
조건	거주지 매출이 총매출의 40% 이상

입무 지역	오피스 대형,고층 오피스 지역 / 일반 오피스 지역
	공장 대규모 공단 지역 / 화학·중공업·조선·전자 공단 / 일반 공단 지역
정의	– 직장이 가장 큰 매출 발생 요인 – 특정 상권에서 근무하는 인구수, 근로자수
요소	– 근무자유형(사무직·생산직) – 주요 회사의 위치 – 제공되는 점심시간 – 직장에서 SITE까지 이동 거리 및 편의성 – 직장 내 시사 시설 여부
조건	타깃 직장인구의 매출이 총매출의 40% 이상
상업 지역	근생·유흥소비 중심상업 / 일반 근린상가 / 전통시장
	Shopping 백화점 / 쇼핑몰 / 대형마트
정의	– 쇼핑 장소가 가장 큰 매출 발생 요인 – 쇼핑을 하러 가거나, 하고 돌아가는 고객
요소	– 쇼핑 장소의 위치 및 근접성 – 매장의 유형과 규모 – 매장의 유인 강도(유인하는 정도 및 고객수)
조건	상업 지역의 매출이 총매출의 40% 이상
학교 지역	대학교, 초·중·고등학교
정의	– 학교가 가장 큰 매출 발생 요인 – 학생수
요소	– SITE까지 이동거리 및 규모
조건	학교의 매출이 총매출의 40% 이상
특수 지역 1	지하철역 / 고속철도 등 철도역 / 공항 / 버스터미널
정의	지역 버스터미널 및 주요 기차역
조건	역 및 공항, 터미널 이용인의 매출이 총매출의 50% 이상
특수 지역 2	주요 관광명소 및 놀이시설 / 공원, 고속도로 휴게소
정의	주요 관광시설, 놀이시설, 고속도로 휴게소 내 위치
조건	레저 또는 교통중심, 공원 이용인의 매출이 총매출의 50%이상

지만 높은 임대료 및 급상승한 인건비로 인해 외식업의 수익성은 과거와 다른 양상을 보이고 있다. 그리고 이것은 층별 입점 업종의 변화로 이어졌다. 서울의 당산역, 수유역, 신림역이나 안양의 범계역, 군포의 산본역 등 상업+주거+교통이 통합된 지역의 1층에서는 저렴한 임대료의 매장을 찾기 어려워지자 패스트푸드 업계에서는 영등포구청 인근, 미아역, 평촌 학원가, 산본2동 주민센터 인근 등 고정비(임대료)가 비교적 낮은 지역으로 출점 방향을 바꾸는 상황이다.

패스트푸드의 출점 트렌드 중 가장 먼저 수익성을 잃고 한계매출에 다다른 곳은 상업지역이다. 강남역, 홍대를 비롯한 지역별 메인 상권의 1층 임대료는 전용면적 3.3㎡(1평)당 40만 원 수준에 이르고 있다. 다양해진 소비자들의 외식 패턴, 기존 회전률로는 이를 충족할 만한 매출 달성이 어려워 메인 상권 내 1층 점포를 운영하기는 점점 어려워지고 있다. 결국 패스트푸드 업체들은 서울 메인 상권에 비해 임대료가 저렴한 야탑역, 정자역, 일산 정발산역, 화정역 등 1기 신도시 주요 상권 중 상업, 주거, 교통이 혼합된 곳을 출점 대상으로 삼고 있다.

서울의 메인 상권은 높은 임대료 외에도 많은 추가 투자가 필요한 만큼 자금 여력이 큰 경우라면 1순위 검토 대상이 되지만 투자 범위와 메뉴에 맞춰 주거지역, 오피스 상권, 학교 상권 등 범위를 좁힐 필요가 있다. 그리고 그 범위에 맞춘 수익성 판단 후 입점 검토를 하는 게 좋다. 최근에는 맥도날드처럼 드라이브 스루 형태 매장을 통해 수익성 증대를 노리는 출점 방식도 늘고 있다.

음식 장사를 오래 하는 법

    1970년대 산업화에 이어 각종 도시개발과 도심 재개발을 거치면서 주변에 존재하던 친숙한 밥집들이 사라지고 있다. 영업을 시작한 지 50년 넘은 식당을 찾아보기 힘들 정도다. 적지 않은 비용과 노력을 기울여 시작한 사업이 오래 지속되지 못한다는 것은 너무도 안타까운 현실이다. 또한 외식사업에 필요한 투자는 단기 내에 회수할 수 있는 것이 아닌 만큼 지속적인 운영 또한 필수적일 수밖에 없다. 그렇다면 한번 시작한 외식 사업을 장시간 유지할 수 있기 위해서는 어떤 것들이 필요한 걸까? 이제부터 그 부분을 집중적으로 체크해보도록 하자.

입지 분석과 아이템 정하기

많은 자영업자들이 대출로 생계를 유지하고 있으며 결국 이것이 큰 문제를 야기할 거라는 뉴스가 자주 등장한다. 이렇듯 자영업자들의 생존율이 매우 낮은 상황임에도 기존 창업 시장에 구조조정이나 명퇴 등으로 내몰린 사람들까지 더해져 창업 시장의 수요는 매우 높다.

많은 전문가들이 개인 창업에 있어 실패하지 않는 가장 중요한 요소로 '입지'를 꼽는다. 입지 여부가 70% 이상을 좌우한다고 할 정도이다. 개인 창업은 프랜차이즈에 비해 더욱 쉽지 않다. 이런 경우에는 더욱 '입지'에 대해 신중하게 고민을 해야 할 것이다. 그럼 입지가 어느 정도로 실패와 성공에 영향을 미치는지 한 사례를 통해 알아보도록 하자.

한 주거지역 상가에 인기 프랜차이즈 김밥 브랜드인 '김선생' 매장이 문을 열었다. 바로 인근에는 또 다른 브랜드인 '고○○김밥' 매장이 영업 중인 상황이었다. 김선생 매장과 고○○ 매장의 입점을 중개했던 부동산을 통해 알아본 결과 고○○ 매장 매출이 김선생 매장에 비해 30% 이상 높다고 했다. 비슷한 환경, 비슷한 인지도, 비슷한 가격과 품질에 비하면 매출 차이는 상당한 수준이었다. 하지만 이것은 입지 상으로 판단한다면 당연하다고 여길 만한 결과였다.

다음 페이지의 그림을 보고 세 매장 중 어떤 매장의 매출이 가장 높을지 한번 예측해보자. 김밥집의 특성상 핵심은 한 끼를 간단하고 빠르게 해결하고자 하는 고객의 수요를 맞추는 것이다. 세 매장 모두 김밥을 마는 인력을 집중 배치하고 테이크아웃의 활성화와 청결한 매장 관리 등을 비슷하게 유지했다. 하지만 이 치열한 경쟁에서 결국 살아남은 것은 '고○○김밥'과 '○○천국' 매장이었다. 이유는 너무도 간단했다. 횡단보도에서 가까워 상대적으로 접근성이 좋았기 때문이다. 미미할 거라 여겼던 차이점이 소비자에게는 크게 작용한 것이다. 결국 성패의 70%를 결정한 것은 입지였으며 나머지 30%는 기타 수익율의 차이로 판단된다.

이처럼 아이템에 따른 입지 선정의 노하우가 외식사업의 결과를 좌우하는 가장 중요한 요인이라고 해도 무방하다. 수많은 외식사업에서

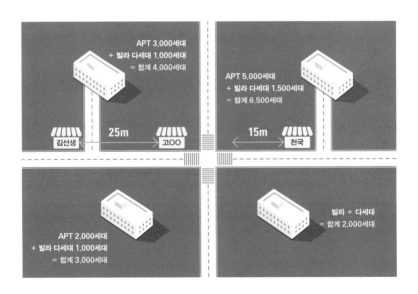

성공한 일본의 사업가 우노 다카시가 쓴 《장사의 신》이라는 책을 보면 입지보다는 서비스와 번쩍이는 마케팅을 통해 손님이 북적이는 가게를 만들 수 있다고 했다. 하지만 동의하기 어렵다. 이것은 일부 타고난 장사꾼이나 가능하기 때문이다.

프랜차이즈 식당의 경우에는 탁월한 맛집이 아니라 실패하지 않는, 안전한 수준의 맛을 제공하는 식당으로 인식된다. 따라서 외식을 할 경우 차량까지 이용해가며 프랜차이즈 식당을 찾는 경우는 많지 않다. 따라서 프랜차이즈 식당의 입장에서는 주변 고객들이 쉽고 편하게 방문할 수 있는 조건의 입지 선정이 무엇보다 중요하다. 일부에서는 입지보다 중요한 요소가 있다고 말하는 경우도 있다. 하지만 절대다수의 전문가와 사업가들이 가장 먼저 꼽는 것은 단연 '입지'이다. 따라서 사업을 준비하고 시작하기까지의 모든 과정에서 입지에 대해 철저하게 분석하고 진지하게 준비하는 것이 필수적이다.

임대료 비싼 1층 매장은 정말 유리할까?

외식 관련 창업을 준비하거나 상가 부동산에 투자하려는 경우, 2층을 임차하거나 매입하기로 결정했다면 반드시 꼭 1층을 함께 확보하라고 권하고 싶다. 특히 앞에서 이야기했던 주거＋근생＋교통 지역에서의 사업은 임대료와 보증금, 권리금 등 초기 투자비용이 높아 안정적인 매출을 유지하기 위해서는 1층의 존재가 필연적일 수밖에 없다. 초기 비용을 줄이기 위해 2층에만 한정할 경우 경쟁 매장과의 경합에서 경쟁력을 잃기 쉽기 때문이다. 높은 임차료로 의해 1층 투자를 주저하는 것은 당연히 이해가 된다. 하지만 이왕 투자를 해 사업하는 입장에서 1층 확보는 중요한 요인이 된다. 이것이 패스트푸드 업종의 경우 2층에서만 운영 중인 매장의 비율이 전체 매장 중 0.1%에도 미치지 못하는 이유이다.

일단 주방이 1층에 위치해야 고객 접근성에서 유리하며 최근처럼 테이크아웃 및 배달 비율이 높아지는 상황에는 더욱 1층 공간의 필요성이 절실하다. 최근 맥도날드가 높은 임대료 부담으로 인해 강남역, 샤로수길, 홍대역 사거리에 2층 매장을 운영하고 있으니 1층에 위치한 매장과 2층 매장에 대해 고객의 접근성, 가시성, 영업 상황 등을 한번 확인해보는 것도 좋은 경험이 될 수 있겠다.

프랜차이즈 중 옥석 가리기

2003년 '레드망고'를 시작으로 크게 유행했던 요구르트 아이스크림 매장은 요즘 주변에서 보기 힘들다. 상품 자체의 메뉴 카피가 쉽다 보니 유사 브랜드 매장이 난립했다. 또 어디서나 흔하게 접할 수 있어 신선함이 떨어지면서 결국 시장에서 사라지게 된 것이다. 현재 아이스크림 시장은 고급 원유를 사용하는 쪽으로 트렌드가 바뀌고, 커피 및 음료 시장은 더욱 전문화되고 있다. 레드망고처럼 유사한 등장과 몰락 과정을 거친 메뉴에는 카스텔라, 벌꿀 아이스크림, 슈니발렌, 테이크아웃 주스 전문점 등이 있다. 반짝 인기를 앞세워 가맹비와 인테리어 비용으로 수익을 챙기려는 일부 프랜차이즈 기업과 기획형 브랜드의 '의도적 출점'도 업종 수명을 단축시키는 주요인이다. 진입장벽이 낮은 업종일수록 이런 경향은 두드러진다. 커피와 음료뿐 아니라 몇 년 전 유행한 막걸리 전문점도 대표적인 경우다. 소자본 창업을 앞세운 기획업체의 프랜차이즈 전략에 영세 막걸리 유통업자들이 너나 할 것 없이 뛰어든 것이다. 이렇듯 프랜차이즈의 개념과 제대로 된 운영시스템도 없이 가맹점을 모집한 경우, 본사의 지원 부족과 운영주의 수익성 문제로 1년 이내 폐점 비율이 높다.

최근 유행 중인 프랜차이즈 중 하나인 핫도그 전문점의 경우 개점 1년 만에 수백 개의 매장이 오픈했는데 현재까지는 명맥이 유지되고 있지만 많은 매물이 나와 있는 것이 현실이다. 프랜차이즈 창업을 준비할 때는 화제성 외에 여러 가지를 들여다볼 필요가 있다. 전용 7평 기준의 '핫도그 매장' 창업비용에는 보증금을 제외하고 인테리어 비용에 철거, 간판, 냉난방기, 전기증설, 설비, 천정, 화장실 등을 모두 더하면 5,000만 원 정도의 비용이 필요하다. 이후 운영을 하면서 발생하는 각종 비용을 감안한다면 얼마나 수익을 올릴 수 있을까?

얼핏 매출 규모만 보면 괜찮아 보일 수 있지만 연중무휴로 하루 12시간씩 일한다는 조건을 감안한다면 최종 손에 쥐는 액수는 기대에 못 미칠 수밖에 없다. 또한 핫도그처럼 유행에 민감한 아이템은 진입장벽이 낮아 유사 매장이 급격히 늘어나며 열기가 식기 쉽다. 결국 이런 요인들이 쌓여 매장들이 속속 매물로 나오고 있다고 판단된다.

핫도그 전문점의 손익구조 사례 (월 평균 매출 1,760만 원의 경우)

항목			비율	
원부자재	원자재	반죽, 소시지, 치즈 등	43%(765만 원)	88.1%
	부자재	소스 및 포장지, 소모품 등		
일반관리비/전기수도	공용관리비 / 전기세,수도세		4.5%(79만 원)	
인건비	아르바이트 2명 기준		19%(330만 원)	
소모품/기타비	매장 비품, 카드수수료, 복리후생비, 마케팅비		5.5%(97만 원)	
임대료	임대료		11.3%(200만 원)	
감가상각	투자비 5년 균등 상각		4.8%(84만 원)	
영업이익	점주이익		11.9%(210만 원)	

프랜차이즈 선택 체크리스트	

1. 기본적인 정보 획득이 가능한 프랜차이즈 정보 공개서를 확인하라. ☐

2. 가맹점 매장 수 및 직영점 수를 확인하라. ☐
가맹점 수가 지속적으로 증가하고 있으며 2~3년 전에 오픈한 가맹점의 유지 여부를 확인한다. 전체 매장 중 직영점의 비율은 3% 정도 되면 좋다.

3. 가맹점주들과 만나라. ☐
본사 담당자만 만나 준비를 하다 보면 사업설명회 때 들었던 비용보다 30% 이상 더 추가되는 경우가 많다. 먼저 창업한 가맹점주들의 이야기를 들어보고, 60% 이상의 가맹점주들이 긍정적으로 말하는 브랜드를 선택하는 게 좋다.

4. 사업설명회에서의 수익률은 잊어라. ☐
높은 매출에 낮은 임대료라는 광고를 믿을 수 있을까? 입지와 매출의 상관관계가 70% 이상인 프랜차이즈 업태에서 정확한 고정비와 원가율 계산은 필수요소다. 설명회 때 실제사례를 소개하는 곳에 집중하고 손실 매장까지 공개하는 업체를 선택하라.

5. 물류 및 물류비를 확인하라. ☐
모든 물류를 본사로부터 받아야 하는지, 사입이 가능한지는 원가율에 막대한 영향을 끼친다. 물류회사를 통해 원활한 대금 결제가 이뤄지는지도 확인해야 한다.
(예 : 토* 버거 – 가맹점주의 대규모 물류 부족 사태 발생)

6. 광고를 확인하라. ☐
가맹점 모집광고에 집중하는지 가맹점 매출 향상을 위한 제품광고에 집중하는지 확인한다. 수익성이 좋은 브랜드는 가맹점주들의 지인이 오픈하는 경우가 많다.

7. CEO의 인성을 체크하라. ☐
프랜차이즈 CEO의 개인문제로 잘 나가던 프랜차이즈가 급락하는 경우가 많다. 신규 프랜차이즈에서는 쉽지 않지만 최대한 확인하는 게 좋다.

프랜차이즈 개발팀에 많이 묻기

패스트푸드점 오픈을 원한다면 본사의 개발담당자를 만나보자. 글로벌 영업을 통해 집약된 시스템과 노하우에 국내 30년 이상 운영에서 얻은 경험을 더한 출점 전략이 수립되어 있다. 그들은 지속적으로 변화하는 상권을 분석하고 있어 가맹점 출점을 하지 않더라도 그들과 이야기를 나누는 것만으로도 많은 정보를 획득할 수 있기 때문이다. 수많은 점포의 개폐점으로 인한 데이터 또한 간접적으로나마 경험할 수도 있다.

또한 상권을 집중적으로 다루는 상권 분석 전문가와 상담하고 거기에 본인의 자료와 정보 등을 더해 본인의 실력을 키워야 한다. 중개업만 다루는 사람은 임대차계약이 체결돼야 수익이 발생하는 만큼 정확한 분석보다는 긍정적인 부분만 이야기할 확률이 높기 때문이다.

다시 한 번 강조하지만 신규 창업은 생각보다 어렵고, 입지 선정이 흥망의 70%이다. 전문적 경험이 부족하다면 본인이 오랜 기간 살아온 동네 위주로 살피는 게 좋다. 그 지역의 상권은 가장 잘 알 수 있기 때문이다. 본인이 자신 있는 지역과 분야라면 경험과 직접 조사한 자료를 토대로 수익성을 분석하고 창업해도 가능하다. 다만 아무리 잘 아는 상권이라 해도 새로운 트렌드나 유행 아이템 관련 사업의 경우에는 역시 전문가의 조언이 필요할 수 있다.

프랜차이즈 외식업으로 살아남기

우리나라에서 가장 오래된 프랜차이즈는 41년 된 '림스치킨'이다. 국내에서 오래 운영된 프랜차이즈 업체 10개 중 3개가 바로 치킨점이다. 다양한 브랜드가 있는데다 신규 창업자들이 가장 쉽게 접근할 만큼 문턱이 낮았기 때문이다. 필자가 수익율 분석을 해봤던 업종 중 실패확률이 적다고 판단한 보편외식업에 대해 알아보고자 한다. 100조 원대에 달하는 시장 규모, 140만 명을 고용하고 있는 수많은 프랜차이즈 사업 중 개인 창업자들이 오래 할 만한 업종은 과연 어떤 것일까?

 프랜차이즈는 매뉴얼이다

프랜차이즈 사업의 상징 맥도날드 성공 신화의 키포인트는 '매뉴얼'이

다. 현재의 맥도날드를 있게 한 요인은 매뉴얼과 단순화된 메뉴, 동일한 맛을 유지하는 꾸준함이다. 현재 우리나라도 20년 이상 된 프랜차이즈들은 자신들만의 노하우를 가지고 있다. 프랜차이즈를 희망하는 창업자들은 일단 업체가 가맹점주와 공생하려는 의지가 있으며 다양한 위기(AI, 구제역 등)를 겪어본 브랜드를 선택하는 게 좋다. 이런 파트너와 창업전략을 세워야 오랫동안 매장을 유지하고 발전시킬 수 있기 때문이다. 시스템화, 매뉴얼화에 성공한 프랜차이즈는 상권에 따른 매장 형태와 규모 그리고 그 상권에 맞는 메뉴 구성까지 체계적인 매뉴얼로 구성해 보유하고 있기 마련이다.

📍🛒 오래 살아남는 외식업의 조건

사업이란 대박을 터뜨릴 수도 있지만 실패 확률이 높다는 현실을 잊어서는 안 된다. 무엇보다 예비 창업자의 경우 모든 돈을 투자해 시작하는 경우가 많기 때문에 큰 성공보다 실패 없는 창업이 중요하다. 따라서 유행 아이템보다는 꾸준한 아이템, 보편적 아이템(매출대비 평균 10% 이상 수익률)의 창업이 성공 확률이 높고 실패할 경우에도 손실을 최소화할 수 있다. 그런 관점에서 초보 창업자들에게 적합한, 가장 성공 확률이 높은 프랜차이즈 외식 업태를 소개하고자 한다.

(1) 한국형 패스트푸드(김밥&분식점&떡볶이)

국민 먹거리로 불리며 전국적으로 매장이 존재하던 김밥집들은 패스트푸드보다 한발 늦은 1994년 '종로김밥'을 시작으로 프랜차이즈화되기 시작했다. 그리고 새로운 경영전략에 따라 시스템을 재정립하고

신규 오픈한 즉석김밥 전문점, 떡볶이 전문점, 분식점 브랜드들은 현재도 가장 안정된 프랜차이즈이며 가장 폐업률이 낮은 업종이다. 이들은 최근 늘고 있는 혼밥족 사이에서 최고의 메뉴로 인정받고 있다. 이들 매장의 공통점은 대형매장이 필요 없고 메뉴도 친숙해 진입 장벽이 낮다는 점이다. 물론 그로 인한 리스크도 있다. 경쟁점이 생기기 쉽고, 메뉴로 차별화하기도 어렵다는 게 그것이다. 이런 경우에는 좋은 입지, 지속적인 매장 관리, 고객의 눈높이 맞춤 메뉴가 가장 필요하며 이 점이 취약할 때는 창업자의 운영 능력(서비스 또는 성실성)이 가장 필요하다는 것을 잊어서는 안 된다.

(2) 노포老鋪에서 배우는 한식 전문점

서울특별시 미래유산과 미쉐린 가이드 등에 소개된 백년 식당 '이문 설농탕'은 현존하는 가장 오래된 식당이다. 이렇듯 오랜 역사를 지닌 식당들은 전통적 식습관이나 문화와 맞물린 경우가 많다. 한국식 탕반

현존하는 가장 오래된 식당인 '이문 설농탕'   주차장을 갖춘 천안의 한 감자탕 식당

문화를 기반으로 한 국밥, 설렁탕, 해장국 식당이 대표적인 사례이다. 국밥과 탕은 역사와 전통이 깃든 음식이자, 서민들의 식사 메뉴로 거부감이 가장 석은 창업 아이템이다. 그런데 국밥집은 전수 창업과 프랜차이즈 창업 두 형태로 나뉜다. 오래된 노포처럼 특화된 맛을 보유하지 못했다면 젊은 층의 입맛을 겨냥한 유명 프랜차이즈를 선택하는 것도 나쁘지 않다. 탕반 문화 아래 특화된 단일 메뉴 식당은 주차장이 필수 요소다. 하지만 주차장을 갖춘 매장은 매출도 높지만 동시에 임대료도 높은 상관관계가 있어 투자 대비 수익성 분석이 필요하다.

(3) 세계인이 즐기는 면요리 Noodle

중국에서 시작된 것으로 알려진 '면(麵)'은 전 세계적으로 즐기는 음식으로 빵보다 오랜 역사를 지녔다. 제조와 조리가 간편하며 다양한 종류가 있어 면요리는 언제 어디서나 손쉽게 식사를 해결할 수 있는 음식이다.

국수는 육수와 재료의 구성에 따라 무궁무진하게 확장이 가능한 외식 아이템이다. 지역에서 나는 신선하고 좋은 식재료나 다양한 면의 두께, 국수 공장마다의 색다른 건조법에 따른 식감 등은 좋은 무기가 된다. 면요리의 경우 개인 브랜드형 매장이 제일 많지만 대기업에서 기획한 프랜차이즈 브랜드도 확산되고 있다. 김밥이나 분식점과 마찬가지로 객단가가 높지 않은 사업구조상 국수 전문점으로 손익을 내기 위해서는 무엇보다 회전율이 중요하다.

국수 전문점은 사계절 내내 큰 불황 없이 운영이 가능한데 그 이유는 다양한 메뉴 덕분이다. 최근 프랜차이즈 국수 전문점에서는 국수만 판매하는 게 아니라 덮밥, 돈가스 외에도 다양한 사이드 메뉴를 함께 판매하며 고객들의 니즈를 충족시키고 있다. 일식이나 중식 중심의 프랜차이즈 경우도 한식 국수 전문점과 마찬가지로 면 요리를 기본으로 다양한 메뉴를 동시에 판매하고 있다. 국수 전문점은 현재 명확한 분류가 모호하다. 종합음식점의 형태를 보이며 면요리를 판매하는 프랜차이즈 업체들이 많기 때문이다. 다소의 원가율 차이는 존재하지만 면 요리 매출이 높은 매장은 빠른 회전율과 낮은 원가율로 수익성 면에서 경쟁력이 높다. 따라서 입지 선택에서 큰 실패를 하지 않는다면 가능성 있는 창업 아이템이다.

검증된 브랜드로 미래를 준비하라

보편적인 메뉴의 음식점 위주로 언급한 것은 실패 확률이 상대적으로 적고, 인구가 줄어드는 환경에도 경쟁력을 가져갈 수 있는 음식점들을 다루고자 했기 때문이다. 별도로 언급하지는 않았지만 감자탕(뼈해장국), 짜장 및 짬뽕 전문점 등도 어려운 상황 속에서 꾸준히 매출을 이어가는 아이템이다. 그런데 이런 아이템들의 특징과 공통점을 살펴보면 첫 번째는 가격이 저렴하고, 두 번째는 고객층(나이, 성별)이 매우 넓으며, 세 번째로는 오랫동안 외식업 형태를 이어온 아이템이며, 네 번째는 최근 가장 큰 부담인 인건비를 최소화할 수 있다는 점이다. 다섯 번째는 테이크아웃 및 배달로 인해 매출의 확대가 가능한 장점을 지녔다.

일제시대부터 시작된 음식 배달 문화는 치킨점에 이르러 배달 없이는 영업이 힘들 정도이다. 떡볶이, 김밥, 분식 등도 테이크아웃과 배달이 일상화되었다. 그러다 보니 테이크아웃 비율이 높은 분식점은 입지를 우선시 하게 되고 반대로 배달 중심의 중국집은 골목으로 들어가 높아진 배달료를 낮아진 임대료로 커버하는 상황이다. 배달을 하지 않는 프랜차이즈형 중국집은 1층은 힘들더라도 가시성, 접근성이 유리하고 유동인구가 많은 메인 입지의 2층으로 입점하는 등 메뉴별 차별화와 특성화를 고려한 입지를 선택해 가고 있다. '오랜 세월 대를 물려온 점포'를 뜻하는 노포 식당들이 수익을 많이 내는 건 사실이다. 그러나 그 식당이 처음부터 그랬던 건 아니고 그저 맛에 충실한 음식점에서

시작된 것이다. 이런 오래된 노포는 종로, 청계천 인근에 많으며 마포, 여의도 중심으로는 신흥 노포가, 올림픽 이후 발전을 거듭해온 강남은 미래의 노포가 될 가능성이 있다. 노포는 맛에 의해 만들어지지만, 자본에 의해 생겨나거나 유지되는 경우도 있다. 하지만 주변 상황에 휘둘리지 않고 음식 본연의 맛과 서비스에 집중한 음식점들이 노포의 길을 걷는 경우가 많았다는 사실은 기억해두자. 개인 음식점이든 프랜차이즈 매장이든 모두가 좋은 재료와 정확한 조리방식으로, 최상의 맛을 내 오랫동안 안정적인 수익을 창출하기 바란다.

최고가 아닌 최적을 선택하라

 실패 확률이 낮은 업종에 투자하라

은퇴 예정자나 장기 미취업자 등 창업 전선에 대비하기 위해 강의를 쫓아다니거나 열심히 공부하는 분들이 많다. 그런데 40~50대 나이면 자칫 한 번의 창업 실패로 소중한 재산을 잃을 수 있는 것이 현실이다. 실패를 쌓아가며 성공을 이룰 수 있을 만큼의 여유와 자금 부족은 늘 모두에게 문제다. 리테일 개발 관련 업무를 통해 소비자 생리를 겪어 봤고, 외식업에 근무하며 어떤 위치에서 어떻게 매장 운영을 해야 하는지에 대한 '경험의 데이터'를 많이 가지고 있다고 생각한다. 그러다 보니 생활수준이나 나이, 성별 등 외식업에서 고려해야 할 요소 중 보편적으로 선호할 만한 것으로, 쉽게 실패하지 않을 아이템 위주로 이야기하고자 했다. 외식업은 본인만 맛있으면 되는 게 아니다. 다수가 만족해하는 아이템 중 맛은 기본이고 식당의 분위기와 서비스 등 총체적인 가치에 부합하는 메뉴와 가격이 정해져야 성공적인 운영이 가능하다. 유행 아이템은 주식으로 따지면 테마주와 같아 테마가 끝나는 순간 급락하게 돼 적지 않은 손실을 감수해야 한다는 걸 기억하자.

최적의 입지, 최적의 아이템, 최적의 마케팅

외식 창업에 있어 매장의 입지가 지닌 이점은 중요한 요소지만 높은 임대료와 막대한 투자비가 들어간 메인 상권 내 점포만이 성공을 보장하는 것은 아니다. 창업하려는 업종과 업태, 예상매출, 사업방식에 맞춰 적절한 상권과 입지가 조화를 이뤄야 하는 것이다. 주변에 아파트 단지, 학교와 학원이 밀집한 지역에 매장을 오픈해도 주변에 유사업종이 많거나 이익률이 떨어질 경우에는 안정된 운영이 결코 쉽지 않다. 이것은 비단 상권의 문제가 아니라 아이템 선정의 문제이며 직접 후보 입지를 면밀히 분석하는 수고스러움을 무시한 결과일 것이다. 아직도 많은 예비 창업자들이 매장을 먼저 확보한 후 창업 아이템을 선정하는 오류를 범한다. 관리하기 용이한 지역을 바탕으로 아이템을 선정하고, 주요 매출 형태를 파악해 테이크아웃, 배달 중심, 매장 내 취식의 비중을 선정한 후 또다시 발품을 팔아 찾아낸 입지 조건을 더해 '최고'가 아닌 '최적'의 위치를 찾아야 할 것이다. 최고의 자리에서는 지불해야 할 기회비용이 너무나 크기에 최적을 찾아내기 위한 노력이 필요한 것이다.

아이템은 좋지만 자금 문제로 어쩔 수 없이 C급 입지에 창업해야 한다면 입지에 맞는 영업전략과 타깃 고객을 끌어들이기 위한 마케팅에 과감히 투자해야 한다. 간단히는 가격 할인을 제공하거나 재차 방문 시 서비스 메뉴를 제공하는 전략 등으로 입지의 약점을 극복할 수 있어야 한다. 진심은 통한다는 생각으로 최상의 재료로, 맛있는 음식을, 친절하게 제공하다 보면 결국 손님은 찾아오게 되어 있다.

변화하는 소비 패턴과 외식업의 황금법칙

신규 고급 아파트 지역에서의 고급 식당, 프리미엄 아이템은 의외로 장사가 잘 되지 않는다. 아파트 가격이 높으니 소비도 많이 할 거라는 생각은 1차적인 편견일 뿐이다. 학군 때문에 비싼 월세를 내며 힘들게 사는 사람도 있을 것이고, 막대한 대출을 받아가며 입주한 사람도 있을 것이기 때문이다. 그들이 과연 지갑을 욕심껏 열 수 있을까? 이런 곳일수록 자녀들의 학원비 부담으로 음식점보다 집에서 식사하는 일이 많아 오히려 슈퍼마켓이 더 잘 되기도 한다. 최근 슈퍼마켓의 매출을 살펴보면 1~2인분으로 소분한 야채나 청과 같은 소규모 사이즈 구매가 많으며 가정식들의 매출성장률이 높다. 따라서 이런 신규 개발지구 내 상가나 주변 상가에서는 높은 단가의 외식업보다 저렴한 메뉴로 한 끼 식사를 해결할 수 있는 분식점, 김밥집, 치킨집 또는 합리적인 가격에 점심을 제공하는 이자카야나 중국집 등이 활성화된다. 따라서 외식업을 시작하려는 분들은 로드뷰나 지도를 통해 업종이나 위치를 선택하지 말고 반드시 현장방문을 통해 주변 아파트 내 거주구성원의 나이, 생활 방식 등 거주민들의 동선과 소비 패턴을 확인하기 바란다. 상권은 교통이나 도시 정책, 소비자의 소비 패턴에까지 영향을 끼치며 마치 살아 있는 생물처럼 변화하고 있다. 이런 변화에 따라 상권 역시 빠르게 변신한다. 과거의 로데오거리는 패션의 중심으로 자리 잡아 이익률 높은 의류 판매를 통해 비싼 권리금과 임대료를 부담할 수 있었다. 하지만 외곽 지역, 신규 택지개발지구에 생기는 대형 쇼핑몰로 인해 로데오거리는 지속적인 침체에 빠지고 있다.

곳곳에 위치한 대형 쇼핑몰에는 세계 각국의 음식을 맛볼 수 있는 식당이 소비자를 유혹한다. 또한 대형 식당에 놀이방을 설치하는 것처럼 쇼핑몰 내부에는 어린이를 위한 시설들이 많이 늘어나고 있다. 쇼핑몰 내 식당은 소비자들의 주목적지는 아니다. 의류를 사러 왔다 방문하기도 하고, 영화를 보기 위해 방문했다 식사를 하기도 한다. 쇼핑몰은 일단 라이프스타일의 변화에 맞춰 함께 변화되고 있지만 아직은 주말 이틀의 매출이 평일 5일의 매출과 비슷한 상황을 연출한다. 그러다 보니 집, 전철역, 유흥상권 주변의 음식점이나 주점에서는 예전과는 다른 형태의 소비가 일어나고 있다. 따라서 신규 창업자나 현재 운영주는 그 소비패턴의 변화를 정확히 인지하고 자신의 매장 이용 빈도를 높이기 위한 변신과 마케팅을 해야 하는 것이다.

2018년을 기점으로 시행된 주 52시간 근무는 오피스 상권의 저녁

영업에 큰 위기로 다가올 것이다. 회식은 줄어들고, 오피스 상권보다는 거주지 인근의 혼밥 식당 등이 발전할 가능성이 매우 높다. 테이크아웃과 배달 문화 또한 더욱 확대될 것이다. 물가가 비싸기로 악명 높은 도쿄에서도 요시노야, 스키야 같은 규동(덮밥) 식당들에서는 5,000원이면 한 끼를 해결할 수 있다. 우리나라 역시 상대적으로 저렴한 시락국밥이나 칼국수 한 그릇 등으로 끼니를 해결하는 사람들이 늘고 있다.

현재 우리나라의 프랜차이즈 업체는 일본과는 다른 방식으로 발전하고 있다. 인구수는 한국에 비해 월등히 많은 일본의 경우 프랜차이즈형 매장은 그리 많지 않고 전수 창업 형태가 많다. 그 결과 경험 많은 노포에서 스승과 제자처럼 일을 배운 청년층이 또다시 전수 창업을 함으로써 가족형 매장이 소폭 증가하고 있다. 하지만 한국 시장에서는 무수한 외식업체 가운데 소비자의 니즈에 충족하는 업체를 중심으로 옥석이 걸러지는 한편, 물류를 비롯한 시스템을 구축한 전문 프랜차이즈가 살아남을 확률이 높다. 또한 대한민국은 1인 가구 수가 500만 가구를 넘어서며 혼자 식사하는 문화가 점차 익숙해져 1인 메뉴와 혼자 편안하게 식사를 할 수 있는 매장 인테리어가 필수요소가 되어 간다.

외식 관련 창업은 정말 어려운 선택이자 시작이다. 생존을 위한 것이기에 외식업의 기본인 정직한 재료와 정직한 음식 제조, 정직한 서비스 제공을 통해 영업하고 발전하기를 기원한다. 아울러 외식업계 황금비율인 3, 5, 2, 8, 12의 법칙만큼은 지속적으로 가슴에 담아두길 바란다.

3, 5, 2, 8, 12의 법칙
3일의 매출로 월임대료를 감당할 수 있어야 한다.
5일의 매출로 인건비를 감당할 수 있어야 한다.
2일의 매출로 전기, 가스, 수도 등 공과금을 감당할 수 있어야 한다.
8일의 매출 이상에 해당하는 세전이익이 발생해야 한다.
재료비가 12일의 매출을 넘어서는 안 된다.

커피전문점 비즈니스의
미래 트렌드

송 훈 석

/

(주)스타벅스커피코리아 점포개발1팀장

서울대학교 동물자원과학과를 졸업하고,
제일제당을 통해 유통업과 인연을 맺은 후,
1999년 LG유통에 근무하면서부터
리테일 업계에 본격적으로 뛰어들었다.
편의점 일반 점포개발을 시작으로
우체국 내 편의점, 지하철 역사 내
상업시설 등 특수상권 개발, 편의점
해외진출 전략 개발 등의 경력을 쌓았다.
2007년, 미스터도넛의 점포개발을
하며 얻은 F&B 분야의 개발전략과
노하우를 바탕으로 2009년부터 현재까지
스타벅스코리아의 점포개발 팀장으로
근무하고 있다.

커피시장 성장의 원인

2017년 국내 커피시장 규모가 처음으로 10조 원을 넘어섰다. 관세청 및 커피업계의 발표자료에 따르면 2017년 한 해 동안 국내에서 소비한 커피는 약 265억 잔으로 국민 1인당 연간 512잔을 마셔, 전체 커피시장의 규모는 약 11조 7,397억 5,000만 원을 기록했다. 10년간 약 3배 이상의 규모로 성장한 셈이다. 1위는 커피믹스, 2위는 원두커피, 3위는 커피음료 등의 순이다. 특히 커피전문점으로 대변되는 원두커피의 시장 규모는 수치는 물론 다양성 면에서 매년 큰 성장을 보이고 있다.

거리마다, 골목마다 자리 잡고 있는 커피전문점들은 이미 치킨전문점의 수를 넘어섰으며, 새로운 커피전문점은 꾸준히 생겨나고 있다. 커피산업의 성장은 언제까지 지속될 것인가, 많은 전문가들에 따르면, 국내 커피시장의 규모가 빠르게 성장했지만 1인당 커피 소비량은 비교적 낮은 편으로 아직 성장잠재력이 충분하다는 의견이다.

커피전문점이라는 말을 들으면 사람들이 제일 먼저 떠올리는 곳이

바로 '스타벅스STARBUCKS'다. 2017년은 또한 스타벅스코리아의 매출액이 1조 2,634억 원을 기록, 국내 커피전문점 중 최초로 매출 1조 원을 넘어선 해이기도 하다. 미국, 캐나다, 일본, 호주, 중국에 이어 한국이 매출 1조 원을 기록한 6번째 나라가 된 것이다. 2017년 스타벅스의 매출액은 전년대비 26%, 영업이익은 1,144억 원으로 전년 대비 각각 34% 증가했다.

1997년 미국의 스타벅스 본사와 한국의 신세계가 라이센스 계약을 맺고, 1999년 이화여대 앞에 스타벅스 1호점을 오픈한 후, 2018년 현재 스타벅스는 전국에 1,200여 개의 매장을 보유한 국내 1위의 커피전문점으로 성장했다. 뒤를 이어 업계 2~6위의 투썸플레이스TWOSOME

PLACE, 이디야EDIYA, 엔제리너스 Angel-in-us, 할리스HOLLYS, 커피빈Coffee Bean 등의 매출은 1,000억~2,000억 원대, 영업이익은 100억~200억 원대를 기록하고 있다.

지난 20여 년간 스타벅스로 대표되는 커피전문점이 식음문화의 주역으로 성장하면서 이 시장은 다양한 변화의 과정을 겪어왔다. 수많은 브랜드들이 생겨나고 사라졌으며, 살아남은 커피전문점들 역시 소비자들의 취향과 소비패턴에 맞추어 끊임없이 진화해 왔다.

자뎅, 자바, 도토루 등 지금은 이름만으로 기억되는 커피숍들 틈에서 테라로사TERAROSA, 앤트러사이트Anthracite, 리브레LIBRE와 같이 고객들의 취향을 반영한 스페셜티 커피전문점들이 자리를 잡고 있으며, 그 와중에 '블루보틀' 같은 글로벌 브랜드의 커피숍들이 한국 진출을 서두르고 있다. 곧 한국에서도 미국의 3대 스페셜티 커피Specialty Coffee*라는 '스텀프타운Stumptown', '블루보틀BLUE BOTTLE', '인텔리젠시아 INTELLIGENTSIA'를 모두 맛볼 수 있게 되었다.

대한민국의 커피 마니아들은 출근길은 스타벅스에서, 점심에는 테라로사에서, 저녁에는 블루보틀에서 자신들의 취향에 딱 들어맞는 커피를 찾아 즐기는 풍성한 커피생활을 누릴 수 있게 되었다. 커피전문점은 단순히 커피를 마시는 장소가 아니라 회의실로, 오피스로, 휴식공간으로, 문화공간으로 인식되고 있다. 한국의 커피전문점이 이렇듯 괄목할 만한 성장을 보이고 있는 이유는 무엇일까?

첫째, 커피시장의 성장과 다양한 커피의 등장

출근길에 급하게 모닝커피를 찾는 사람들은 회사 앞의 저렴한 테이크아웃 커피전문점이나 패스트푸드 카페를, 원두의 원산지 및 등급과 로스팅 방식에 따라 커피를 선택하는 사람들은 골목에 위치한 개인 커피숍과 스페셜티 커피전문점을 찾는다. 그러나 대부분의 사람들은 거리마다 자리 잡은 익숙한 브랜드의 커피전문점에서 습관처럼 주문한다.

---

*스페셜티 커피 SCAA(미국 스페셜티 커피협회)가 정한 기준에 의거해 '100점 만점 중 80점 이상이며 생산지 토양의 특성을 잘 반영한 맛과 풍미를 지닌 커피'를 일컫는다.

둘째, 커피전문점 자체의 변신

외관이나 인테리어에 특별한 콘셉트를 부여한 매장의 사례로는 제철소 등을 특별한 방식으로 꾸민 양평이나 부산, 포스코센터의 테라로사, 종로타워 오피스 로비에서 다양한 커피와 푸드를 소개하는 300평 규모의 스타벅스 더종로점, 단독주택이나 오피스의 외관을 그대로 살린 개성 있는 앤트러사이트나 프릳츠커피FRITZ 등의 공간은 커피 자체를 즐기는 데서 나아가 공간을 방문하는 것 자체가 목적이 되어, 인스타그램에도 자주 등장하고 있다. 문화공간, 서점, 독서실, 라운지, 코워킹스페이스가 된 커피숍들은 좀 더 많은 사람들이 커피전문점이라는 공간을 향유할 수 있도록 다양한 시설과 프로그램을 제공하고 있다. 또한 고객들의 변화와 취향에 맞추어 O2O 주문(사이렌오더 등), 개인화된 메뉴 선택 등의 다양한 서비스 개발 및 제공도 계속되고 있다.

셋째, 고객들의 변화

새롭게 소비시장을 주도하는 밀레니얼 세대들에게 커피와 커피전문점은 편하고 친숙한 생활의 일부가 되어가고 있다. 그들의 약속장소, 공부장소, 미팅장소는 ○○역 앞 스타벅스, 커피빈 ○○점이 된 지 오래다. 일찍부터 커피를 즐겨온 세대들은 로스팅 카페와 스페셜티 커피전문점 등 개인의 취향에 맞는 매장을 선택하고 있으며 20평형, 50평형 등 획일적으로 커피전문점을 오픈하던 커피전문점들도 새로운 세대에

테라로사 포스코센터점

앤트러사이트 합정점

걸맞은 새로운 콘셉트의 매장을 지속적으로 선보이고 있다.

한국의 커피전문점 시장은 매년 빠른 속도로 성장하고 있지만 동시에 시장이 과열화되어 있으며 이미 포화된 것 아니냐는 지적도 공존하고 있다. 일부이기는 하지만 향후 커피시장의 감퇴 가능성에 대한 의문도 꾸준히 제기되고 있다. 하지만 글로벌 커피시장의 동향과 국내시장의 흐름을 종합적으로 판단해볼 때 국내 커피시장의 향후 가능성에 대한 부분은 아래와 같이 크게 두 가지로 결론을 내릴 수 있을 것 같다.

첫째. 원두커피 시장은 지속적으로 성장할 것이다.
둘째. 커피전문점 시장은 지속적으로 성장할 것이다.

물론 이러한 결론에 다다르기 위해서는 몇 가지 전제조건이 따라야 한다. 경제상황과 문화의 유행, 주요 산업의 발전 등 현대사회는 빠르게 바뀌고 있다. 우리가 직면한 경제환경과 사람들의 소비성향 역시 지속적으로 변하고 있는 만큼 커피전문점 시장도 이런 변화들을 적극적으로 반영해야 한다는 점이다. 소비자들의 니즈에 대한 명확한 인지를 통해 적절히 맞춰나간다면 한국의 커피전문점 시장과 수익성은 지금처럼 성장세를 이어나갈 것이다.

커피전문점과 상권 그리고 입지

좋은 상권에 커피전문점이 입점한다고 해서 매출을 보장해 주는 것은 아니다. 신촌, 이대, 종로 관철동, 명동, 압구정로데오, 가로수길, 이태원 등이 흔히 좋은 상권으로 평가되던 지역이다. 하지만 이런 상권에 입점한 커피전문점들 중 높은 임대료를 지불하고 있음에도 물구하고 영업매출이 예상보다 낮은 곳들을 자주 볼 수 있으며 일부 매장의 경우에는 매출 수준이 너무 낮아 향후 개선된다고 하더라도 수익성 회복이 어려운 곳도 존재한다.

전문가들이 커피전문점을 출점하는 데 있어 가장 중요하게 여기는 부분은 단순 총매출보다는 수익성이다. 또한 현재에 출점하려는 위치가 10년~20년 후에는 얼마나 성장할 수 있는가 하는 점 역시 출점 시 중요한 요소로 판단해야 한다.

누구나 잘 알고 있는 유명 장소가 아니라 커피를 위해 찾아오는 고객의 니즈를 만족시킬 수 있으면서 동시에 커피라는 업종만이 지닌 특징에 적합한 입지여야 한다. 그리고 그런 콘셉트를 잘 나타낼 수 있는 면적, 이 삼박자가 고루 갖추어져야 출점 가능한 좋은 상권 혹은 입지라고 판단할 수 있다.

일반적으로 상권 조사를 진행할 때 출점하려는 매장 인근의 유동인구를 조사하는 것이 그 첫 번째 단계이다. 출점 담당자들은 이런 경우에 그 인근을 지나는 유동객수가 얼마나 되는지 체크를 하곤 한다. 하지만 여기서 놓쳐서 안 되는 점은 '단순한 유동인구는 허상'이라는 점이다. 상권에는 정말 다양한 요소가 존재하기 때문이다. 가령 식당이 많은 상권에서는 커피전문점 또한 잘되지만, 술집 위주로 구성돼 야간에 활성화되는 상권에서는 커피전문점 운영이 적합하지 않다.

시간상으로는 영업을 시작한 후 저녁 6시 이전까지 일매출의 70% 이상이 발생할 수 있는 곳이라면 일반적으로 우수한 매출을 거둘 수 있는 매장의 입지라고 판단한다. 오후 6시 이후에 발생하는 매출은 대체로 변수가 많은 경우라서, 이 시간대의 매출을 바탕으로 안정적인 예상 매출을 산정하기란 쉽지 않다. 따라서 출점 담당자는 오전, 오후, 저녁 등 시간대별로 후보지 방문을 통해 면밀히 조사할 필요가 있다. 또한 현장조사 시에도 막연하게 매장 후보지 앞에서 지나다니는 유동인구의 수를 세는 것보다는 예상 고객들이 다니는 이동경로나 목적지를 직접 따라다니면서 유동인구의 흐름을 느껴보는 것이 좋다.

상권조사 시에는 그 지역에서 일어나고 있는 변화의 요소를 잘 파악해야 하며 타성에 젖은 일반적인 내용 조사는 피해야 한다. 특히 구체적인 데이터나 자료 없이 개인적 경험을 토로하는 주변 상인들 또는 고객들의 부정적인 정보는 참고하지 않는 게 좋다. 객관적 자료와 몇몇 개인의 주관적인 이야기가 서로 반대되는 경우 잘못된 선택을 하는 경우가 종종 발생하기 때문이다.

상권 조사 시에는 개인적 정보들을 철저히 배제한 후 본인의 객관성에 기준하여 조사를 마쳐야 한다. 이런 정보들은 차후 점포의 입점을 확정하고 매장운영을 할 때 고객 서비스 개선에 참고하는 용도로 활용하는 게 나을 것이다.

좀 더 구체적으로 커피 전문점이 위치하기에 유리한 입지를 정리해보자면 다음과 같다.

① 원룸, 셰어하우스 등 1인가구가 많은 지역.
② 만화방보다는 만화카페가 있는 지역.
③ 테이블 5개 내외의 커피전문점이 많은 지역.

고객들의 소비성향을 살펴라

커피전문점의 입지 및 상권 구별에 있어 '소비성향'을 중요한 척도로 보는 것이 좋다. 가령 예를 들어서 강남에 있는 고급 호텔에서 마시는 커피 한 잔의 가격은 적어도 1만 원을 넘게 받고 있다. 하지만 이를 비싸다고 말하는 경우는 드물다. 물론 가격 자체가 비싼 건 사실이지만,

고급 호텔이라는 조건으로 인해 이러한 비싼 가격이 당연한 가격으로 인식한다는 말이다. 마케팅적으로 보자면 이미 포지셔닝이 높게 설정되어 있는 경우이다.

유명 관광지나 고급호텔 등에서 머물거나 소비하는 사람들의 일반적인 소비 성향을 점포 출점 시각에서 관찰해 보면, 결제금액이 집 주변이나 회사 근처 등 평상시 식당이나 카페를 방문할 때보다 꽤 높은 비용을 사용한다는 걸 발견할 수 있다.

대구에서 대표적으로 카페가 밀집되어 있는 팔공산 지역을 가보면 일반적으로 유동인구가 많은 곳에 출점하는 기준과는 달리 인적이 드문 곳에 위치한 커피전문점을 종종 찾아볼 수 있다. 통행량이 중요한

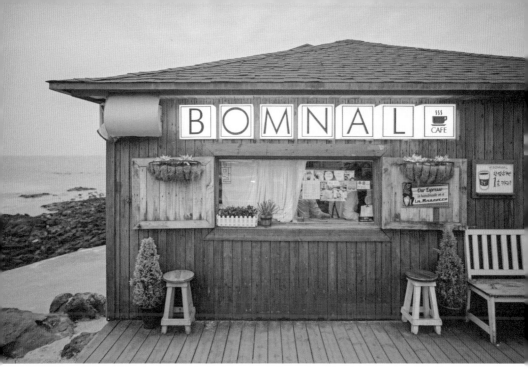

커피사업에서 어떻게 이런 입지에 커피전문점이 입점할 수 있을까? 이 질문에 대한 대답으로는 구매건당 결제금액을 확인해 보면 알 수 있다.

팔공산 인근 카페거리에 입점해 있는 커피전문점들을 대상으로 조사한 결과 구매건당 평균 결제금액은 1만 원 선을 훌쩍 넘겼다. 커피전문점들의 건당 평균 결제금액이 보통 3~4,000원 선인 것과 비교해 보면 이 지역에서 소비자들은 일반적인 경우보다 3배가량의 돈을 지출한다는 것이다. 팔공산 같은 여행지나 관광지 같은 곳들을 업계에서는 '소비하는 지역'이라고 표현한다. 고객들이 들뜬 마음에 평상시에 비해 더 많은 소비를 하게 되고 평상시 해보지 않았던 것들도 한번 시도해보고 싶다는 충동을 느끼기 때문이다. 물론 심리적으로 좋은 풍광이 사람의 마음을 느긋하고 너그럽게 만들 수도 있고 또는 처음이자 마지막일 수 있다는 희귀성이 충동을 만들 수도 있는 것이다.

이는 관광지나 여행지에서 구매를 결정하는 가장 중요한 요소는 단순히 가성비가 아니라 얼마나 좋은 추억이나 기억을 만들어낼 수 있는가이기 때문이다.

2017년 소상공인 상권정보시스템 분석 결과를 살펴보면 평균 건당 결제단가 1위로 나타난 지역은 우리나라 대표 관광명소인 '제주도'이다. 그 이후의 순위를 살펴보아도 전라남도, 강원도, 경상남도 순으로 나타나고 있다. 데이터로 입증되듯 이런 관광지 혹은 여행지에서 소비수준이 더 높게 나타나는 것은 단순하게 특정 지역에서만 한정적이지 않음을 알 수 있다. 서울이 전국에서 가장 낮은 순위를 나타내고 있는 것도 한 반증이라 하겠다.

상권이나 입지 조사를 할 때 이런 소비성향을 연결해 고려해본다면 의외의 입지나 결과를 찾을 수 있는 만큼 예비 창업자라면 꼭 한 번쯤 고려해볼 필요가 있다.

미래의 커피전문점

평범한 커피의 종말

커피를 마시기 위해 커피전문점을 찾는 고객들의 가장 근본적인 기대는 당연히 '좋은 원두로 내린 향과 풍미가 뛰어난 커피'이다. 그리고 커피 사업에 막 빠져드는 창업자들 대부분은 장인정신을 가지고 이 원칙을 고수하기 위해 노력을 기울이고 있다.

물론 커피전문점은 커피를 다루는 전문 사업장인 만큼 맛과 품질이 좋아야 하는 것은 기본적인 이야기이다. 하지만 이제는 단순히 커피 맛만 좋다고 사업이 잘 될 거란 막연한 기대감에서 벗어날 필요가 있다. 고객들은 갈수록 틀에 박힌 커피 소비 패턴에서 벗어나고 있기 때문이다. 최근 커피전문점을 찾는 고객들은 그곳에서만 마실 수 있는 특별한 커피는 기본이며, 만족스러운 수준의 식사 또는 간식까지 원하고 있기 때문이다. 커피전문점에서의 음식류 소비자가 늘어나는 것에 대해 업계에서는 현대인들은 전반적인 식사량이 줄어드는 방향으로 생활패턴이 바뀌면서 커피전문점에서 판매할 수 있는 음식 및 간식류로도 충분히 대체가 가능해졌기 때문이라고 판단하고 있다. 그런데 일반적인 카페나 커피전문점을 방문해 보면 아직도 커피와 기타 음료 이외의 상품을 판매하지 않는 경우가 많다. 당장은 어떻게든 매출을 유지해나갈 수 있을지 모르겠지만 향후에는 커피와 음료 외에 식사 대체 음식류나 간식 등을 제공할 수 없다면 고객의 방문 횟수나 신규고객 유입이 줄어들 확률은 높아질 것이다.

커피전문점 운영에 관해 개인적 혹은 공식적으로 자문을 요청해오

는 분들이 많다. 이런 경우 앞으로 커피전문점을 운영하고 싶다면 최소한 10가지 이상의 음식 관련 메뉴를 확보하라고 권하고 있다. 그리고 현재 커피전문점을 운영하시는 분 중에는 식사 대용 메뉴를 개발해 매출을 50% 이상 끌어올린 경우도 있다. 음식이나 식사 대용 메뉴의 개발이라고 표현하면 부담스럽게 생각하거나 식당을 떠올리는 사람들도 많을 수 있다. 커피전문점이라는 업종 특성상 시설적인 제한, 요리사 확보의 어려움, 매장 운영의 한계 등으로 모든 커피전문점 매장에서 직접 음식을 개발하거나 조리해 공급할 수는 없다. 이럴 때 가장 좋은 해결 방법은 해당 업체와 '컬래버레이션'을 하거나 도매상으로부터 납품받는 방법이다. 합정역에 있는 빨간책방의 경우는 이대, 신촌역 등지에서 유명한 베이커리 매장의 상품들을 공급받아 매장 내에서 판매한 바 있다.

앞서 이야기한 것처럼 식사 대용 메뉴나 간식을 제공하지 못하는 커피전문점은 안정적인 운영이 힘들어질 것이다. 전통적으로 점포 면적당 매출 효율을 최우선시하던 백화점, 쇼핑몰, 서점 등에서 최근 들어 상대적으로 면적당 수익성이 떨어지는 커피전문점이나 독특한 콘셉트의 휴식공간을 속속 설치하는 이유 또한 단순히 기본 기능만을 해소하기 위해 고객이 찾아오는 시대는 끝났음을 알려주는 또 다른 신호로 봐야 한다.

디자인과 문화의 힘

옷만 잘 입어도 같은 사람이 달라 보이는 것처럼, 커피와 잘 어울리도록 조성된 공간에서는 같은 커피라도 풍미가 다르게 느껴지는 걸 한번쯤 겪어봤을 것이다. 사람의 미각은 개인의 기억, 상황, 분위기 등에 따라 변하기 때문이다.

커피전문점을 방문하는 고객들은 매일같이 접하는 본인의 일상과는 조금 색다른 공간에 머물거나 경험하고 싶어 한다. 최근 고객들의 니즈는 대처하기 힘들 만큼 빠른 속도로 변하고 있다. 따라서 단순히 커피나 음식 자체만 고객의 욕구에 맞춰서 되는 게 아니라 디자인, 인테리어, 서비스, 장비 등 다양한 것들을 그들의 트렌드와 니즈에 맞도록 적절히 변화해야 한다.

커피전문점을 오픈할 때는 상권별 주요 고객들의 소비 패턴에 맞도

록 다양한 인테리어 디자인과 공간구성을 도입해 매장을 설계할 필요가 있다. 앞서 언급한 것처럼 고객 분석을 통해 왜 이 커피전문점에 방문하는지를 면밀히 파악해보는 것이 가장 먼저 고려해야 할 사항이다. 모임, 회의, 대화, 휴식, 기분전환, 데이트, 시험공부 등등 커피전문점 방문의 주요 목적은 지역, 상권마다 차이가 있는 만큼 적절한 분석과 예측이 필요하다. 매장을 주로 방문할 고객들의 소득, 소비성향, 좋아하는 것, 연령대 등을 제대로 파악하고 난 후에야 커피전문점 매장을 오픈할 적절한 위치와 필요한 면적 등의 요소를 결정할 수 있다.

커피전문점을 준비할 때 매장 면적과 함께 반드시 고려해야 하는 것이 바로 어떻게 매장 내 '레이아웃 layout'을 설정할 것인지의 문제다. 일반적으로 고객들이 매장에 들어섬과 동시에 바로 주문과 계산이 진행되면 좋을 거라고 생각할 수 있다. 하지만 이런 방식으로 매장을 구성해 놓을 경우 계산하려는 고객들로 인해 새로 매장으로 들어서는 고객들의 입장을 막는 현상이 벌어질 수 있다. 반대로 병목현상을 막기 위해 계산대와 바를 너무 안쪽으로 설치한다면 테이크아웃을 원하는 고객에게는 불편한 매장이 되어 방문을 꺼리게 만들 것이다. 출입문에서 3미터 정도 떨어진 위치에 바 bar 를 설치하는 이유는 바로 이런 점들을 고려해서이다.

커피전문점을 새로 오픈하려는데 면적이나 위치 등 조건에 제약이 많아 고민인 경우라면 주변에서 흔치 않은 공간을 만들어보라고 권하고 싶다. 주변이 복잡하고 화려한 인테리어 매장들이 많은 지역이라면 아무 디자인도 더하지 않은 인테리어, 예를 들어 시멘트 바닥을 그대로 둔 자체가 차별화된 공간이 될 수도 있다. 또한 스칸디나비아 양식의 무채색 인테리어가 매장을 더욱 돋보이게 만들 수도 있을 것이다.

성수동의 대림창고, 어니언 또 홍대의 테일러커피 같은 경우 시멘트 바닥에 특별한 인테리어 디자인을 더하지 않았다. 대림창고의 경우는 공간의 분할과 구성 면에서 매우 개성 있는 공간으로 탄생시킨 경우다. 이렇듯 기존에 방치되고 버려졌던 빈 건물들을 카페로 리뉴얼하는 경우는 점차 늘어나고 있다. 폐교, 폐공장 등(일본에서는 쇼핑몰로 재구성되어 오픈하기도 한다.) 독특한 분위기를 낼 수 있는 곳이 오히려 특색 있는 커피전문점을 오픈할 수 있는 입지로 주목받고 있다.

폐공장을 쇼핑몰로 리뉴얼한 일본의 하코다테 창고쇼핑몰

📍 품질이 곧 브랜드다
🛒

프랜차이즈 커피전문점이 생기기 이전까지 원두커피는 일명 고급 음료로 분류된 바 있다. 가령 1990년대에 고급 호텔이나 강남의 유명 카페에서 원두커피를 즐기려면 1만 원 가까운 큰 금액을 지불해야 했었다. 지금처럼 커피에 대한 지식이 보편화되지는 않았던 상황을 고려하면 당시에도 고급 커피에 대한 수요가 있었음을 짐작해볼 수 있다. 최근 고객들은 아메리카노, 라테 등 우리에게 익숙하고 어느 곳에서나 쉽게 찾을 수 있는 일반적인 커피가 아닌 그 이상을 추구하고 있다.

프리미엄을 표방하는 커피전문점이나(블루보틀 등), 드립커피전문점(전

광수커피 등), 로스팅까지 직접 거쳐 판매하는 개인 커피전문점(리브레, 빌리프커피 등), 다른 커피전문점들과 차별화된 그들만의 시그니처 메뉴를 보유한 매장들이 꾸준히 늘어나고 있는 것 역시 이런 소비자들의 니즈에 커피전문점들이 신속히 대처하고 있다는 이야기다.

커피전문점을 운영하는 데 있어 커피의 품질이 중요하다는 점은 누구나 알고 있는 내용이다. 그렇다면 문제는 "커피전문점의 커피는 어느 정도의 품질이어야 하는가?"이다. 한국 소비자의 성향을 알 수 있는 것 중에 "나이가 들수록 집의 규모를 줄여 이사하는 것이 어렵다."는 말이 있다. 자동차를 구매할 때도 마찬가지다. 크기나 등급 등에 있어 한 단계 업그레이드는 가능하지만 반대로 한 단계 낮춘다는 건 어렵다는 것이다. 이것은 커피도 마찬가지인 것 같다. 좋은 커피를 접하고 한번 기호가 갖춰지고 나면 아무리 가격이 합리적이라고 해도 내가 평소 즐기던 것과 다른 커피를 마시는 것이 결코 쉽지 않다.

하지만 여기에도 한 가지 어려움은 따른다. 커피 품질이 어느 정도여야 하는지는 각자의 기호에 해당하는 만큼 절대적 기준이 있는 게 아니기 때문이다. 풍미와 깊은 맛에 대한 기본적인 기준은 있을 수 있지만 산미나 향, 로스팅 정도에 대한 개인의 편차는 너무 다양하기 때문이고 공통적으로 적용되는 정답이 존재할 수는 없다. 단순히 유명하고 비싼 원두를 사용한다고 모두를 만족시킬 수는 없다는 이야기다.

고객들이 개인이 운영하는 커피숍보다 유명 브랜드의 커피전문점을 선호하게 되는 비밀이 여기에 있다. 브랜드가 가지고 있는 신뢰감으로 인해 고객들은 커피전문점의 품질에 대해 어느 정도 앞서 인정을 하게 되는 것이다. 또한 특정 브랜드의 커피전문점을 자주 방문하다 보면 어느덧 그 맛에 익숙해지기 때문인 것도 있다.

 ## 커피전문점의 지역적 특성

서울에서는 그 인기를 인지하기 어렵지만 패스트푸드 업계에서는 서울 및 수도권 일부 지역을 제외하고는 롯데리아가 타 브랜드들에 비해 인기가 높다고 한다. 롯데리아가 주도권을 가지고 있는 지역에서는 전 세계적으로 지명도와 충성고객을 보유한 맥도날드, 버거킹, KFC 등도 브랜드 파워를 발휘하기 쉽지 않은 경우가 많다.

흥미롭게도 우리나라에서는 커피전문점도 비슷한 양상을 보이고 있다. 많은 사람이 몰리고 소비가 활발한 강남, 서초구에는 기존의 커피전문점 이외에도 프리미엄 커피를 제공하는 개별 브랜드의 커피숍들 또한 다양하게 운영되고 있다. 대중적인 커피 브랜드들은 이 지역 고객들에게 특별한 자극을 주지 못하고 있어 고객 유동이 많지 않은 지역에서는 상당한 어려움을 겪기도 한다. 그런데 한강 북쪽의 아파트 밀집 지역 같은 경우에는 상대적으로 프리미엄 커피전문점을 접하기가 쉽지 않아 이런 스타일의 커피전문점이 생겨나기를 기다리는 고객들이 많은 것으로 조사된다.

좋은 커피전문점을 만들고 싶다면

한국에서는 유통이나 리테일에 대해 이야기할 때 일반적으로 일본 사례를 많이 언급한다. 상대적으로 한국보다 시장의 크기도 크고 트렌드에서 앞서가기 때문이기도 하지만 문화적, 지리적으로 적지 않은 유사성을 지녔기 때문이다. 두 나라는 커피를 좋아하고 차도 즐겨 마신다는 공통점을 가지고 있다. 그런데 커피전문점에 있어 한국인이 공간을 소비하는 방식은 일본의 그것과는 사뭇 다르다. 정확한 통계가 있지는 않지만 일본의 커피전문점에는 1인용 테이블이 설치되어 있는 곳이 많다. 또한 매장 안에 긴 테이블이 놓여 있을 경우 우리는 대개 한두 자리를 띄어 놓고 앉지만 일본의 경우에는 중간에 간격을 두지 않고 다른 사람과 붙어 앉아 커피를 마신다. 이런 공간 사용의 차이를 스타벅스로 한정해 비교해 보자면, 일본 스타벅스의 경우 매장면적이 평균 40평 내외인 데 반해 한국 스타벅스의 경우는 60평에 달한다. 이러다 보니 일본의 커피전문점 매장은 동일한 면적일 경우 한국보다 고객

일본의 스타벅스 교토점

을 더 많이 수용할 수 있어 상대적으로 한국의 커피전문점에 비해 매출이 높고 영업면적당 매출 또한 높게 나온다.

그렇다면 커피전문점 매장을 만들기 위한 적절한 면적은 어느 정도일까? 물론 점포가 위치한 지역의 특성을 먼저 이해하는 것이 중요하다. 또 매장을 방문한 고객이 얼마나 오래 머물게 될지(체류시간)도 상세히 추정해야 한다. 이를 바탕으로 필요한 면적을 확보하고 거기에 맞춰 산정한 적정비율을 토대로 전기플러그, 화장실, 바 등의 매장 인테리어 레이아웃을 구성해야 한다. 면적과 좌석을 계산할 때는 피크타임peak time에만 문제된다고 가정하면 된다. 일반적으로 그 이외 시간에는 좌석의 개수가 문제를 일으키는 경우는 거의 없다. 일반적인 커피전문점의 경우에는 점심시간이 피크타임이 되는 경우가 많지만, 유흥상권에 위치한 커피전문점이라면 저녁시간이 될 수도 있다는 점을 간과해서는 안 된다.

테이블 면적 산정 공식

피크타임 영수증 수(상권에 따라 다르나 일반적으로 30분~60분)
영수증 당 고객 수(1.3~1.5명)
고객의 테이블 점유 방식(1~1.5, 1영수증당 1테이블은 1, 1영수증당 2테이블은 2)
1개 테이블 면적(0.5평)

= **필요 테이블 면적**

테이블 면적 산정의 예

피크타임 영수증 수 20(1시간 산정)
영수증 당 고객 수 1.5(2인 이상 동반하는 경우가 많음)
고객의 테이블 섬유 방식 1.2 20% 징도가 2테이블 사용
1개 테이블 면적 0.5평(36테이블)

= **필요 테이블 면적 18평**

이제 테이블 면적이 얼마나 필요한지 계산이 되었으니 이를 바탕으로 전체 필요한 매장 면적을 계산해 보자. 매장 면적은 테이블 면적(18평)+바+백룸backroom*+고객 대기공간+진열공간(MD, 홀빈 등)으로 계산해볼 수 있다. 여기서 추후 고려해야 할 부분이 생기는데 만일 고객

---

*백룸 비품 보관이나 업무상 활용하는 매장 내 이면공간.

이 테이블에 앉아 있는 평균 체류시간이 2시간이면 18평이 36평으로 늘어나야 하고, 반대로 30분이면 9평으로 줄여도 된다는 것이다. 물론 테이블 면적이 줄어듦에 따라 다른 면적들도 줄고, 테이블 면적이 늘어나면 다른 면적들도 늘어나게 되기 때문에, 고객들이 테이블에 머무르는 시간에 따라 필요한 매장 면적엔 매우 큰 차이가 있다. 이것 역시 정확한 고객분석을 통한 상권조사 시 고려해야 할 점이다. 지역과 상권별로 커피전문점의 면적을 고려해본다면 아래의 표와 같다.

갈수록 주차 가능 여부가 커피전문점의 영업상 큰 경쟁력이 되고 있다. 국토교통부가 발표한 자료에 따르면 2017년 12월 말 기준으로 한

지역과 상권별로 커피전문점의 면적

입지	특 성
주거지역	매장면적 70평 이상, 차량 이동이 많은 만큼 주차장 필수, 가족 단위 고객이 많아 큰 테이블에 유아용 의자 비치해야 함
오피스 지역	매장면적 30평 이상, 커피 소비에 매우 익숙하기에 빠른 서비스 속도 필요, 출퇴근/커피타임 시 혼잡, 사무공간/회의실로 이용되기도 함
대학가	매장면적 100평 이상, 공부/세미나 공간으로 활용하며 장시간 머무름
관광지/휴양지	단체로 이동, 주차 20대 이상 필요, 지역 특징에 맞는 독특한 분위기 연출하는 것이 중요함
역세권	빠른 서비스 속도가 가장 중요, 고정고객이 적으니, 매장 가시성 확보 중요
쇼핑	모임, 만남 등의 공간으로 활용되기에, 쉬면서 이야기하는 고객들 많고 고객 체류시간이 긴 편임
병원 등 특수상권	커피전문점 외부에 공용좌석이 많음, 커피전문점 분위기 없음
그 외 일반지역	매장면적 50평 내외로 구성하는 것이 일반적임

국의 자동차 누적 등록대수는 2,252만 8,295대라고 한다. 대한민국 인구 2.3명당 1대꼴로 자동차를 보유하고 있다는 말인데 문제는 이 수치가 매년 꾸준히 증가하고 있다는 점이다.

그리고 서울은 대중교통이 편리하기로 유명한 도시인 동시에 차량을 이용하기 좋은 나라 중 하나로 꼽힌다. 조금 더 분석해 보자면, 자가용을 이용해 커피전문점을 방문할 경우 혼자인 경우는 많지 않다. 이는 자가용 이용 고객의 경우 동반고객이 있어 여러 잔의 음료를 주문할 것이며, 목적형 고객인 만큼 음료 이외에 간식 또는 음식물도 함께 주문할 가능성이 높다. 특히 주차가 불편한 지역에서는 일부러 주차가 가능한 커피전문점을 찾아 약속을 정하는 경우도 많다. 실제 주차장이 있는 커피전문점의 경우에는 없는 경우에 비해 매출이 15~30% 정도 높게 나타나는 것으로 알려졌다. 따라서 주차장은 커피전문점 개발에 있어 무시할 수 없는 핵심요소이다. 이왕이면 주차가 편리한 곳에, 좀 더 많은 주차면을 확보한 곳에 커피전문점이 들어선다면 고객의 편의는 물론, 매출 상승에도 기여할 수 있기 때문이다. 하지만 이러한 주차공간의 확보는 개발비용, 임대료, 관리비 등 임대차비용의 상승을 가져오기 때문에 풍부한 주차면의 확보만을 주장할 수는 없다. 적정한 주차대수 확보 및 건물 내 무료주차 시간과 할인권의 제공을 통해 고객들의 편의성 증대 및 매출 증가에도 기여하는 방안을 협의해야 한다.

한편, 자동차 이용 고객들을 주요 타깃으로 설정한 드라이브 스루 Drive-Thru 매장도 꾸준히 증가하는 추세다. 패스트푸드 업계에서 먼저 자리 잡은 이 운영방식은 주로 출퇴근시간의 원활한 영업을 위해 고안

되었다. 자동차를 이용하는 고객들이 자동차에서 내리지 않고도 편하게 주문과 계산을 거쳐 상품까지 받을 수 있도록 한 시스템이다. 1992년, 국내에서는 처음 드라이브 스루 매장을 도입한 맥도날드는 2018년 9월 현재 전국에 250여 개의 드라이브 스루 매장을 오픈했으며, 머니투데이(2018년 9월 26일자)에 따르면, 이러한 맥드라이브 매장은 전체 맥도날드 매장의 60%를 차지하며, 2008년부터 2018년까지 누적 이용 차량 대수가 2억 대를 돌파했다고 한다. 스타벅스는 2012년 경주 보문단지에 스타벅스 드라이브 스루 매장 1호점을 오픈한 이후, 2018년 9월 현재 전국에 160여 개의 매장을 운영 중이며, 이는 전체 매장의 약 13%에 달한다. 또한 2018년 6월에는 전 세계 스타벅스 최초로 'My DT Pass' 서비스를 도입했는데, 이는 스타벅스 선불식 충전카드와 연동해 하이패스처럼 자동결제가 되는 시스템으로 이용자들의 평균 주문 시간을 획기적으로 줄여주었다.

커피가 한국에 상륙한 지 120여 년, 그 동안 우리들은 왕궁에서, 호텔에서, 다방에서, 빵집 등 여러 장소에서 다양한 모습으로 커피를 즐겨왔다. 그리고 다방커피, 믹스커피, 원두커피, 드립커피, 스페셜티커피, 캡슐커피 등 다양한 명칭의 커피를 마시고 있다. 커피숍에 들르는 일은 이제 단순히 향기롭고 맛있는 커피를 마시는 것에서 벗어나 대화를 하고, 공부를 하고, 책을 읽고, 문화를 즐기고, 공간을 향유하는 삶의 중요한 부분으로 자리 잡고 있다. 커피전문점들도 좀 더 독특하고 맛있는 커피의 제공, 고객들의 편의성 향상, 높아져 가는 고객들의 눈높이에 맞추기 위한 다양한 공간의 연출, 흥미로운 프로그램의 제공을 위해 노력하고 있다. 사이렌오더 등 디지털 혁신을 꾸준히 선도하는 스타벅스, 거대한 서재나 공장 같은 느낌의 공간에서 커피의 맛을 제공해주는 테라로사와 앤트러사이트 등, 커피전문점들은 각자의 방식을 통해 우리의 시간과 생활 속으로 더 깊숙히 들어오고 있다.

프랜차이즈
커피전문점 비즈니스

The
RETAIL
BIBLE
2020

최은영

(주)할리스에프앤비 점포개발본부 부장 / 팀장

가톨릭대학교에서 경영학을 전공하고,
한양대학교 부동산대학원에서 석사학위를
취득했다. 대학 졸업 후 (주)비즈하우스/
月刊창업&프랜차이즈, 퀴즈노스서브,
카페네스카페, 할리스커피 등 15년 이상
프랜차이즈 분야에서 재직하며
약 300건 이상의 점포개발 경력을 쌓아온
전문가로 직·가맹로드숍, 특수상권
입찰, 휴게소 입점, 기타 가맹사업 관련
업무 등 다양한 분야의 개발경력을
보유하고 있다. 현재는 할리스에프앤비
점포개발본부 개발팀장으로 재직 중이다.

커피전문점 사업이 쉽다고?

"물장사가 제일 많이 남는다던데 그냥 커피전문점이나 해보려구요."

"6,000원 밥값은 비싸다고 투덜대던 고객이

금세 6,000원짜리 커피를 들고 가는 걸 보면 속에서 불이 납니다.

저도 커피전문점으로 바꿀까 봐요."

커피시장의 규모가 커지고 비교적 오픈이 수월해 보여서인지, 대한민국은 말 그대로 커피전문점 전성시대다.

관세청에 따르면 지난해(2017년) 국내 커피시장의 규모는 약 11조 7,397억 원으로, 3조 원대 중반이던 지난 2007년에 비해 무려 3배 이상으로 성장했다. 우리나라 국민은 1년 동안 1인당 약 512잔, 하루 평균 1.4잔을 마신다는 계산인데, "하루 평균 2~3잔의 커피는 기본이야." 라는 말이 실질적인 경제활동 인구를 고려하면 거짓은 아닌 듯하다. 이

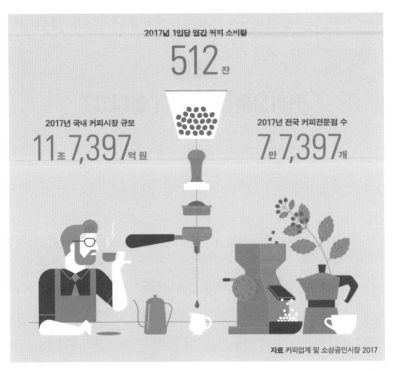

2017년 1인당 연간 커피 소비량

512 잔

2017년 국내 커피시장 규모

11조 7,397억 원

2017년 전국 커피전문점 수

7만 7,397개

자료 커피업계 및 소상공인시장 2017

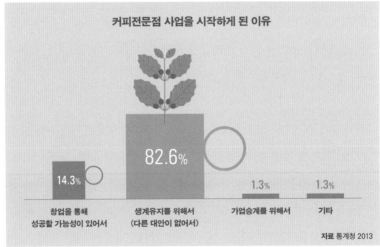

커피전문점 사업을 시작하게 된 이유

14.3%
창업을 통해
성공할 가능성이 있어서

82.6%
생계유지를 위해서
(다른 대안이 없어서)

1.3%
가업승계를 위해서

1.3%
기타

자료 통계청 2013

렇게 커피 수요가 늘어남에 따라 그 시장이 매력적으로 보였는지, 커피전문점 창업 문의는 여전히 뜨겁다. 2018년 현재 대한민국의 커피시장은 폭발적인 성장기를 거쳐 완연한 성숙기로 접어들었다. 몇 년 전만 하더라도 "커피전문점은 여전히 성장 가능성이 충분합니다."라고 자신 있게 말할 수 있었지만 이제는 철저히 사전분석과 준비를 하지 않으면 치열한 경쟁 속에서 실패로 끝날 가능성이 높아졌다.

'편의점'과 '커피전문점' 중 어느 업종의 점포수가 더 많은지에 대한 질문에 10명 중 9명은 주저 없이 '편의점'을 택한다. 거리나 골목마다 보이는 편의점의 수가 커피전문점에 비해 훨씬 많다고 생각하기 때문인데 실상은 커피전문점의 수가 편의점의 두 배가 넘는다. 2017년 말 기준으로 전국 커피전문점의 수는 7만 7,397개이며 편의점 수는 약 3만 800여 개이다.

커피 사랑으로 성장 중인 커피전문점은 자영업 600만 명의 한국 사회에 희망이 될 수도 있지만 경쟁이 치열한 만큼 위기에 봉착할 수도 있다. 통계청 조사에 따르면 사업을 시작하게 된 이유를 묻는 질문에 자영업자들 중 "생계유지를 위해 다른 대안이 없어서"라고 답한 비율이 전체의 82.6%로 압도적 1위를 차지했고, "창업을 통해 성공할 가능성이 있어서"가 14.3%로 두 번째로 많았다. "가업승계를 위해서"가 1.3%로 그 뒤를 이었다.

앞서 결과에서 볼 수 있듯이 대한민국 자영업자의 82.6%가 다른 대안 없이 그저 생계유지를 위해 커피전문점을 창업하게 되었다는 사실은 실로 놀라울 뿐이다. 자신의 특기를 살린 창업이 아니라 어쩔 수 없는 '생계형 창업'이 대부분이다 보니 결과적으로 실패의 확률 또한 높을 수밖에 없다. 이는 아래 통계에서도 확인할 수 있다. 최근 10년간 자영업 신규 및 폐업 현황을 살펴보면 오픈 후 3년 이내에 5명 중 4명은 폐업수순을 밟고 있다. 많은 사람들이 "나는 아닐 거야", "실패는 남의 이야기야"라고 말하지만 그것은 큰 착각일 뿐이다.

최근 10년간 자영업 신규 및 폐업 현황

연도	신규(a)	폐업(b)	자영업 생존률(a-b)/a	자영업 총계
2007	1,060,064	848,062	20.0%	4,526,730
2008	1,011,736	794,131	21.5	4,730,114
2009	963,245	785,786	18.5%	4,890,242
2010	988,058	805,506	18.5%	5,044,701
2011	994,386	845,235	15.0%	5,177,911
2012	956,409	833,195	12.9%	5,283,253
2013	926,588	805,328	13.1%	5,379,731
2014	1,015,619	761,328	25.0%	5,615,468
2015	1,068,313	739,420	30.8%	5,904,201
2016	1,100,726	839,602	23.7%	6,051,032
합계	10,085,114	8,057,593	(평균) 20.1%	

"기계로 커피만 내려주면 되는 거 아닌가요?"

"그냥 커피전문점이나 하나 차려서 관리하는 게 꿈이에요."

지금도 많은 분들이 가볍게 던지는 이야기지만 실제로 커피전문점은 사람들이 생각하는 것처럼 쉽고 만만한 사업이 아니다. 커피전문점은 그야말로 철저한 관리형 사업이다. 내가 바리스타가 되어 커피 향과 음악이 가득한 매장에서 우아하게 에스프레소 샷을 뽑으며 고객과 삶에 대해 이야기를 나누는 모습이 전부가 아니라는 이야기다. 수개월에 걸쳐 공들여 교육시킨 직원이 이제 일 좀 시켜보려 하면 다음날 잠적하는 황당한 상황이 발생하는가 하면, 멀쩡해 보이던 매장이 장마철에 비가 새 물바다가 되기도 한다. 또한 직원이 불친절하다는 앞뒤 없는 고객의 민원에 허리를 굽혀야 하기도 한다. 추운 겨울을 버티고 마침내 성수기가 다가와 장사 좀 해볼까 하면 각종 식품위생검사 대비를 위해 선입선출, 원산지표시 등 수십 가지가 넘는 체크리스트를 매일같이 체크하기도 한다.

커피전문점 오픈 이후 많은 창업자들이 "이렇게 복잡한 것인 줄 몰랐다", "커피전문점 하나 운영하는 데 취급해야 하는 품목이 너무 많다", "생각했던 것에 비해 너무 어렵다" 등등 결코 쉽지 않다는 이야기를 공통적으로 늘어놓는다. 커피전문점을 결코 쉽게 여기거나 만만히 보지 말자. 창업했다 망하는 80%에 속하지 않으려면 철저한 준비와 각오를 가지고 임해야 함을 명심해야 할 것이다.

그래도 창업은 커피전문점

"커피전문점이 이렇게나 많은데 지금 시작하면 막차 타는 거 아닐까요?"

커피전문점 관련 상담을 진행하면서 가장 많이 듣는 질문 중 하나다. 그런데 가만히 생각해보면 2008년에도 위와 같은 질문을 받았고, 2009년에도 그랬다. 사람들은 스타벅스 매장이 200개를 넘어섰을 때 이제 한계에 도달했다고 말했고, 카페베네가 성장하던 2009년~2010년에도 이제 커피시장의 성장은 끝났다고 결론 내린 바 있다. 현재 상황은 많이 다르지만 두 브랜드 모두 매장 수 1,000개를 넘으며 그야말로 폭발적인 성장을 해온 것이 사실이다. 사회생활을 하면서 내내 들어온 말들에 따르면 경제는 매년 불황이었고, 부동산 가격은 매년 최고점이었고, 커피전문점은 늘 포화상태였다.

하지만 세월이 지나고 돌아보면 불황이었던 그때의 경제가 좋았고, 부동산도 최고점이었던 그때 투자를 했어야 했고, 커피전문점도 망설여

지던 그때 그 위치에 차렸어야 했다. 어쨌건 결단을 내리지 못하면, '성공'은 내 차지가 아닌, 늘 남의 몫이었다.

고민은 신중하게 해야 하지만,
시작하려는 용기와 결단력이 없으면 아무 일도 일어나지 않는다.

앞서 커피전문점이 결코 만만치 않다고 했지만 커피전문점은 창업 아이템에 있어 여전히 훌륭한 업종이다. 그 이유 중 하나는 바로 업종의 안정성을 꼽을 수 있다. 2000년대 초반 '안동찜닭'이 전국적으로 대유행했던 적이 있다. 1~2년 사이에 전국적으로 상호만 바꿔가며 10,000개가 넘는 매장이 오픈했었다. 그런데 찜닭 프랜차이즈 본사만

40여 개에 달하던 당시의 그 열기는 어떻게 되었는가? 한바탕 찜닭 열풍의 뒤를 이었던 불닭의 인기는 현재 어떠한가? 그밖에도 실내낚시터, 바다이야기, 쪼끼쪼끼 등 수많은 프랜차이즈가 인기를 끌었지만 명성을 유지하지 못한 채 현재는 사라져 간 추억 속의 브랜드가 되고 말았다.

그에 반해 커피전문점은 어떠한가? 도토루, 자뎅 등의 브랜드가 원두커피를 알린 이후 1998년 창립한 할리스커피와 이듬해 오픈한 스타벅스에서부터 본격적인 테이크아웃 커피시장이 시작되었다. 이후 커피전문점 역시 많은 본사가 생겼다가 사라짐을 반복하고 있지만 스타벅스 또는 할리스커피가 시장에서 사라지게 될까? 물론 본사의 안정성과 운영능력에 따라 이미 사라졌거나 사라지게 될 브랜드는 존재할 것이다. 하지만 커피전문점이라는 업종 자체는 단순한 메뉴에서 벗어나 개인의 취향에 맞춘 다양한 추출법을 활용해 원두의 원산지별 맛과 향을 즐기는 장소로 더욱 성장할 것이다. 따라서 장기적인 운영관점에서 볼 때 커피전문점은 비교적 매력적이라 볼 수 있겠다.

또한 커피전문점은 타 외식업에 비해 비교적 마진이 좋고, 관리가 용이하며 폐업률 역시 상대적으로 낮은 편이다. 치킨전문점 오픈을 준비하던 분이 있었는데 막상 알아보니 40%가 넘어가는 원가율과 낮과 밤이 바뀌는 육체적인 피로감, 배달사고로 인한 두려움, 조류독감 같은 리스크 등으로 업종 자체의 매력은 느끼지만 선뜻 투자가 되지 않는다는 고민을 토로하였다. 이런 이유들로 인해 원가율 30% 수준, 자동화 시스템, 업종 자체의 만족도로 인해 커피전문점의 인기가 여전히 지속되는 것으로 판단된다.

사업자금 먼저 파악하라

"창업 투자금액이 어느 정도시죠?"

vs

"커피전문점 오픈에는 얼마나 필요한가요?"

커피전문점 창업을 하려면 무엇부터 해야 할까? 무엇보다 본인이 투자할 수 있는 자금에 대해 냉정하게 파악한 후 어떤 형태의 커피전문점을 오픈할지 결정하는 것이다. 그런데 예비창업자 대부분의 눈높이는 본인의 사업금액보다 높은 수준에 있다는 것이 함정이다. 그리고 적지 않은 실패의 원인은 바로 여기서 시작된다.

1억 원대 투자 규모의 창업자는 2~3억 원대 매장형 창업에 눈높이가 맞춰져 있고 3억 원대 자금 여력을 가진 사람들은 5억 원대 매장을 오픈하려는 계획을 가지고 있다. 번듯한 매장은 오픈하고 싶지만 자금이 부족한 경우 결국 이면 입지의 애매한 자리에 번듯한 모양새를 만들기 위해 시설비를 쏟아 붓는다. 대출은 늘었는데 결국 평수만 크고 장사는 되지 않는 매장을 오픈하게 되는 오류를 범하고 만다. 같은 커피전문점이라도 위치와 면적 등에 따라 투자금액은 엄연히 다르다. 개인의 투자여력은 대체로 정해져 있는 만큼 무엇보다 본인의 투자 가능 자금을 기준으로 역산해 적정 규모와 상권 등을 결정하는 것이 필요하다. 커피전문점 오픈을 준비하는 예비창업자들은 결코 욕심을 부리지 말고 냉철하게 현실을 직시하는 자세가 필요하다.

사업자금의 기준은 3억 원

창업을 위한 사업자금이 3억 원 미만이면 테이크아웃 커피전문점, 그 이상이면 매장형 커피전문점으로 방향을 잡고 준비한다. 사업자금은 2억 5,000만 원인데 40평대 매장을 원하면 곤란하다. 40평대 매장은 인테리어와 다양한 시설비로 평균 2억 원 정도가 소요된다. 그렇다면 나머지 5,000만 원으로 점포를 얻어야 하는데 이 금액으로 점포를 얻다 보면 이면도로에 있는 보증금 5,000만 원짜리 매장에 시설투자를 하게 된다. 강남 한복판의 40평 매장이나 지방 소도시의 40평 매장이나 매장 평수가 같으면 위치에 상관없이 투자비의 절대금액은 같다. 그래서 상권력이 중요한 것이다. 같은 금액을 투자해도 상권력과 입지가 좋은 곳은 그만큼 매출이 높고 수익률 또한 좋다. 너무 당연한 요소임에도 이를 간과하는 것이 현실이다.

테이크아웃형 vs 매장형 커피전문점 비교

	테이크아웃 커피전문점	매장형 커피전문점
점포보증금	5,000만 원~1억 원	1억 원 이상
인테리어 외	2억 원 미만	2억 원 이상
매장규모 (전용면적기준)	20평 미만	40평 이상
예상매출	목표매출 최소 2,500만 원	목표매출 최소 4,500만 원
브랜드	이디야, 공차, 매머드 메가커피, 디초콜릿커피& 외	할리스, 투썸플레이스, 탐앤탐스, 엔젤리너스, 파스쿠치 외

⑨ 3억 원 미만은 테이크아웃 커피전문점

매장에서 직접 근무하며 본인의 인건비를 수익금으로 가져가는 형태

3억 원이라는 금액은 실로 어마어마한 금액이다. 3억 원을 모으려면 매월 100만 원씩 저축을 해도 꼬박 25년이 필요하다. 누구에게는 크지 않은 금액일 수 있지만, 누군가에게는 평생을 모아야 하는 금액이다. 이 토록 큰 금액임에도 부득이하게 자금이 부족하다고 말씀드려야 할 때가 제일 난처하다.

테이크아웃 커피전문점의 가장 이상적인 형태는 점포비용을 포함해 2억 원대, 혹은 그 미만의 투자금액으로 부부가 함께 일을 하며 두 사람 인건비로 500~700만 원 내외의 수익금을 가져가는 것을 기본골자

로 준비하는 것이 맞다. 만약 테이크아웃 전문점임에도 직원을 고용해 관리만 할 경우, 남는 것이 거의 없다고 보면 된다. 물론 병원 내 키오스크 매장이나 역사, 휴게소, 공항 등 부스 형태로 고매출을 올리는 매장은 예외가 될 수 있겠지만 일반적인 테이크아웃 커피전문점은 원가율이 높고 매장 좌석이 부족해 매출액의 한계가 있다. 이런 이유로 직원을 고용한 후 관리만 해서는 적정 수익률을 가져갈 수가 없는 것이다.

테이크아웃형 커피전문점은 저렴한 임차료와 초기 투자비를 전제로, 유동인구가 많은 입지에 객수(점포 내방객수)를 높인다는 콘셉트를 잡고 준비해야 실수가 없다. 이 경우 점포 비용에 권리금까지 발생할 가능성이 높은데, 일부 권리금을 주더라도 좋은 상권과 입지에 계약하는 것이 장기적으로 안정적인 매장 운영이 가능한 구조라 하겠다.

3억 원 이상은 매장형 커피전문점

직원을 고용해 매장을 관리하고 투자 대비 적정 수익을 가져가는 형태.
본인이 직접 매장근무를 할 경우 수익률 또한 좋아짐

사업자금이 2억 원대인데 30~40평 규모의 매장을 조사하고 다니는 등의 수고는 하지 않는 것이 좋겠다. 매장형 커피전문점은 최소 3억 원 이상의 자금이 필요하기 때문이다. 물론 그보다 적은 투자로 고매출 매

장을 운영하는 분들도 계시겠지만 그것을 업계에서는 예외 또는 운이라고 표현한다. 이 책에서는 보편타당한 가이드라인을 제시하고자 한다.

3억 원대 이상이면 창업자 자신이 관심을 둔 상권의 45평 규모 매장을 찬찬히 살펴보는 것이 그 시작이다. 조사하다 보면 누가 봐도 좋은 자리는 권리금이 높고, 권리금이 없는 자리는 상권이 좋지 않거나 상대적으로 임대료가 높을 것이다. 창업을 준비할 때는 계속 다리품을 팔고 여기저기 다니면서 최상의 입지를 찾는 것이 우선이다. 상권, 입지에 있어 희망고문은 버리고 냉철하고 객관적인 판단력을 아낌없이 발휘해야 한다.

3억 원대 사업자금의 약점

　커피전문점 창업에 있어 가장 애매한 규모가 바로 3억 원대 사업자금이다. 5억~10억 원 정도의 자금으로는 수익률이 강력한, 안정적인 매장을 오픈할 수 있다. 3억 원대 자금은 결코 적은 금액은 아니지만, 막상 커피전문점 오픈을 준비하려면 이도저도 아닌 애매한 규모가 된다. 눈높이는 번듯한 대형매장에 맞춰져 있고, 눈높이에 맞추려면 자금이 부족하고, 테이크아웃 전문점을 시작하려니 고생할 일이 두렵다. 이런저런 고민을 하며 상대적으로 임대료가 저렴한 지역으로 조금씩 뒷걸음질 치다 보면 안정적인 성공에서도 점점 멀어지는 결과가 될 확률이 높다.

첫째도 상권, 둘째도 상권

창업에 있어 교과서처럼 듣게 되는 말이 바로 "성공하려면 상권분석이 중요하다."는 것이다. 하지만 막상 실전 단계에서는 어느 누구도 커피전문점 상권분석의 기준에 대해 명확히 알려주지 않는다. 그로 인해 많은 사람들이 실패를 했고 그 실패는 곧 금전적 손실로 이어졌다. 필자가 몸담고 있는 브랜드는 현재 약 550여 개의 매장이 있고 이중 120여 곳의 매장을 직영점으로 운영하고 있다. 직영점은 본사가 직접 투자하고 수익을 가져가는 형태로 개인이 운영하는 가맹점과는 구별 된다. 직영점의 경우 본사의 수익과 직결되는 만큼 여러 전문가들과 관련 부서에서 철저한 상권분석을 거쳐 의사결정을 하게 된다. 하지만 아무리 직영점이라도 100퍼센트 성공하는 것은 아니다. 여러 전문가들이 집중해도 실패할 확률이 있는 만큼 처음 시작하는 개인의 리스크는 더 클 수밖에 없다. 이곳에서는 상권분석은 무엇이고, 입지분석은 어떤 것인지 간략하게 정리를 해보도록 하겠다.

상권은 내 매장에 올 수 있는 유효고객의 범위라고 보면 되고, 입지는 그 상권 내에서 내가 들어가고자 하는 특정위치라고 생각하면 된다. 간단히 말해 상권은 원의 개념이고 입지는 점의 개념이다.

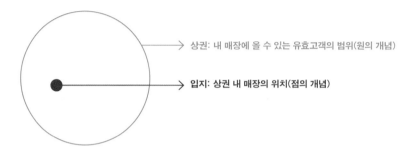

상권은 크기 또는 거리, 환경에 의해 다음 페이지의 표와 같이 분류한다. 그런데 이런 분류에 정답은 없다. 본인이 중요하게 생각하는 기준에 맞춰 그 유효고객의 특징을 분석하고 분류하면 그것이 상권의 분류가 되는 것이다. 분류들에 대한 내용을 꼼꼼히 읽어보면서 내가 관심 있는 후보점이 어디에 속하는지 짧게나마 고민해보는 시간을 갖는 것이 좋다.

본인이 입점하고자 하는 곳이 오피스 상권인지, 주택가 상권인지, 오피스 상권 중에서도 대형 상권인지, 소형 상권인지 등 다양한 각도에서 분석해보고 창업을 준비하는 것이 필수적이다.

크기에 의한 상권 분류

대형상권	국내의 100대 상권으로 상권의 일매출이 10억 원 이상이고 유동인구가 1만 명 이상인 상권
중형상권	중형 프랜차이즈 음식점이 위치하는 상권으로 대형상권을 제외한 상권
소형상권	배달전문 프랜차이즈 치킨점 등이 위치한 상권으로 대/중형 상권을 제외한 상권

거리 또는 고객의 비율에 따른 상권 분류

1차상권	점포 매출액의 60~70%를 구매하는 소비자가 거주하는 지역 소비자의 방문 빈도가 월 1회 이상인 지역 점포로부터 반경 500미터 이내의 범위
2차상권	점포 매출액의 20~30%를 구매하는 소비자가 거주하는 지역 소비자의 방문 빈도가 분기 1회 이상인 지역 점포로부터 반경 1,000미터 이내의 범위
3차상권	점포 매출액의 10%를 구매하는 소비자가 거주하는 지역 소비자의 방문빈도가 연 1회 정도인 지역 점포로부터 반경 1,000미터를 초과하는 범위

환경에 의한 상권 분류

사무실 상권	관공서나 회사원이 고객의 주류층을 이루는 지역 점심시간과 퇴근시간에 고객이 많음 평일에 비하여 주말에는 고객이 현저히 감소
주택가 상권	주로 거주지역에 위치한 상권 평일에는 주부, 주말에는 가족 중심의 영업이 이루어짐
번화가 상권	주변 집객시설(극장, 쇼핑몰, 유흥업소) 등을 이용하는 고객 소비성향이 강하고 소비연령대가 다양한 지역
역세권 상권	전철/기차역 주변에 형성된 상권 유동인구가 많고 시간적인 제약이 많아 빠른 서비스가 이루어지는 지역
대학가 상권	대학교 주변에 형성된 지역 고정고객이 많고 가격에 민감한 상권 주말/주중 차이가 많고 방학기간에는 매출감소가 현저함
교외 상권	주 5일 근무로 인하여 성장하는 상권 자동차를 보유한 중장년층이 주고객 가격에 둔감하지만 날씨 등의 영향이 큼

출처 창업성공을 위한 상권분석, 김영갑

📍 상권분석 입문

　상권분석을 하려면 무엇보다 부지런히 데이터를 수집해야 한다. 데이터 수집이라고 하면 간단하게 여길 수도 있지만 실제로 이 과정은 결코 쉽지 않다. 공인중개사의 말만 믿거나 그냥 직감으로 덥석 임대차계약을 해놓고 나중에 후회하는 경우도 상당히 많다.

　2000년대 초반에만 해도 상권분석이라고 하면 시간대별, 성별, 연령별, 요일별, 날씨별로 유동인구를 일일이 계수기로 셌고, 상권 내 모든 업종을 조사한 후 하나씩 지도에 수기로 표시해 입점 현황을 만들었다. 경쟁점의 예상매출은 내점 고객수를 체크해 추정하기도 했다. 이 때문에 분석이 정확하지도 않았고 많은 시간이 걸렸다. 하지만 시대가 바뀌었다. 창업 실패의 이유로 남의 탓, 데이터 부족을 탓하기에는 상권 데이터가 넘쳐난다. 2018년 현재 위성맵을 통하면 원하는 상권의 현황도를 한눈에 볼 수 있고, 내비게이션만 있으면 원하는 곳을 헤매지 않고 돌아볼 수 있다. 클릭 한 번으로 내가 원하는 상권의 거주 인구수, 업무 인구수, 업종별 현황, 경쟁점 현황 등을 비교적 정확하게 파악할 수 있다. 더욱 중요한 것은 커피전문점이 붐을 이룰 때 생겨난 매장들의 운영기간이 5년을 넘기는 시점이 도래하면서 이미 많은 상권의 브랜드별 커피 매출 데이터가 축적되어 있다. 다시 말해, 알고자 한다면 어떤 정보든 쉽게 접할 수 있다는 말이다.

우선 각 지역별 시, 군, 구청 홈페이지에 들어가서 입점하고자 하는 상권의 인구수, 성별, 나이대별 각종 통계를 자세히 살펴보자. 소상공인시장진흥공단 상권정보시스템(sg.sbiz.or.kr)에 접속하면 거주인구의 기본 데이터뿐만 아니라 업종 분류별 분포 현황, 창업 및 폐업률, 유동인구 현황을 친절하게 알려준다. 물론 데이터가 있어도 그 데이터를 해석하는 것이 쉽지만은 않다. 결국 그 데이터를 해석하고 분석하는 것은 바로 상권개발자의 몫일 것이다. 창업자 본인이 이도저도 안 된다면 전문가에게 도움을 청해 의견을 나눌 것을 권한다. 수집한 상권 데이터에 대한 충분한 해석을 들을 수 있을 것이다.

소상공인상권정보 시스템 http://sg.sbiz.or.kr 의 이용

위 홈페이지를 통해 회원가입을 한 후 상권분석을 클릭하고 원하는 지역을 대상으로 거리 설정, 또는 직접 상권을 다각으로 설정해 분석 결과를 숙지해보도록 한다. 처음에는 익숙지 않아 어렵게 느껴질 수도 있지만 쉽게 포기하지 말고 익숙해질 때까지 꼼꼼히 살펴보는 게 좋다.

이 시스템은 매년 데이터가 업데이트되며 무엇보다 빅데이터를 기반으로 하는 만큼 정확한 결과물을 보여준다. 다만 데이터만으로 충분한 것이 아니라 그것을 분석하는 능력 또한 필요로 한다. 데이터를 파악하는 것이 쉽지 않은 만큼 반복적인 노력을 기울여야 한다. 주변의 다양한 의견도 도움이 되겠지만 객관적이고 과학적으로 검증된 데이터를 더 신뢰하는 자세가 중요하다.

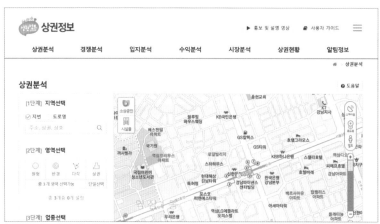

상권분석시스템 지도 설정 화면

상권 내 상주인구 ^{1차 고객} 조사

우선 후보점이 들어가는 시·군에 대한 거시적인 조사를 실시한 후 유효고객의 최대치가 어느 정도인지 가늠해 본다.

후보지점 입점 상권인 오산시

오산시의 인구 및 산업경제 현황

오산시의 한 후보점(현재 할리스커피 오산대역 DT점)을 토대로 한 분석을 살펴보자. 오산시 인구 및 동별, 성별, 연령대별로 1차 조사를 진행해 상권력은 어떤지, 유효고객은 존재하는지 등을 살펴본다. 데이터 수집과 자료 분석은 모두 오산시 홈페이지를 통해 진행되었다.

오산세교택지개발지구 산업단지 현황

배후세대 현황 유효상권 기준

이후 후보 상권의 집객요소, 향후 발전 방향, 주거상권의 세대수, 주택가격 등을 조사해보면서 상권력을 판단해 보도록 한다.

경쟁점 조사

상권조사 시 필요한 항목 중 하나가 경쟁점 조사이다. 후보 상권 내 동종업종의 개수가 얼마나 되는지, 직접 경쟁점의 매출 규모는 어느 정도 되는지 반드시 조사해본다. 브랜드커피 매장일 경우 본사에 문의해 후보점에 관한 상담을 받는데 이때 매출 규모에 대해 문의하면 브랜드 담당자들이 다양한 정보를 바탕으로 매출 등을 상담해준다. 요즘은 대부분의 매장이 POS 시스템*을 사용하기 때문에 비교적 정확한 자료를 조사할 수 있다. 만약 이도저도 여의치 않다면 매출이 궁금한 매장에 하루 종일 앉아 직접 체크를 해보는 것도 방법이 될 수 있다. 어떤 시각에서는 주먹구구식으로 볼 수도 있지만 이 정도의 열정과 성의는 창업에 있어 가장 기본적인 요소이다. 대가를 치르지 않고 쉽게 얻을 수 있는 것은 아무것도 없다. 발품을 팔고 시간과 노력을 투자해 창업 성공에 한 발짝 다가서도록 하자.

---

*POS 시스템 상품이 판매된 시점에서 상품명, 가격 등의 정보를 기계로 판독해 데이터화하는 시스템.
**렌트프리 인테리어 공사 등의 이유로 약정기간 동안 무상으로 공간을 사용하는 것.

상권분석의 예시
할리스커피 역삼테헤란점(2018년 8월 2일 오픈)

1. 후보점 개요

후보점 소재지, 임차조건, 소유주, 면적, 형태, 계약기간, 오픈 일정, 렌트프리rent-free[**]
등 후보점에 대한 전반적인 개요를 작성한다.

2. 상권 내 시세 현황

후보점과 동일 상권 내 임대시세를 평수, 보증금, 임차료, 관리비 등의 항목으로 조사한
다. 직접 부동산 주변 상점을 방문하는 등 직접 발품을 팔아 정보를 수집해 내가 입점하
려는 곳의 임대시세가 턱없이 높은 것은 아닌지, 시세에 비해 저렴한지 또는 비싼지 여부
를 파악해야 한다. 필자 역시 다양한 브랜드 담당자를 만났으며 여러 부동산을 탐문하고,
인근 건물관리소 등에 문의함으로써 국기원부터 역삼역에 이르는 1층 매장의 임대시세를
모두 파악했다. 가만히 있으면 누가 가르쳐주지 않는다. 열심히 뛰고 조사해야만 원하는
정보를 얻을 수 있다.

3. 상권 내 경쟁점 현황

스타벅스나 커피빈처럼 강남권에서 특히 강세를 보이는 경쟁점 조사에 중점을 두었다. 브
랜드 현황 파악을 위해 강남역에서 삼성역에 이르는 테헤란로의 모든 매상을 파악해 데이
터로 구축했다.

① 스타벅스 P&S
② 롯데리아
③ 엔제리너스
④ 던킨도넛
⑤ 디초콜릿&
⑥ 엔제리너스
⑦ 할리스 국기원
⑧ 커피빈
⑨ 스타벅스 리저브

4. 후보점 입지분석

후보점 개요, 평면도, 전면의 길이, 현장의 특성, 공사 이슈, 인테리어 예상 투자비 등 입지
와 관련된 사항을 정리하여 분석해 상세한 자료를 작성한다.

5. 후보점 상권분석

상권 내 1차 고객(아래), 직장 인구수, 유동인구, 소득 형태, 요일별 지수(아래), 차량 통행량 등 다양한 데이터를 수집해 분석하였다.

6. 상권 내 1차 고객 조사

국기원사거리부터 역삼역까지 건물 현황을 파악하고 상주인원 및 점포시세 등을 조사한다.

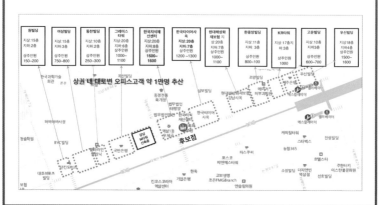

7. 상권 내 요일별 매출

분석 결과 후보점 상권은 매출이 평일에 집중되고 주말에는 한가한 전형적인 오피스 상권임을 알 수 있다. 오픈 후 데이터를 살펴보면 아직은 초기단계지만 주말은 평일 대비 약 30% 수준의 매출이 발생하고 있다.

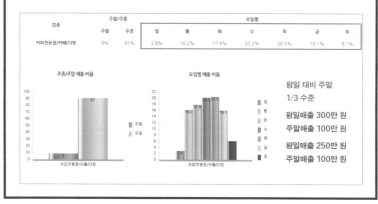

이외에도 상권 내 연령분포도, 소득수준, 업종분포도 등 상권분석 툴을 사용해 다양한 검증을 해봐야 한다. 상권분석에는 더 많은 자료가 사용되지만 자료 공개에 한계가 있는 점은 양해를 구한다. 처음에는 좋은 상권인지 나쁜 상권인지 구별이 어렵지만 반복하다보면 비교하는 기준점이 생기고 데이터를 분석할 수 있는 지식이 축적된다.

 ## 잠재적 경쟁점에 대한 예측·분석

마지막으로 해당 상권에 경쟁점이 들어올 것을 미리 예측하고 그 영향을 분석하는 것이 필요하다. 매출이 하락하는 커피전문점의 운영자 열 사람 중 아홉은 그 이유가 자신의 매장 인근에 경쟁점이 오픈했기 때문이라고 한다. 이 역시 초기 상권과 입지분석을 잘못한 사례이다.

커피전문점이 창업자들에게 인기 아이템임을 고려할 때, 내 매장의 매출이 좋다면 100% 인근에 경쟁점이 들어올 것을 예상해야 한다. 커피전문점뿐 아니라 모든 창업에 있어 이 점을 전제로 입지를 선정해야 된다. 또한 15평 미만의 소형 커피전문점이라면 무조건 고객의 주동선 상에 위치하는 입지를 잡아야 한다. 권리금을 더 주더라도 주동선, 유동인구가 많은 곳에 입지하는 것이 향후 내 매장을 방어할 수 있는 최선의 방법이다. 만약 권리금이 비싸다는 이유로 주동선상에서 벗어난 곳에 매장을 얻은 후 오직 커피 맛으로 승부해 고객을 끌겠다고 생각한다면 순진하거나 어리석은 판단이 되기 쉽다. 여기저기 생기는 저가형 매장들과 과다경쟁을 벌이며 나눠 먹기식의 상권만 형성될 뿐이다.

다시 강조하지만 작은 평형대의 테이크아웃 커피전문점은 독점권을 가진 특수상권을 제외하고는 고객의 주동선에 위치한 곳에 매장을 오픈하는 것만이 답이다. 반면 60평대 이상의 대형 매장이라면 주동선상의 입지보다 매장 자체의 매력도가 중요하다. 내 매장의 매력도보다 더 높은 매력도를 가진 매장이 추가로 들어올 여지가 있는지 주변 입지에 대해 철저한 조사가 필요하다. 이런 매장의 경우 결국 매장 규모, 테라스, 외관, 주차 등이 핵심요소가 되는 만큼 상대적으로 인테리어와 시설에 걸맞은 투자를 해야만 한다. 매장에 시설투자를 많이 하는 경우라면 투자비 회수기간이 높아지는 만큼 임대차계약 시 안정된 조건의 장기계약을 체결하는 것이 필요하다.

첫째도 입지, 둘째도 입지

앞장에서는 상권에 대해 알아보았다. 이번 장에서는 입지에 대해 본격적으로 살펴볼 텐데 앞서 언급했지만 상권은 원의 개념, 입지는 점의 개념으로 이해하면 된다. 원의 개념인 상권조사를 통해 후보점이 들어갈 상권의 매력도를 파악했다면 그 상권 내 어느 위치로 들어갈 것인지를 꼼꼼히 따져나가는 작업이 입지분석이라 하겠다.

입지에 대한 이해와 오해 Check-Check	
A급 상권 안에 있으면 매출도 A급이다	D급 상권 안에 있으면 매출도 D급이다
상권 내 A급 입지이면 매출도 A급이다	상권 내 D급 입지이면 매출도 D급이다

⬤ 유동인구 조사

최근 차량에서 직접 구매하는 드라이브 스루 시스템을 도입한 매장과 주차장을 갖춘 단독건물 형태의 매장이 인기를 끌면서 유동인구가 매출의 절대기준이 되지는 않는다는 의견도 대두되고 있다. 하지만 여전히 유동인구 조사는 상권조사에 있어 기본 중의 기본이라고 봐야 한다.

유동인구 조사 시에는 대충 눈대중으로 "지나가는 사람이 많다." 또는 "사람이 별로 없는 것 같다." 이런 식으로 안이하게 생각하지 말고 반드시 정확하게 숫자를 세면서 데이터를 수집해야 한다. 또 데이터를 수집할 때는 시간대에 따라 유동인구, 성별, 연령별로 구분해 기재해야 하지만 현실적으로 쉽지 않은 만큼 우선 분당 유동인구 수를 세보고 유동인구 중 남성이 많은지 여성이 많은지, 여성이 많다면 젊은 친구들이 많은지 나이가 지긋하신 분들이 많은지 등을 확인하며 그 특징을 살펴보도록 하자.

A급지	B급지	C급지
1분당 60명 이상	1분당 40명~60명 내외	1분당 30명 미만

♀ 접근성

　접근성의 개념은 말 그대로 내가 계약하고자 하는 후보점의 심리적, 물리적 거리이다. 접근성이 좋은 매장을 두고 일반적으로 자리가 좋다, 입지가 좋다고 말한다. 접근성이 좋으면 상권 내 유효고객의 입점 확률이 높아지고 그것은 곧 매출과 직결되기 때문이다. 물론 접근성이 떨어져도 장사가 잘되는 집도 있다. 예전부터 소문난 맛집의 경우에는 뒷골목에 위치해 있어도 굳이 고객들이 찾아가 줄을 서서 먹는다. 하지만 프랜차이즈의 경우에는 브랜드의 경쟁력도 중요하지만 무엇보다 매장 자체의 접근성이 좋아야 안정적인 매출을 기대할 수 있다. 경쟁점과의 싸움에서 승리하려면 입지 자체의 우월적 요소가 반드시 있어야 한다. 그래야 경쟁력을 바탕으로 장기적인 운영이 가능하다.

접근성이 좋은매장	접근성이 떨어지는 매장
횡단보도 앞에 위치한 매장 전면이 8m 이상인 매장 코너에 위치한 매장 넓은 주차장을 보유한 매장	바로 앞에 높은 계단이 있는 매장 전면이 가로수 등으로 가려지는 매장

매장평수/좌석 수

커피전문점을 준비하는 경우에는 내가 원하는 매장의 정확한 평수를 인지해야 한다. 점포를 보러 가면 임대인에게 몇 평인지 듣고 부동산을 통해 몇 평인지 다시 확인해도 실제로 계약 후 실측을 해보면 계약 시 들었던 평수와 차이 나는 경우가 종종 있다. 전체 매장에서 몇 평의 차이가 큰 문제가 되겠냐고 생각할 수도 있지만 그것은 큰 오산이다. 매장의 넓이가 1평 줄어들 때마다 1.5개의 테이블이 사라진다고 생각하면 된다. 테이블이 줄어든다는 것은 피크시간에 방문한 고객이 앉을 자리가 없어 다른 매장으로 간다는 이야기가 된다. 매장의 넓이는 바로 매출과 직결되는 것임을 인지해야 한다. 몇 해 전 96평짜리라고 소개받은 매장을 둘러보니 좀 작은 듯했지만 임대인 측에서 정확하다고 여러 번 강조해 계약을 체결했다. 그런데 막상 계약 이후 실측해보니 평수가 83평밖에 되지 않아 난처한 상황에 처한 적이 있다. 물론 계약서에 전용평수를 기재하고 날인했기 때문에 이 부분을 문제 삼아 계약을 해지할 수도 있었지만 상권과 입지가 뛰어난 매장이어서 임대료를 하향 조정 후에 매장을 오픈하는 것으로 정리했다. 부동산이나 건물주의 말을 무조건 신뢰하기보다는 본인이 직접 확인해보고 결정해야 실수가 없다. 도장을 찍고 계약금을 입금하는 그 순간부터 매장에서 발생하는 모든 일들은 고스란히 내 책임임을 잊지 말자.

📍 기타 체크사항

① 천정 높이가 대체로 3.8m 이상이면 매장이 넓어 보이는 효과가 있어 똑같은 인테리어를 하더라도 동일평수 대비 시원하고 보기에도 좋다. 반대로 천정 높이가 2.8m 미만이라면 다른 매장을 찾아보는 것이 좋다.

② 전면 길이(간판 길이)가 8m 이상이면 가시성이 좋은, 우수한 입지 조건이라 할 수 있다. 반대로 전면 길이 4m 미만의 매장은 지양하는 게 좋다.

③ 넓은 주차장은 도심형 매장에서는 덤이고, 도심 외곽형 매장에서는 필수이다. 차량을 이용하는 고객이 늘어나면서 드라이브 스루, 드라이브 인Drive-in 등 편리한 주차 시스템을 갖춘 매장이 경쟁력에서 앞서고 있다. 무엇보다 주차장을 갖춘 매장은 단독건물이거나 대형인 경우가 많아 노출도가 좋고 점포의 입지적 매력이 상승한다. 이런 경우 상권의 범위도 넓어지고 매출도 비교적 안정적이다. 나머지는 동일한 조건의 경우, 주차장을 갖춘 매장들의 평균 매출이 그렇지 않은 매장에 비해 높게 나타난다. 초기 투자금액이 상대적으로 높지만 이런 매장의 입지는 임차료가 낮은 경우가 많아 오히려 수익률 면에서는 유리하다. 투자비가 높은 매장들은 계약기간을 길게 가져가야만 감가상각에 대한 부담을 줄일 수 있다.

임대차계약 시 필수 체크사항!

앞서 이야기한 상권, 입지분석은 커피전문점 오픈을 위한 사전작업이라 보면 되고 어느 정도 결정이 되었다면 실무적으로 반드시 체크해야 하는 부분이 있다. 임대차계약을 준비하다 보면 건물 및 토지 등기부등본 같은 공부서류 확인이나 임차료 협상을 비롯해 서류적인 부분을 가장 중요하게 여긴다. 하지만 실제로 매장 오픈을 준비하는 과정에서 보면 더 중요한 것들이 있다.

커피전문점 오픈은 앞에서도 언급했듯이 적게는 5년, 길게는 10년을 보고 운영해야 하는 사업 중 하나이다. 창업 상담을 하다 보면 등기부등본을 한 번도 열람한 적이 없는 분들도 종종 있는데 이런 경우 대부분 남의 말만 믿고 계약했다 어려움을 겪기 쉽다. 계약에서의 실수는 곧 금전적 손실을 의미한다. 그래서 계약서가 중요하다고 말하는 것이다. 말로 주고받은 협상은 아무런 의미가 없다. 특정한 내용에 대해 협의한 부분이 있다면 계약서에 무조건 특약사항으로 명시를 해둬야 한다.

한 예비 창업자가 건대입구에 좋은 자리를 봐두었다며 임대차계약을 진행하겠다고 상의를 요청해왔다. 이미 커피전문점 운영 경험이 있어 매장 선택은 충분히 잘하셨을 거라 생각했다. 그런데 "임차조건은 어떻게 되나요?"라는 내 질문에 머뭇거리던 그 분은 "보증금 1억 원에 임차료 600만 원. 권리금이 5억 원입니다"라고 답을 해왔다. 대형 평수의 매장 오픈도 많이 경험해봤지만 권리금 5억 원은 계약은커녕 생각해본 적도 없는 수준이었다. 결국 계약 상담으로 시작한 자리는 계약을 말리는 자리가 돼버렸다. 물론 유동인구가 넘쳐나는 좋은 입지인 건 맞지만 권리금 액수가 해당 상권의 평균 수준에 비해 지나치게 높았고 건물도 심하게 노후화된 탓에 인테리어 등 초기 투자금액만도 생각보다 많이 들 거라는 염려 때문이었다. 그러나 그분은 직접 장사를 해본 사람과 안 해본 사람의 차이라며 권리금은 분명히 제값을 하고 나중에라도 회수가 가능하니 전혀 걱정할 것이 없다고 했다. 심지어 임차료가 저렴하니 높은 수익률을 올릴 수 있을 것이라고 아무 걱정하지 말라며 오히려 필자를 안심시키려 했다. 그때 나는 마지막으로 꼭 계약서에 명기해야 한다고 한마디 조언을 건넸다. 그렇게 해서 특약 조항으로 추가한 문구가 바로 아래 조항이다.

본 권리계약은 임대차계약이 정상적으로 체결되지 않을 경우,
상호간 위약금 없이 해지하는 것으로 한다.

그 분은 위의 조항이 추가된 계약서를 작성한 후 권리계약금으로 5,000만 원을 바로 입금했다. 권리계약 이후, 그 다음 단계인 임대차계

약을 위해 임대인을 만났는데 임대인은 보증금 1억 원, 임차료가 600만 원인 현 임차조건에 임대료 200만 원을 상향 조정하여 800만 원을 받는 조건을 내세웠다. 오랫동안 영업했던 곳이라 지난 5년간 한 차례도 임차료를 인상하지 않았고 주변 시세보다 저렴하다는 이유였다. 기존 세입자는 이미 권리금 계약으로 5,000만 원의 계약금을 받았고, 임차료가 저렴한 편이니 좀 올려서 계약하는 것이 당연하다는 입장만 고수하였다. 그때부터 시작된 기존 세입자, 그와 한편이 된 부동산과의 다툼이 시작되었다. 최초 이야기된 임대차 조건을 벗어났기 때문에 특약에 명시한대로 계약을 해지하겠다고 의사표시를 했지만 기존 세입자는 이미 체결된 계약이니 돌려줄 수 없다는 대답만 반복했다. 말로는 해결이 나지 않아 작성된 계약서를 토대로 변호사를 통해 내용증명을 발송 했고, 수많은 다툼이 오간 지 두 달 만에 계약금 5,000만 원을 돌려받을 수 있었다.

만약 한 문장을 추가하지 않았다면 보증금과 임차료를 건물주가 원하는 대로 올려주고 계약을 진행하거나, 계약자와의 다툼이 쉽게 끝나지 않았을 수도 있었다. 그러나 그 문장 한 줄로 모든 분쟁은 완벽하게 정리가 된 셈이다.

권리금이 있는 계약 시 주의해야 할 사항은 권리계약과 임대차계약은 완전히 다른 계약임을 명심해야 한다. 권리계약을 체결하고 기존 조건을 그대로 승계한다고 해도 실제 진행은 처음 예상과 다르게 진행되는 경우가 많다.

잔금일 결정의 중요성

보증금 잔금일의 결정은 임대차계약에 있어 의외로 중요한 부분이다. 그냥 임대인과 협의해 결정하면 된다고 간단히 여길 수 있지만 아무 생각 없이 계약서에 도장을 찍었다가는 금전적인 손해를 입을 수 있다. 보증금 잔금일은 다른 말로 표현하자면 잔금일 익일부터 임차료가 발생한다는 의미이다. 그래서 임대차계약 시 오픈 일정에 대해 미리 계획을 세운 후 잔금기간을 명시하는 것이 좋다.

"기존 세입자가 한 달 있다가 나가기로 했으니 그 날짜로 맞춰주세요", "지금 공실이니 바로 들어와서 영업해도 됩니다." "계약과 동시에 잔금 치루고 바로 인테리어 시작하세요"

그러나 이런 이야기들은 임대인의 생각일 뿐 현실과는 다르다.

가맹 상담을 진행하면서 안타까운 경우가 종종 있는데 바로 임대차계약을 미리 체결한 후에 프랜차이즈 회사에 의뢰하는 분들이다. 이런 경우는 맞출 수도 없는 일정으로 잔금일을 결정해 놓고 오픈일을 맞춰 달라고 사정하는 경우인데 인테리어 실측부터 설계, 디자인 작업은 절

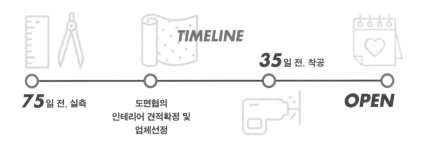

대적인 기간이 필요하니 이런 기간들을 고려하여 잔금일을 결정하는 것이 좋다. 브랜드 커피전문점은 대체로 계약 이후 오픈까지 최소 약 2달의 기간을 필요로 한다.

공사기간은 '렌트프리' 받기

커피전문점은 현장 여건에 따라 다르겠지만 착공 후 오픈까지 최소 35일은 잡아야 한다. 공사기간 동안에는 매출이 없고 수익이 0원일 수밖에 없는데 임대차가 시작되었다고 임차료를 지급하는 것은 상당히 부담스러울 수밖에 없다. 이 부분은 계약의 주요 협의사항으로, 임대차계약 전에 임대인에게 요구하고 계약서에 특약으로 명시하도록 한다. 렌트프리를 받지 못하면 그 다음 튀는 불똥이 '인테리어'다. 인테리어 공사 스케줄을 5일만 당기라거나, 야간공사를 해야 한다는 그런 구시대적인 요구는 하지 말자. 인테리어 공사를 무리하게 앞당기면 나중에 반드시 하자가 발생하고, 그 하자는 고스란히 발주처인 점주의 몫이다. 처음 시작이 불편하면 영업하는 내내 그것을 감수해야한다. 따라서 철저한 준비와 꼼꼼한 체크가 필요하다. 계약을 체결한 이후에는 긴 호흡을 가지고 철저히 스케줄을 관리해야 할 것이다.

전세권, 근저당권 등 담보권 설정은 필수

요즘 대형 커피전문점은 보증금만도 수억 원대에 이른다. 나의 재산권인 보증금을 보호받기 위해서는 전세권 및 근저당권*, 그것도 여의치 않다면 최소 질권** 설정이라도 계약서에 명시하자. 이후 잔금과 동시에 설정 관련 서류를 받는 즉시 신청을 진행해야 한다. 설정 관련 업무는 법무사에게 의뢰해 사전에 필요한 서류를 임대인에게 준비시키고 잔금일에 정확하게 확인한 후 잔금을 지급한다. 최근에는 보증금 잔금 시가 아니라 계약금에도 질권 설정을 한 예가 있다. 아무 일 없겠지, 금액이 적으니 괜찮겠지라는 생각은 금물이다. 금액이 소액이라면 최소 세무서에 확정일자를 받고 임차권 등기를 해두는 것도 방법이다. 특히 등기부상 '을'구에 기재되어 있는 설정 순위, 선순위채권액 등을 살펴보도록 하며 만약 검토가 어려우면 부동산 지식이 있는 지인에게 부탁해 꼭 사전에 체크하도록 한다.

---

*근저당권 계속적 거래계약 등에 의해 발생하는 채권을 일정액 한도에서 담보하기 위한 저당권.

**질권 채권자가 채무자 또는 제3자로부터 담보로 받은 담보 물건을 점유해 변제를 강제하고 불이행시 처분하는 등으로 우선 변제를 받을 권리.

숫자만 넣으면 보이는 마법의 손익법칙

커피전문점 오픈을 준비하면서 어느 누구도 본인이 실패할 거라 생각하며 시작하는 경우는 없다. 하지만 안타깝게도 우리나라 자영업자 중 실패 비율은 80%에 달한다. '나는 다르다'라고 생각하겠지만 아쉽게도 그것이 현실이다. 더 심각한 건 나머지 20%는 성공해 큰 수익을 얻었느냐라고 따져보면 그건 또 아니라는 사실이다. 그냥 내 인건비 정도 가져가는, 한 마디로 말해 손해만 안 보는 집단이라고 생각하면 된다. 그저 냉철하게 생각해야 된다. 나는 아니겠지, 본사에서 추천해준 자리니 대박 나겠지 등의 안일한 생각이 80% 망하는 대열에 끼도록 만드는 것이다.

커피업계에 종사하는 나도 언젠가는 내 매장을 오픈해야지 하는 막연한 기대감으로 분석 작업을 진행하고, 내가 오픈하면 어떨까 하는 생각으로 손익을 계산하고 준비한다. 창업하는 모두가 고민하는 게 바로

"얼마를 투자해 얼마를 벌 수 있는가?"라는 질문이다. 이게 바로 핵심이 아닐까 싶다. 따라서 오픈 전에 냉철하게 투자비용과 예상 매출, 예상 손익을 따져봐야 한다. 이 모두를 따져보고 계산해봐야 합리적인 투자인지를 명확하게 판단할 수 있다. 이 정도면 충분하다는 안일한 생각으로 대부분의 창업자들이 입성하는 실패의 대열에 끼지 말자. 이제부터 언급하는 몇 가지 것들을 숙지해 성공할 수 있기를 희망한다. 손익을 계산하고 예측해보려면 몇 가지 용어에 대한 정의 및 이해가 필요하다. 전문가 집단에서는 어려운 용어를 쓰기도 하지만 누구나 쉽게 이해하는 용어를 사용하도록 하겠다. 제시되는 순서대로 조목조목 체크하도록 하자.

예상 투자비용의 계산

투자비용은 최초의 자금계획과 더불어 향후 매장을 운영하는 손익과도 밀접한 연관이 있기 때문에 사전에 세심하게 체크할 줄 알아야 한다. "나는 인테리어를 몰라요.", "본사 담당자 말만 믿고 했어요." 등등 어떤 변명도 필요 없다. 내가 몰랐기 때문에 생겨난 결과인 만큼 남을 탓하거나 원망할 필요가 없다. 그냥 온전히 내 탓이다. 이제 설명할 계산은 복잡하지 않으니 시도해 보자. 비록 브랜드마다 분류하는 항목이 다르다 해도 총합을 따지면 크게 차이나지 않는다.

보통 상담을 요청하는 분들의 첫 질문은 "커피전문점 하려면 대충 얼마나 들어요?"이다. 그럴 때마다 이렇게 말씀 드린다. "대충 ○○원 정도 들어요." 정확히 실측을 안 하고 디자인작업도 안 한 상태에서 투자 금액을 예상해서 말하는 것이 쉽지는 않지만 이 분야에 오랜기간 몸담고 있다보니 현장을 살펴보면 투자금액을 대략 예측할 수 있다.

평수가 클수록 규모의 경제에 의해 인테리어 단가도 내려가고, 기기장비 비용은 평수에 따른 차이가 크지 않기 때문에 평수가 클수록 단위당 평균 투자비용은 내려가게 된다. 물론 외부를 어떻게 꾸미느냐에 따라, 천정 높이에 따라, 철거 범위는 어떻게 되는지 등 다양한 변수에 따라 투자비가 달라지긴 하지만 아래 평당 금액으로 예상투자비를 산정해보면 크게 무리가 없다.

커피전문점 투자비 공식

항 목		비 율
인테리어		바닥/천정/벽체공사 등 내부공사
인테리어 별도공사		화장실/소방/전기증설/냉난방/계단 등
기기장비	총합	커피머신/냉장/냉동/쇼케이스/제빙기 등
이동가구		이동식 의탁자/붙박이 가구 등
기타비용		부동산수수료/설정비용 등
30~50평대	평당 500만 원	
50~80평대	평당 450만 원	
80평 이상	평당 400만 원	

예를 들어 45평 매장은 대략 2억 5,000만 원 내외의 투자비가 예상된다. 같은 45평이라도 신축건물이라면 2억 원대 초반으로 예상하면 된다. 만약 다른 업종을 인수했을 경우에는 철거비용, 외부공사, 창호공사 등 기타비용을 고려해 2억 3~4,000만 원 내외로 예상하면 된다. 천정 높이에 따라서도 견적이 다르고, 에어컨 실외기 위치에 따라서도 견적이 다르다. 인테리어도 평소에 관심을 가지고 본인의 의견이 있는 분들은 확실히 진행이 원활하고 오픈 후에도 후회가 없다. 창업을 준비하는 분들은 평소에 커피전문점 레이아웃이나 자재, 주방기기 배치 등을 조금 더 유심히 살펴보는 게 좋겠다.

1층 45평 매장의 투자비 산정 예시

$$45_{평} \times 500_{만원} = 2_{억}\ 2,500_{만원}\ (점포\ 비용\ 제외)$$

건물이 신축이라 철거가 없고 외부공사가 특별히 필요치 않은 경우 : 2억 원대 초반
오래된 건물이라 철거 범위가 넓고 전면 외부공사가 필요한 경우 : 2억 3~4,000만 원 내외

만약 예시된 금액보다 많이 높다면 과투자를 의심해보고 너무 낮으면 퀄리티가 낮은 디자인 탓에 경쟁력이 떨어진다고 보면 된다. 인테리어 공사 시 금액을 너무 하향조정해 계약을 체결하면(싸구려 마감재, 인테리어 하자 등) 그 공사비에 맞춘 결과가 나온다. 정말 특별한 경우를 제외하고는 투자한 만큼 그 결과는 눈으로 보여지고 그 결과는 다시 매출액으로 이어진다.

기타비용의 함정

인테리어 견적에 철거공사, 냉난방공사, 소방공사, 전기증설공사, 테라스공사 등이 포함되어 있지 않다면 착공 후 무조건 추가비용이 들어간다고 보면 된다. 투자금 예산이 정해져 있어도 일단 착공에 들어가면 최초 견적에서 산정하지 않은 비용이라며 추가비용을 요구하는 경우가 비일비재하다. 앞서 언급한 공사들은 일단 시작하면 1~2,000만 원은 우습게 올라간다. 최초 견적 산정 시에 위 항목의 포함 여부를 반드시 체크해보길 바란다.

숫자만 넣으면 보이는 손익계산

항목			비율	
원부자재	원자재	커피, 우유, 시럽 외	30%	
	부자재	컵, 뚜껑, 슬리브 외		
일반관리비	공용관리비		1.5%	
전기·수도	전기세, 수도세		3%	
인건비	직원 + 파트타이머		24%	87%
소모품비	매장 비품		2%	
기타비용	카드수수료, 복리후생비, 마케팅비용		6%	
임대료	임대료		15%	
감가상각	투자비 5년 균등 상각		7%	
영업이익	점주이익		12%	

커피전문점을 운영하려면 위의 손익 범위 내에서 모든 것이 맞춰져야 합리적인 매장 운영과 수익구조를 기대할 수 있다. 영업이익이 최소 10% 이상은 되어야 소위 말해 "장사할만하다"라는 이야기가 나온다.

이자비용보다 높은 수익이 임대수익이며, 임대수익보다 높은 것이 내가 직접 장사를 해서 얻는 수익이다. 장사해서 임대수익보다 저조하면 그냥 보유자금을 부동산에 투자하는 것이 여러 모로 편하다. 여기서 주의할 것이 인건비와 임차료인데 자영업을 할 때는 이 부분에 대한 비용 예측이 수익률을 좌우한다고 보면 된다. 원부자재비나 관리비 등은 거의 일정수준 비슷하다. 점주가 직접 일을 하면서 직원 한 명의 인건비를 줄일 수 있다고 하면 위 수익률에서 4% 정도의 추가수익이 생기며, 예상 매출보다 임대료 수준이 높아 임대료 비율이 올라간다면 수익률이 그만큼 줄어들게 된다. 특히 최저임금제가 도입되고 52시간 근무제가 시행되면서 인건비 비율이 최초 예상보다 많이 증가할 것인 만큼 여기서 제시하는 수익구조를 참조해 계산하면 크게 무리는 없다. 예상치 못하게 매출 수준이 떨어지게 되면 위 비용의 비율이 상대적으로 많이 올라가게 된다.

매출액이 예상에 못 미치면 임차료 비율이 올라가고 그에 따라 내 수익은 0, 더 심한 경우 마이너스가 된다. 많은 자영업자들이 '왜 열심히 장사를 해도 남는 것이 없을까?' 하고 의아해하는 경우가 많은데, 현재 매출액 대비 임차료가 몇 퍼센트인지를 계산해 보면 답은 쉽게 나온다. 점포계약 전 상권분석을 통해 예상매출을 예측해보고, 계약하고자 하는 임차료 수준이 15%를 넘어간다면 계약을 포기하거나 협상을 통해 하향조정을 해야 한다. 물론 매출액의 모수가 6,000만 원 이상 되는 규모면 다른 비용들의 비율이 줄어들어 임차료 비율이 다소 높아져도 수익이 나는 구조인데, 3,000~4,000만 원대 자영업자의 경우에는 이 부분을 잘 계산하지 않으면 구조적으로 이익이 날 수 없는 딜레마에 빠지게 된다. 위에서 말한 구조는 개인 자영업을 예로 들었으며 5억~10억대 자금의 법인투자나 대형규모 형태는 다소 달라질 수 있다.

앞서 설명했듯이 수익률은 공식처럼 정해져 있고, 이 때문에 상권조사를 통한 예상매출 산정을 꼼꼼히 해야 하고 일단 창업을 했다면 목표매출을 달성하기 위해 물불 가리지 않고 노력해야 한다.

누구도 가르쳐 주지 않는
커피전문점 창업의 비밀

 숫자 4,500이 갖는 의미

오랜 경험으로 볼 때 월매출액 4,500만 원 이상의 매장을 적정한 임
대료로 운영하시는 분들의 만족도가 가장 높다. 이 매출 범위에 있는
분들은 대개 "매장 하나 더 오픈할까요?", "커피전문점 운영이 생각보
다 괜찮네." 정도의 반응을 보인다. 사실 일매출 100만 원도 결코 쉬운
게 아니다. 실제 일매출 100만 원이 나오는 매장을 방문해 보면 고객도
많고 무척 바쁘게 돌아가는 것을 볼 수 있다. 하지만 남들이 보기와 달
리 바쁘기만 바쁘고 남는 것이 없는 매출이 일매출 100만 원이다. 이
부분을 명확히 인지하고 무조건 4,500만 원 이상의 월매출이 나올만
한 상권, 입지, 매장규모, 테이블 수를 역으로 계산해 하나씩 맞춰나가
야 한다. 고객은 넘쳐나는데 매장이 좁아 고객을 수용할 수 없다면 이

런 고객은 무용지물이다. 적정한 상권에 적정규모로 들어갈 수 있는 안목을 키우는 것이 중요하다.

또한 4,500만 원 이상은 관리형 매장이고 그 이하는 생계형 매장이다. 본인이 투자하고자 하는 매장의 예상 매출이 4,500만 원 기준으로 그 이하면 점주 본인이 직접 매장을 운영, 관리해 인건비를 절감해야 원하는 수익을 가져갈 수 있다. 이 말이 무슨 의미인지 어떤 장사건 시작하기 전에 계속 곱씹어보면서 분석하고 계산해보기를 권한다.

감가상각의 함정

감가상각이란 무엇인가? 사전적 용어는 '고정자산에 투하된 자본가치를 유지하고 이것을 일정한 유효기간 내에 회수하는 회계절차'로 최초에 투자된 비용을 계약기간 내에 월 균등상각하여 비용으로 산정하는 것인데, 많은 분들이 이 감가상각을 수익으로 간주하는 경우가 있다. 감가상각은 '비용'이다. 착각하지 말고 최초 손익계산서에 반드시 반영할 수 있도록 하자. 프랜차이즈 상담 시 점포개발 담당자들도 이 감가상각을 고려하지 않고 손익분석을 해주는 경우가 있는데 이게 바로 함정이다. 최초에 비용이 한꺼번에 투자된 것일 뿐 투자금액을 나중에 시설권리금으로 돌려받지 못한다면 비용으로 매월 산정해야 하는 금액임을 명시하고 계산해야 한다.

고객은 결코 친절하지 않다

커피업계에 몸담고 있다 보니 매장에서 직원들과 함께 커피를 추출하고 음료를 만드는 교육을 받을 때가 있다. 교육을 받을 때마다 바리스타 존에서 고객을 바라보며 많은 것을 느끼곤 한다. 매장에서 일하는 직원들은 얼굴 가득 미소를 띤 채 응대하는데, 주문하는 고객들의 얼굴은 무표정하기 그지없고, 고객의 음성은 하나도 들리지도 않는데, 그 것을 알아듣고 주문을 받는 매장 직원들이 대단해 보였다. 실질적으로 매장에서 일어나는 컴플레인, 클레임의 대부분은 "음료가 맛없다"는 기술적인 부분보다는 "직원이 쳐다보는 눈빛이 기분 나빴다", "직원의 말소리가 시끄러웠다" 등 감정적인 부분이 대부분을 차지한다. 그만큼 고객들의 감정과 상황에 따라 매장에 대한 평가가 이루어지는 것이다. "고객이 왕이다"라는 고지식한 말들은 이제 더 이상 정답은 아닌 것 같다. 정확한 매뉴얼과 품질을 제공하고 우리 직원의 인격과 미래를 보장하며 운영하는 것도 장기적인 측면에서 매우 중요한 포인트라 하겠다.

커피전문점을 준비하는 분들에게

매년 성장하는 커피전문점이지만 앞으로는 어떻게 될까? 많은 사람들의 질문이며 업계 전문가들 역시 그 미래가 궁금하다. 앞서 말했지만 커피라는 아이템은 앞으로도 형태를 달리하며 계속 발전해나갈 것으로 본다. 다만, 국내 시장과 현실에 맞춰 현명하게 준비하는 것이 필요하다. 커피 전문가가 아닌 이상 원산지별 커피 제공, 추출방법의 다양성을 고려해야 한다는 등의 고리타분한 이야기는 하지 않겠다. 본인이 커피 전문가라면 그 지식을 총망라해 차별화된 커피전문점을 차리면 되고 그렇지 않다면 시스템을 갖춘 양질의 프랜차이즈 가맹점을 운영하면 된다. 분야별 전문 인력들이 창업자들을 대신하여 오픈과 운영에 필요한 모든 것들을 연구하기 때문이다.

여러 차례 언급했듯이 커피전문점은 투자산업이고 장기적으로 운영할 계획을 세우고 도전해야 한다. 1~2년 운영하다 권리금 받고 넘길 생각이면 시작도 하지 말고, 실질적으로 그렇게 되지도 않는다. 필자의 경험으로는 잘 되는 매장은 절대 매물로 나오지 않고, 안 되는 매장은 또한 절대 권리금을 받고 팔 수가 없다. 그냥 투자한 만큼 또는 그 이상을 포기해야 정리가 된다.

커피전문점은 식품을 취급하는 업종이지만 사람에 의존하기보다는 시스템을 갖춰가는 것이 더욱 중요하다. 최근 인건비 상승 이슈에 따라 인건비를 절감할 수 있는 시스템 구축, 예를 들어 자동기계, 자동주문시스템 등 커피전문점도 점차 바리스타 존을 시스템화하고 있다. 최근에는 일회용품 사용규제에 따라 매장마다 다회용 잔을 충분히 보유해야 한다. 그런데 하루 150만 원 매출을 올리려면 최소 300잔 이상은 팔아야 하는데 바꿔 말하면 하루 300잔 이상의 컵을 설거지해야 한다

는 계산이 나온다. 설거지도 하루이틀이고, 장기적으로 운영하려면 과감히 식기세척기를 도입하는 것이 인건비 절감효과뿐 아니라 근무자 환경을 개선해 양질의 근무자를 장기근무하도록 만드는 방법이다.

이밖에 상권, 입지를 선정함에 있어서도 여러 변수를 고려해보아야 한다. 주 52시간 근무가 법제화되면서 오피스 상권은 한 달에 18일 또는 19일 영업일수를 산정해 예상매출과 손익을 계산해야 한다. 반대급부로 가족단위 고객을 주 타깃으로 하는 상권은 향후 안정적인 매출을 올릴 수 있어 관심 있게 보아야 할 것이다. 또한 올 여름 지속된 폭염으로 인해 고생스런 여름을 보냈지만 이로 인해 커피전문점은 폭염 특수를 누려 매출이 급상승하는 효과를 누리기도 했다. 특히 로드숍에 비해 쇼핑몰이나 백화점 매장들의 매출상승률이 높았는데 이런 환경적인 이유로 로드숍보다는 외부 날씨에 영향을 받지 않는 특수상권 등이 향후 경쟁력 있는 매장으로 성장할 수 있을 것이라 예상한다.

이 책을 읽고 창업을 고민 중인 모든 분들이 투자대비 안정적인 수익을 가져가실 수 있기를 희망해본다.

라이프스타일
비즈니스가 온다

송 윤
/
무인양품 업무개혁팀 팀장

2005년 무인양품에서 점포개발을
시작했으며, 이후 무인양품 전점포의
오픈을 기획, 개발했고 현재는
점포개발을 포함해 인테리어,
VMD, 기획에 이르는 총괄업무를
수행하고 있다. 책, 커피, 식당(Meal),
수퍼마켓이 포함된 제3의 공간,
도시재생까지 고려한 공동개발 등
다양한 분야에서 새로운 기획을
진행하고 있다.

최근 신문과 방송을 비롯한 다양한 미디어에서는 라이프스타일이 트렌드라는 뉴스가 종종 소개되고 있으며 1인 가구의 증가로 새로운 소비시대가 도래했다는 이야기도 들려온다. 우리가 아는 리테일에는 여러 가지 분야가 있지만 가장 중심에서 리테일 분야를 이끌어 나가는 것은 역시 패션, 식음, 헬스&뷰티H&B라고 할 수 있다. 그런데 최근 들어 다양한 원인으로 인해 라이프스타일과 홈퍼니싱Home+Furnishing*에 대한 관심이 증가하면서 새로운 브랜드는 물론 그를 둘러싼 소비 자체도 빠르게 늘어나고 있다. 물론 현재까지는 큰 변화라고 느낄 정도의 임팩트가 부족한 것도 사실이지만, 소비시장 특히 리테일 분야에서는 별도로 다뤄야 할 만큼 한 분야로 성장하고 있는 것만큼은 확실하다.

---

*홈퍼니싱 가구와 잡화, 조명, 인테리어 용품 등으로 집안을 꾸미는 것.

라이프스타일 분야는 특수성을 가지고 있는 만큼 단순한 희망 또는 호기심만으로 쉽게 시도할 수 없는 영역이다. 사업을 위해서는 판매뿐만 아니라 재고, 물류 및 창고 등 기반을 제대로 갖춰야 하는 요소가 많기 때문이다. 때문에 라이프스타일 연관 사업은 대개 기업이 진행하는 경우가 많고 이외에는 편집숍* 정도에서 접할 수 있다.

라이프스타일 분야는 일반적으로 사회가 안정되고 개인의 삶이 윤택해져서 각자 더 나은 생활을 영위하고픈 마음이 커지는 시기에 관심을 가지게 된다. 이때는 각자가 자신만의 라이프스타일을 원하며, 개인의 워크스타일 및 라이프스타일의 변화는 브랜드와 상품을 소구하는 원

---

*편집숍 한 매장에서 2개 이상의 브랜드 제품을 판매하는 방식.

동력이 된다. 반대로 삶 자체가 목적이자 생계인 시대와 지역에서는 라이프스타일에 관심을 가지기가 어렵다. 앞서 간략히 언급한 대로 라이프스타일의 범위는 무척 넓고 다양하지만 이 장에서는 그 브랜드의 범위를 제한한 가운데 이야기를 나누고자 한다.

라이프스타일을 제안할 수 있고 해당 브랜드의 상품으로 생활을 즐길 수 있다면 모두 라이프스타일 브랜드에 해당된다고 할 수 있다. 넓게 보면, 랄프로렌RALPH LAUREN이나 노스페이스NORTH FACE 같은 패션 브랜드도 라이스프타일 브랜드라고 볼 수 있다. 하지만 여기에서는 라이프스타일 브랜드의 범위를 줄여 소위 '생활용품' 상품군을 취급하는 브랜드 중심으로 풀어나갈 것이다. 특히 그 브랜드의 상품으로 전반적인 생활을 영위할 수 있는 규모로 한정하고자 한다.

생필품, 디자인 또는 팬시, 혼수 등 다양한 분야에서 라이프스타일의 제안이 이루어지고 있는데 이런 상품군을 볼 수 있는 곳은 마트와 다이소가 대표적이다. 마트와 다이소에는 생활을 영위하는 데 있어 필요한 거의 모든 상품을 판매하고 있다. 때문에 우리는 무의식 중에 무언가가 필요하면 이 두 곳을 방문하게 된다. 하지만 앞서 설명한 것처럼 단순한 생활필수품에 대한 소구가 아닌, 보다 나은 생활이라는 관점에서 접근하게 되면, 브랜드마다 자신만의 장점으로 다양한 라이프스타일을 제안하고 있다. 꼭 필요하지만 특별한 디자인이 필요 없는 상품, 생활필수품, 단순한 소모품과 같은 상품은 마트와 다이소로 가기 마련이다. 때문에 라이프스타일 관련 매장의 로케이션을 검토할 때는 마트와 다이소 등 주변 환경을 잘 검토해야 한다.

한편 한국에는 결혼 문화의 특수성으로 인해 '혼수'라는 별도의 시장이 존재하고 라이프스타일 브랜드에 있어 이 시장은 아주 중요하고 특별하게 접근해야 할 분야이다. 특히 가구 브랜드들은 결혼하는 커플을 위한 전문상담 인원을 별도로 배치하는 것이 일반적이다. 혼수 관련 매출의 비중이 높은 브랜드라면 전시 이외에 상담 공간을 별도로 마련해야 하는 등 매장의 로케이션뿐만 아니라 면적 등 내부 구성에 필요한 공간 또한 별도로 검토해야 한다. 다만 라이프스타일이라는 사업 키워드는 설비 구축으로 인한 초기 투자비용도 크고 고객, 상품, 재고관리가 필수적인 업종이기 때문에 단순히 기사나 주변의 권유로 시작하기에는 너무 리스크가 큰 업종이라는 점을 다시 한 번 강조하고 싶다.

라이프스타일 사업을 시작한다면

　라이프스타일은 모두의 관심을 모으는 트렌드이자 아이템으로 자리 잡고 있지만 관련 사업의 경험이 없는 입장에서는 '과연, 지금 시작하는 게 맞는 것일까?'하는 의구심을 갖는 것 또한 당연하다. 누구나 자신이 살고 있는 집을 취향에 맞도록 꾸미고 싶어 하며 한 공간을 어떤 주거공간으로 만들지는 전적으로 개인의 의지와 스타일에 달려 있다. 최근 문화적, 경제적 트렌드 중 하나는 패션에 대한 관심은 갈수록 줄어들고, 라이프스타일에 관심이 늘어나고 있다는 점이다. 같은 집이라도 더 넓게 쓰고, 편안하게 설계된 자신만의 공간에서 휴식을 취하고 싶고, 인테리어 및 소품을 활용해 집을 더 예쁘게 꾸미고 싶은 욕구와 관심이 많아지고 있기 때문이다. 많은 시간과 돈을 투자하지 않고도 오롯이 자신만의 시간과 공간을 즐기고 싶어하는 젊은 층은 꾸준히 늘어나고 있다. 그리고 이들은 자신만의 라이프스타일에 대해 다양한 시도를 하면서 관련 브랜드에 대한 선호가 높아지며 트렌드도 그 방향으로 이동하고 있다는 분석이 속속 제기되고 있다.

    국내 시장에서는 이미 무인양품MUJI, 이케아IKEA, 자라홈ZARA HOME, 앤아더스토리즈& Other Stories, 마사 스튜어트Martha Stewart, 윌리엄스 소노마WILLIAMS SONOMA 등의 글로벌 브랜드와 한샘, 자주, 모던하우스 같은 국내 브랜드들이 치열한 경쟁을 벌이고 있다. 아직까지는 초기 단계로 캐주얼시장의 유니클로처럼 라이프스타일 시장을 주도하는 강력한 브랜드는 없지만, 각각의 장점을 극대화시키며 시장에서의 영향력을 펼쳐나가고 있다.

    "국민 소득 1만 달러 시대에는 차를 바꾸고, 2만 달러 시대에는 집을

국내에서 사업 중인 라이프스타일 브랜드

브랜드	국가	취급품목
이케아	스웨덴	조립식가구 및 생활용품
H&M 홈	스웨덴	패브릭 및 생활용품
자라 홈	스페인	패브릭 및 생활용품
무인양품	일본	의류, 생활용품 및 식품
니코엔드	일본	의류 및 생활소품
플라잉타이거 코펜하겐	덴마크	팬시 및 아이디어 소품
윌리엄스 소노마	미국	주방 및 유아용품
마샤 스튜어트	미국	주방중심 생활용품
자주	한국	패브릭 및 생활용품
버터	한국	팬시 및 아이디어 소품

1인당 국민총소득·가계총처분가능소득

$30,000

■ 1인당 국민총소득(GNI)
■ 1인당 가계총처분가능소득(PGDI)

29,745

$25,000

24,600

$20,000

20,795

16,573

$15,000

13,617

12,325

$10,000

2006   2012   2017

자료 한국은행(명목 기준)

바꾸고, 3만 달러 시대에는 가구를 바꾼다."는 말이 있다. 3만 달러 시대에는 삶의 만족도를 중시한다는 의미다. 2018년을 기점으로 우리나라의 국민소득은 3만 달러를 돌파할 것으로 예상되고 이는 곧 선진국으로의 진입으로 보는 것이 일반적이다. 그리고 3만 달러라는 소득 기준은 다양한 경제적, 문화적 트렌드가 라이프스타일로 넘어가는 상징적인 기준선이 된다고 볼 수 있다. 이에 따라 2023년까지 국내 라이프스타일 관련 시장규모는 약 23조 원에 달할 것으로 추정되고 있다.

라이프스타일 트렌드를 이해하고 결정하라

지금 한국 시장은 라이프스타일 트렌드가 시작되는 단계, 즉 도입기라고 할 수 있다. 앞서 설명한 브랜드들 외에도 여러 브랜드가 라이프스타일 관련 사업을 펼치고 있으며 다양한 시도를 진행 중이다. 이런 시도들이 어떤 방향으로 흘러갈지에 대해 예측해보기 위해서는 가까운 일본의 현황을 살펴보는 것도 좋은 방법일 것이다. 최근 몇 년간 일본의 일반적인 패션 브랜드(남녀의류 및 캐주얼)의 매출은 매년 5%~7%씩 마이너스성장을 거듭하고 있으며 이렇게 축소된 패션 브랜드의 자리는 라이프스타일 브랜드가 대체하고 있다.

일본의 라이프스타일 시장을 주도하고 있는 브랜드 '니토리(ニトリ)'는 전 세계 라이프스타일 시장에서 이케아가 큰 영향력을 발휘하지 못하도록 만든 유일한 기업으로 평가받는다. 니토리는 처음에는 도시 외곽에서 이케아의 사례처럼 대형스토어를 오픈하는 전략을 펼쳐 성공했

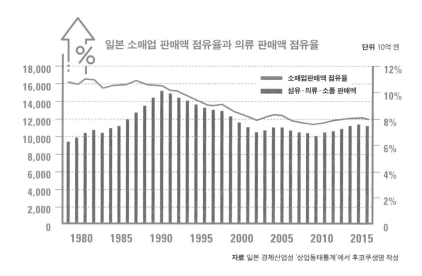

일본 소매업 판매액 점유율과 의류 판매액 점유율

단위 10억 엔

소매업판매액 점유율
섬유·의류·소품 판매액

자료 일본 경제산업성 '상업동태통계'에서 후코쿠생명 작성

지만, 최근에는 도심형 매장 스타일을 새롭게 전개해 백화점의 별관, 상층부 전관을 사용하며 백화점의 매장 배치에도 영향을 끼칠 정도이다. 니토리를 비롯한 다양한 브랜드들의 성공으로 현새는 전체 일본 백화점 매장의 30% 정도를 라이프스타일 관련 브랜드가 차지하고 있으며 백화점 전체 구성의 변화를 이끌어낼 만큼 성장세를 보이고 있다. 또한 한국의 브랜드와는 비교할 수 없을 정도로 많은 브랜드가 조닝을 구성하고 있으면서 다양한 스타일을 제안함으로써 별개의 빌딩에 라이프스타일 구역을 설정할 수 있을 정도다.

도쿄에 위치한 '우에노 마루이Ueno Marui 백화점'의 층별 배치를 보면 이런 상황이 잘 이해된다. 8층은 '니토리'가, 지하 2층은 '무인양품MUJI'이 플로어 전체를 사용하고 있으며, 5층은 일본의 잡화점 '로프트LOFT'가 위치해 있다. 이것은 과거에는 전혀 백화점식 배치라고 생각할 수

오카야마 로츠 백화점 층별 안내도

층	브랜드	취급품목
6F	니토리	일본 생활용품
5F	니토리	일본 생활용품
4F	무인양품	일본 패션 및 생활용품
3F	로프트	일본 잡화점
2F	로프트	일본 잡화점
1F	스타벅스, 프랑프랑 및 패션 브랜드	
B1	ABC마트, 데님, 아동사진관	

없을 구성이다. 최근 일본 지방의 작은 백화점들은 아예 라이프스타일 전문 백화점으로 변화를 시도하기도 한다. 오카야마에 위치한 지방 백화점인 '오카야마 로츠OKAYAMA LOTZ'가 대표적인 사례이다. 지방에서도 생존경쟁을 위해 이렇듯 라이프스타일을 앞세워 과감히 변화를 추구하고 있는 것이다.

아직까지 한국에서는 일본처럼 큰 변화를 보이고 있지는 않지만, 트렌드가 이동하고 있다는 신호를 읽어낼 수 있는 사례가 있다. 무인양품의 신세계백화점 김해점 1층(2017년 12월)과 롯데백화점 대전점 2층(2018년 3월) 출점이 바로 그것이다. 물론 지방이라고는 해도 주요 백화점의 1층과 2층에 라이프스타일 브랜드 매장이 오픈했다는 것은 트렌드의 변화를 가능케 하는 의미 있는 변화인 것이다.

실패하지 않도록 준비하자

긍정적인 기대감에 사로잡혀 투자를 검토하고, 성공이라는 단어가 머리를 지배하면 실패와 리스크에 대한 검토는 점점 뒷전이 되어버리는 경향이 있다. 개인적으로 투자하는 과정에서는 다양한 시각에서 검토한다는 게 다소 어려울 수 있지만, 기업에서 새로운 사업을 추진할 때는 통상적으로 여러 방향에서 검토를 진행하고 다양한 보고절차를 거침으로써 사전에 리스크를 대비한다. 리스크 없는 투자는 없지만, 그 투자가 타당한지에 대한 검토는 반드시 철저히 하기 마련이다. 예를 들어 커피전문점을 창업하고 싶다고 할 때, 스타벅스의 매장이 늘 붐비고 매출액이 높다고, 모든 커피전문점들이 성공하는 것은 아니다. 무엇보다 주변 환경과 나의 객관적인 투자 가능 상황을 정확히 파악하는 것이 언제나 중요하다. 특히, 라이프스타일 브랜드를 창업하거나 점포를 오픈하고자 할 때는 검토해야 할 몇 가지 특수성이 있다.

첫 번째, 매상 내 창고면적 확보가 필요하다.

라이프스타일 사업은 재고가 중요하고, 패션상품에 비해 다양한 크기와 무게의 상품을 취급하는 만큼 창고에 대한 검토는 꼭 필요하다.

두 번째, 입구의 파사드에 신경 써야 한다.

디스플레이를 통한 상품의 어필을 위해서는 내부의 공간 활용과 입구의 공간과 진열이 특히 중요하다. 패션 브랜드도 마찬가지겠지만, 브랜드 및 상품의 매력을 드러내기 위해 내부가 잘 들여다보이는 파사드를 보유한 브랜드가 많다.

세 번째, 상품 이익률이 높지 않다는 걸 인지해야 한다.

이런 이유로 대부분의 창업주들이 유동인구가 많은 1급지에 출점하지 못하고 2급지나 3급지를 검토하게 된다. 이는 이익률이 부족해서가 아니라 높은 임대료를 지급하기 어렵기 때문이다.

라이프사이클 관련 생활필수품의 구성이 충분하다면 고객들은 다소 불편하더라도 방문한다는 기본 전제를 가지고 있다, 하지만 2급지에서 좋은 파사드를 보유하고, 매장의 인지가 잘 되는 매장을 찾는 것은 어려운 일이다. 그리고 현재 로드숍에서 이런 로케이션은 이미 다이소가 차지하고 있는 경우가 많다. 여기에 낮은 이익률을 커버할 수 있는 투

자비 대비 수익률의 밸런스를 고려하지 않을 수 없다. 예상매출을 기준으로 투자비(감가상각비)는 최소 2년에서 최대 5년 내 회수해야 하며, 이익률을 5~10% 내로 유지할 수 없다면, 투자하지 않는 것이 좋다.

라이프스타일 브랜드의 경우 인테리어 내부공사를 진행할 때 실제로 판매하는 상품(가구, 패브릭, 소품 등)들을 활용한다면 투자비에서 인테리어 내부공사 비용을 많이 절감할 수 있다. 이렇게 투자비를 줄이는 것에 많은 신경을 써야 한다. 또한 럭셔리한 분위기가 나야 고객이 방문하고 그래야 매출이 올라서 성공한다는 바보 같은 생각을 하지 않았으면 한다. 주변에 있는 한샘, 리바트 등의 가구점들만 방문해 봐도 어떤 수준의 인테리어로 영업을 하고 있는지 충분히 알 수 있다. 투자비에 대한 분석과 세부 내용은 커피 프랜차이즈와 중복되므로 따로 설명하지는 않겠다.(301~303p 참조)

첫 번째로 이야기한 것처럼 라이프스타일 브랜드는 매장에 많은 재고를 보유할 수밖에 없는 상황이 되어버린다. 이점을 주의하지 않는다면 실패할 가능성이 높아질 수 있다. 판매기회에 대한 손실을 최소화하기 위해 적정한 인기상품의 재고를 보유하고, 반대로 창고 구석에 의미 없이 계속 자리를 차지하고 있는 재고상품을 지속적으로 관리 및 처분하지 않는다면, 창고와 매장에는 자꾸 상품만 쌓이게 되고 이 것은 결국 사업의 손실로 이어지고 말 것이다.

라이프스타일도 상권분석이 중요하다

매장을 오픈해 성공을 거두기 위해서는 좋은 상권에 입점해야 한다는 것은 누구나 아는 사실이다. 일반적으로 좋은 상권이라고 알려진 곳은 라이프스타일 브랜드 입장에서도 좋은 상권이다. 다만 사업상 차별점이 있는 만큼 입지를 최종 확정하기 전에 브랜드와 나 자신에 대한 냉정하고 정확한 판단이 필요하다. 좋은 상권의 중심지는 누구에게나 좋지만 높은 임대료가 부담되는 만큼 높은 임대료를 커버할 정도의 매출을 올릴 수 있는지도 따져봐야 한다. 임대료가 낮은 입지는 유동인구가 적거나 여러 가지 단점이 존재하는 만큼 이런 핸디캡을 극복할 수 있는지 여부의 판단 또한 반드시 필요하다.

가령 고객이 알아서 찾아올 만큼 매력적인 브랜드라면 굳이 1급지에 오픈할 필요는 없다. 1급지에 오픈해 높은 매출을 올리며 인지도 및 브랜딩*에 기여하며 손익까지 발생시키는 브랜드라면 완벽한 상황이다. 하지만 현실적으로 이런 브랜드는 많지 않다.

　대부분의 글로벌 브랜드는 좋은 상권의 1급지에 브랜딩까지 가능한 입지를 확보한 후 자사 매장을 오픈하기 마련이다. 많은 고객들을 매장으로 이끌어 낼 수 있는 브랜드 파워를 지닌 곳들도 처음 사업을 시작하거나 매장을 오픈할 때는 면밀히, 다각도로 사업과 수익성 검토를 진행한다. 고객이 알아서 찾아올 만큼 매력적이진 않지만, 상품과 디스플레이된 모습 또는 가격을 통해 고객유인이 가능한 브랜드라면 2급지 중 인지가 좋은 위치를 검토해야 한다. 이때는 파사드가 정말 중요하다. 매장은 좁더라도 전면이 넓은 매장이 좋을 수 있다. 반대로 3급지 위치에 매장 입구가 협소한 매장은 상대적으로 임대료가 저렴하겠지만, 사

＊브랜딩 광고, 홍보 등을 통해 소비자들에게 브랜드의 느낌과 이미지를 심어주는 것

업에서 특히 라이프스타일 브랜드 사업에서는 정말 성공하기 어려운 점포이다. 상품의 가격이 혁신적으로 저렴하거나 가격과 상관없이 충성도 높은 고객을 확보한 브랜드가 아니라면 반드시 피해야 한다.

해당 상권과 입지에 있어 어느 정도의 매출을 올릴 수 있는지 정확하게 파악하는 것은 너무도 중요한 문제이다. 물론 매출을 정확하게 추정해내는 것은 대형브랜드 또는 대기업조차도 쉽지 않은 과제이다. 일반적으로 사용되는 매출 추정 방법은 대부분 대상지 앞의 평일과 주말의 유동인구를 측정하고 유사한 입지에서 운영 중인 경쟁사 브랜드 또는 자사 브랜드의 매출을 비교하는 것이다. 이렇게 추정한 매출에 해당 입지의 장단점, 기타 요소 등을 검토한 후 금액을 더하거나 뺌으로써 최종 매출을 추정하고 추정된 매출에 대상지의 임대료를 적용하면 성공 여부를 판단할 근거가 된다.(304~306p 참조)

동일 건물이라는 조건에서 쇼핑몰이나 백화점은 한 층의 차이로 대략 10%의 매출 차이가 발생한다. 로드숍에서는 한 층의 차이로 매출의 30%~50%가 줄어들게 된다. 그만큼 사람들은 더 움직이거나 위층으로 이동하는 것을 귀찮아한다는 반증이다. 그런데 1층에 매장을 오픈했다 하더라도 메인 보도에서 떨어진 거리, 계단의 유무가 검토대상이 되어야 한다. 계단을 이용해야 하는 위치의 1층은 심리적으로 진입이 어려워 2층과 유사한 낮은 매출이 나올 수 있기 때문이다.

입지선정의 성공 및 실패 사례

무인양품은 2018년 7월 현재 30개의 오프라인 매장과 온라인쇼핑 몰 1개로 운영되고 있다. 현재까지 오픈했던 매장 중에서 폐점한 매장 사례를 통해 실패의 원인을 검토해 보고자 한다. 폐점한 무인양품 매장 은 노원점, 천호점, 중계점, 강변 테크노마트점, 동래점이 있다. 이들의 폐점 원인은 매장마다 다양하게 나타난다.

45평 규모였던 노원점은 무인양품의 브랜드를 소규모 매장으로 성공 할 수 있을지 테스트하기 위해 최소 면적으로 오픈한 사례이다. 매출은 월 7,000만 원 이상 발생해 나쁘지는 않았지만, 수수료와 판매관리비 등 비용의 압박으로 실제 손익은 발생하지 않았다. 역시 브랜드를 가장 잘 드러내기 위해서는 그것과 걸맞는 적정 면적이 필요하며 사업에 있 어 중요한 요소라는 결과를 얻어낼 수 있었다.

　　현대백화점 천호점의 경우에는 외부요인이 문제였는데 백화점 공사가 매장 오픈 후 4년 이상 이어진 게 결정적이었다. 오랜 백화점 공사로 인해 VIP고객이 줄어들고, 주차공간까지 부족해지자 대형상품 판매가 많은 무인양품 매장 입장에서는 치명적일 수밖에 없었다. 핵심고객 유지와 주차공간 확보가 얼마나 중요한 요소인지를 확인시켜 주었다. 그 밖에 백화점 11층에 위치해 유동인구를 확보하기 수월치 않았던 것과 인근에 롯데월드몰과 하남 스타필드라는 광역상권의 대형 쇼핑몰이 오픈하면서 백화점 전체의 매출 하락과 브랜드의 자기잠식*이 발생한 것도 사업 실패의 원인으로 꼽을 수 있다.

---

*브랜드의 자기잠식 한 기업의 신제품이 기존 주력제품의 시장을 잠식하는 현상

중계점과 동래점은 모두 롯데마트에 입점한 상황이었다. 지역의 포켓상권에 위치해 한정적인 고객 대상이라는 한계를 안고 있는 매장이다 보니 낮은 매출이 이어졌고 점포의 신장이 정체되는 현상까지 발생해 결국 수익을 내지 못하는 점포가 되어버렸다.

테크노마트점은 자체가 일반적인 쇼핑몰의 형태를 띠지 못한 상황이었다. 그나마 조금씩 개선되는 과정에서 외부요인인 빌딩의 흔들림 현상으로 인해 고객이 대폭 줄어들고 매출이 하락하는 상황이 길어지면서 손익이 악화돼 결국 폐점을 결정하게 되었다.

이렇듯 폐점한 매장들은 모두 저마다의 이유가 있다. 적정한 면적을 확보하지 못하거나, 포켓상권의 한계를 벗어나지 못해 목표매출을 달성하지 못하거나, 입점관의 공사 또는 사고에 의한 외부환경의 변화로 입점관의 고객이 줄어드는 상황 등등. 사업을 운영하다 보면 예상치 못한 또는 예상보다 더 심각한 상황들과 맞닥뜨리게 된다. 이런 상황을 사전에 정확히 예측한다는 것은 무척 어려운 일이다. 따라서 매출을 예상하고 그 매출에 맞는 조건을 협의하고, 걸맞은 매장 환경을 조성하는 한편, 다양한 사전확인 절차를 거침으로써 실패의 리스크를 줄이는 것이 무엇보다 중요한 것이다.

실패 과정에서 또다시 실패하지 않는 패턴을 찾는 동시에 성공의 패턴을 찾을 수 있다면 가장 이상적인 방법이다. 일반적으로 성공할 수 있는 방법은 주변에 고소득 가구가 많고, 유동인구가 충분한 좋은 입지에 넓은 면적과 여유 있는 파사드를 확보한 매장을 낮은 임대조건으로 오픈하면 된다. 하지만 그 어떤 브랜드도 이런 조건으로 매장을 오픈할 수는 없다. 좋은 입지와 유리한 조건을 갖춘 곳이라면 당연히 거기에 상응하는 비싼 임대료를 감당해야 하기 때문이다. 물론 예외는 있어서 유니클로UNIQLO나 자라ZARA처럼 고객을 유인하는 흡입력이 강력한 브랜드는 고객의 집객과 건물의 수준 유지를 원하는 건물주의 니즈와 맞물려 낮은 조건으로 입점하기도 한다. 하지만 이는 극히 일부에만 해당되는 경우다.

무인양품의 사례를 확인해보면, 우선 롯데월드몰점을 들 수 있다. 1층에 입점하기는 했지만 다른 브랜드 매장들이 없는 좁은 골목으로 40미터 이상을 들어가야 매장이 위치해 있어 영업하기에는 무척 불리한 환

경이다. 고객 입장에서는 그곳에 매장이 있다는 것도 인지하기 어려울 정도였지만 입구에 2미터 사이즈의 대형 광고판을 설치해 고객을 유도하는 등 적극 대처함으로써 초창기 안착에 성공을 거둔 사례이다. 이러한 추가 대응과 관련해 적절히 협의를 이끌어낸 점도 큰 작용을 했다.

유니클로와 자라 등 글로벌 브랜드가 외부간판, 파사드의 넓이 및 사인 계획을 입점 초창기부터 검토하고 계약서에 반영하는 등 필수조건으로 검토하는 이유가 바로 여기에 있다.

하남 스타필드 내 무인양품은 지하 1층 코너점포로 스타필드 전체에서도 3급지로 취급될 만큼 좋지 않은 입지였음에도 목표를 초과하는 매출을 기록하고 있다. 하남 스타필드점의 성공에는 해당 브랜드뿐만 아니라 주변 매장들의 상관관계도 큰 역할을 했다. 집객 영향력을 지닌

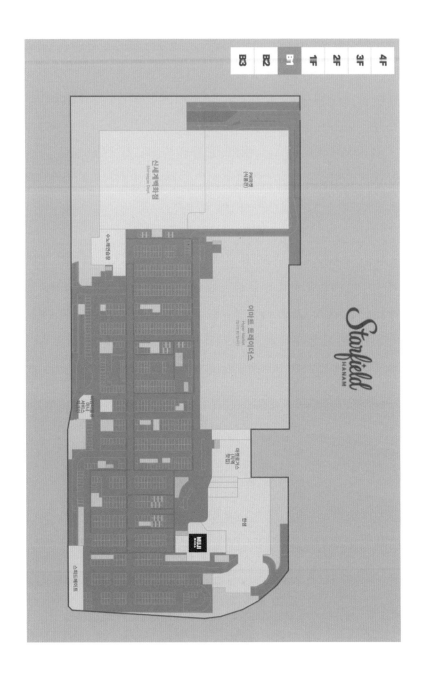

한샘의 플래그십스토어가 바로 옆에 위치해 있어 고객을 유도해주고 인접한 푸드코트 또한 쇼핑객들의 접근을 용이하게 만들어 준 경우라고 할 수 있다.

지금가지 라이프스타일 사업과 매장의 상관관계에 대해 살펴보았다. 모든 매장이 마찬가지라고 생각할 수도 있지만, 각 분야별로 지니고 있는 리테일별 특징을 간과해서는 안 된다. 리테일의 특성은 물론 시장의 트렌드를 함께 파악해야 좋은 성과를 만들어낼 수 있을 것이다.

라이프스타일 분야는 다른 업종과는 달리 단순한 관심이나 호기심, 아르바이트 경험, 자본투자에 대한 자신감 등으로 성공할 수 있는 분야는 아니다. 라이프스타일 숍은 아직까지 프랜차이즈가 많지 않아 하나부터 열까지 모든 것을 직접 컨트롤할 수밖에 없고 그런 경험과 실력을 갖춘 사람만이 도전할 수 있는 분야이다. 디스플레이에 대한 실력이나 경험, 감각 또한 필요한 업종이기도 하다. 최근에는 카페와 함께 접목해 운영할 만큼 개성과 실력을 보여주는 숍이 있는 것도 사실이지만, 이런 능력을 가진 오너 또는 이런 능력자를 직원으로 채용할 수 있는 업장은 극소수에 불과하다.

아무쪼록 관심 있는 사람이 실력을 갖추고, 좋은 입지에서, 적절한 투자를 바탕으로 좋은 매장을 만들어 라이프스타일 분야에서 성공하는 데 작은 도움이 되었으면 한다.

H&B 스토어의
현재와 미래

정 주 원

롯데쇼핑 H&B 사업부 개발팀 책임,
전 올리브영

중앙대학교에서 법학을 전공하고
연세대학교에서 도시계획학 석사를
취득했다. CJ올리브네트웍스에서
올리브영부문 점포개발을 거쳐
현재 롯데쇼핑 H&B 사업부에서
LOHB'S(롭스) 개발을 담당하고 있다.
현재는 인천국제공항공사, 코레일유통,
서울교통공사와 같은 특수입지 입찰을
주로 담당하고 있다. 담당한 주요 특수입지
점포로는 올리브영 인천국제공항
1터미널점, 2터미널점, 부산역사점,
영등포역사점, 센트럴시티점, 롭스
을지로입구역사점, 대전역사점 등이 있다.

H&B 스토어의 어제

 한국형 H&B 스토어의 탄생

2018년 현재 한국의 헬스앤뷰티 스토어Health&Beatuy store, H&B 시장에는 모든 유통 대기업이 뛰어들고 있으며 마치 황금알을 낳는 거위와 같은 사업으로 묘사되고 있다. 그렇다면 H&B 사업은 정말 블루오션인 걸까? H&B 점포들을 개발하는 과정에서 가장 많이 접했던 질문은 헬스앤뷰티 스토어H&B store 와 드러그 스토어Drug store 의 차이점은 무엇인지 그리고 개인이 헬스앤뷰티 스토어 가맹점을 운영해 돈을 벌 수 있는지, 어떤 절차를 거쳐야 하는지, 어디에 오픈해야 좋은지 등등 사람은 다양했지만 질문은 대개 비슷했다. 이 글에서는 두 가지 H&B 브랜드 점포를 개발했던 경험을 바탕으로 관련 사업에 대한 정보를 간략하게나마 전달하고자 한다.

지금도 많은 사람들이 헬스앤뷰티 스토어 또는 드러그 스토어라는 단어를 혼용해서 쓰고 있지만 H&B 사업의 시작은 1999년으로 거슬러 올라간다. 1999년 12월, 서울 강남구 신사동에 CJ제일제당 HBC 사업부에서 운영하는 '올리브영 1호점'이 오픈한 것이다. 상당히 오랜 역사에도 불구하고 아직까지 많은 사람들이 헬스앤뷰티 스토어와 드러그 스토어의 차이점에 대해 정확히 구분하지 못하고 있다.

H&B 스토어와 드러그 스토어의 가장 큰 차이점은 매장에서 의약품을 판매할 수 있는지 여부이다. 해외의 드러그 스토어와는 다르게 한국에서는 약사법에 의해 약사가 아닌 일반법인의 약국 설립 및 운영을 금지하고 있고, 이로 인해 법인 직영점 위주로 출점하는 국내 H&B 스토어에서는 의약품을 취급할 수 없다. 따라서 H&B 스토어 안에서 의약품을 판매하는 경우에는 개인 약사가 별도의 계약을 통해 운영하는 약국이 대부분이다. 그리고 이 부분이 바로 의약품 취급이 불가능하여 건강 및 미용제품에 특화된 한국형 H&B 스토어로 발전하도록 만든 것이다. 즉, H&B 스토어란 해외의 드러그 스토어가 한국 법규에 맞게 변형되어 발전한 것으로 '의약품을 제외한 건강 및 미용과 관련된 제품을 한 번에 경험하고 구매할 수 있는 유통업'으로 정의할 수 있다.

H&B 스토어의 오늘

 ## H&B 스토어 성장기

    오늘날 H&B 스토어의 위상은 오프라인 점포를 통해 이루어졌고, 현재 H&B 시장은 유통공룡들의 전쟁이라고 해도 과언이 아닐 정도로 치열하게 경쟁하고 있다. 현재 시장점유율 1위인 올리브영OLIVE YOUNG(CJ 올리브네트웍스, 1999년)을 선두로 랄라블라lalavla(GS리테일, 2005년), 롭스 LOHB's(롯데쇼핑, 2013년), 부츠Boots(이마트, 2017년)가 경쟁적으로 출점 전략을 펼치고 있으며, 일부 기업은 브랜드 런칭 후 시장에서 철수하거나 추가 출점을 하지 않고 상황을 지켜보고 있다.

    대형 유통사들이 앞다퉈 H&B 시장에 뛰어든 결과 2013년 5,900억 원에 불과했던 H&B 시장은 2018년 현재 2조 원 시대를 눈앞에 두고 있으며 백화점, 마트, 편의점과 같은 유통업의 성장률과 비교할 때

OLIVE❤YOUNG	**lalavla**
건강 카테고리 강화 남성·40대 여성 신규 고객층 확대　　1137	2030 공략 GS25 편의점망 이용, 업계 최초 택배 서비스　　190
LOHB⑤	**Boots**
라이프스타일 상품 확대 온·오프라인 몰 경쟁력 강화　　108	주요 입지 출점 화장품 외 상품 비중 높인 '뷰티편의점'　　13

매년 폭발적인 성장세를 기록해왔다.

　화장품 유통단계의 변화를 크게 4단계로 나누어 보면, 1세대(방문판매), 2세대(화장품 전문점), 3세대(브랜드숍), 4세대(H&B 스토어)로 나누어볼 수 있다. 1세대는 브랜드 판매원이 직접 고객을 방문하여 화장품을 판매했으며, 2세대는 상가나 시장에서 보던 종합화장품 전문점이다. 3세대는 미샤MISSHA, 아리따움ARITAUM처럼 제조업을 겸한 브랜드숍으로 분류할 수 있으며 4세대가 바로 H&B 스토어인데 최근 고객의 니즈가 점점 다양해지고 새로운 상품에 대한 수요가 높아짐에 따라 약 1만 종에 달하는 제품의 빠른 IN&OUT으로 유행에 민감한 소비자의 마음을 사로잡은 것이 오늘날 H&B 스토어 성장의 밑거름이 되었다.

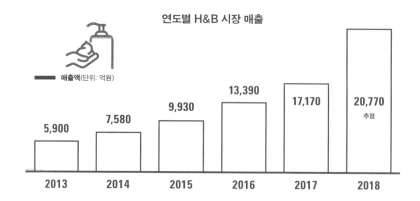

연도별 H&B 시장 매출

매출액(단위: 억원)

5,900 (2013)
7,580 (2014)
9,930 (2015)
13,390 (2016)
17,170 (2017)
20,770 추정 (2018)

국내 화장품 유통 단계의 변화

1세대 1980s 방문판매 → 2세대 1990s 화장품 전문점 → 3세대 2000s 브랜드샵 → 4세대 2010s H&B 스토어

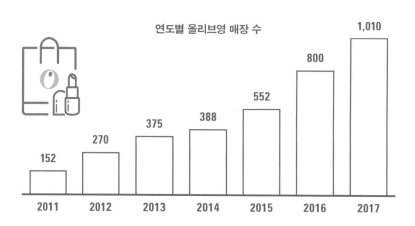

연도별 올리브영 매장 수

152 (2011)
270 (2012)
375 (2013)
388 (2014)
552 (2015)
800 (2016)
1,010 (2017)

H&B 스토어는 임대시세를 올리는 범인일까?

"자고 일어났더니 근처에 H&B 스토어가 또 생겼어요." 유통사마다 H&B 스토어 사업을 시작하고 점점 출점 경쟁이 치열해지면서 소비자가 느끼는 H&B 스토어의 출점 속도를 표현한 우스갯소리이다. H&B 스토어가 본격적으로 증가하기 시작한 것은 2011년 이후인데 당시 152개에 불과했던 올리브영 매장은 작년 말 기준 1,010개로 폭발적으로 증가했으며, 2013년 신규업체인 롯데쇼핑 롭스의 시장 진입에 따라 업체 간 경쟁은 더욱 치열해졌다. 기존업체들의 확산과 신규업체들의 시장 진입 상황에 있어 경쟁사와 비교해 좋은 입지를 선점하는 것이 무엇보다 중요했다. 따라서 과열경쟁 시기에 출점한 점포들은 대부분 시세보다는 입지 선점에 포커스를 맞췄고, 이것이 H&B 스토어가 주변시세를 올린다고 느끼도록 만드는 계기가 되었다.

이쯤 되면 과연 H&B 스토어가 높은 임대료를 부담할 여력이 있는가에 대한 의문이 생기는데 사실 H&B 스토어의 영업이익률은 높은 편이 아니다. 일부 PB상품 private brand goods*을 제외하고는 대부분 사입 구조이기 때문에 원가에 대한 부담이 높고 유통사인 H&B 업체에서는 재고와 비용 부담이 높은 편이다. 따라서 임대료가 월 매출 기준으로 10%를 넘는 경우에는 해당 점포의 운영을 통해 큰 이익을 볼 수 없

---

*PB상품 대형소매상이 자체적으로 개발한 브랜드 상품

다. 하지만 H&B 업체들은 출점 경쟁에 따라 좋은 입지를 선점하기 위해 경쟁사나 타 업종보다 높은 임대료를 감당하면서도 출점할 수밖에 없었고 H&B 스토어가 주변의 임대시세를 높인다는 눈총을 받게 되었다. H&B 사업은 업계 1위조차도 오랜 시간 적자의 늪에서 허덕이다 흑자로 전환했으며, 후발업체들은 여전히 적자의 늪에서 헤어나오지 못하고 있는 상황이다.

그럼에도 불구하고 업체들이 앞다퉈 출점을 진행하는 이유는 물류비용과 운영비용을 감안할 때 점포수가 400개는 넘어야 손익분기점을 넘을 수 있기 때문이다. 단, 업종의 특성상 유동인구가 많은 활성화된 상권에서 항상 1입지를 고집해야 하기 때문에 임대료의 비중이 매우 높았으나 최근 업체마다 상황에 맞춰 출점 전략을 수정하고 있다.

 H&B 스토어만의 특별한 출점 전략은?

그렇다면 이제 'H&B 스토어는 대체 어디에 출점하며 그 과정은 어떻게 되는 것일까?', 'H&B 스토어만의 특별한 출점 전략은 무엇일까?' 하는 의문점이 생기는데 먼저 대부분의 H&B 스토어는 우리가 흔히 입지가 좋다고 표현하는 곳, ①유동인구가 많고 ②지하철역, 버스정류장이 인근에 위치해 있으며 ③횡단보도 근처로 접근성이 좋은 건물의 1층에 입점해 있다. 즉, A급 입지만 골라 출점한다는 얘기인데 바꿔 말

하면 대부분 높은 임대료를 부담하고 있다는 반증이기도 하다.

　또한, 직영점과 가맹점은 철저하게 다른 과정으로 진행되는데 직영점의 경우 점포개발자가 직접 건물주나 부동산 네트워크를 통해 출점하기에 적절한 상권을 분석하고 임대차목적물의 임차조건을 협상해 출점을 진행한다. 그러나 여기서는 직영점 출점 과정보다는 가맹점 중심의 출점 과정에 대해 다루고자 한다. 공식적으로 H&B 브랜드 중 현재가맹사업을 진행 중인 곳은 CJ올리브네트웍스가 운영하고 있는 올리브영이 유일하다. 가맹사업은 각 회사의 상황 및 판단에 따라 앞으로 전개될 수도 있고 전개되지 않을 수도 있다.

H&B 사업에 관심 있는 예비 창업자들이 가장 많이 하는 질문은 H&B 스토어 가맹점을 오픈하고 싶은데 어떻게 하면 되냐는 것이다. 이러한 질문을 받으면 왜 이 사업을 하고 싶은지와 어디에 오픈하고 싶은지부터 체크하는데 항상 돌아오는 대답은 대부분 비슷했다. "특별한 이유는 없고, 다니면서 매장을 보니 사람이 많은 게 장사 잘 되는 것 같아서요." 필자가 생각하는 H&B 스토어 사업은 기본적으로 임대업과 유통, 판매를 혼합한 업종이다. 미샤, 아리따움 같은 제조사 브랜드와 달리 일부 PB상품을 제외하고는 전부 다른 제조사에서 물건을 사입해 판매한다. 1만 원짜리 화장품을 판매한다면 약 4,000원 정도의 원가를 부담해야 하며, 여기에 임대료, 인건비, 각종 공과금 외 비용까지 직접 부담해야 한다. 즉, 다양한 화장품 브랜드와 잡화를 취급하는 작은 백화점을 경영하는 것과 다름없다는 얘기다. 또 다른 착각 중 하나는 직원만 있으면 매뉴얼과 시스템으로 오토매장*처럼 운영된다는 착각인데, 기본적으로 H&B 스토어 또한 고객을 대면하는 판매업이다. 이 매장 말고도 대안으로 선택할 수 있는 매장은 주변에 충분히 많다는 사실을 잊으면 안 된다.

또한 제품 발주는 매우 중요한 부분이다. 내가 갈 때마다 계속 찾는 물건이 없는 매장이라면 나중에는 굳이 그 매장을 방문할 이유가 없다. 상황이 이럼에도 오토매장으로 운영하고 싶은가? 직영매장의 매출도 입지에 따라 결정되기도 하지만, 운영하는 점장 및 직원의 능력에 따라

***오토매장** 경영주는 업무에 참여하지 않고 판매액만 확인하는 식으로 운영되는 매장.

매출이 크게 좌우된다는 사실을 반드시 기억해야 한다.

H&B 사업은 서비스 기반의 판매업

가맹점 운영을 희망했던 많은 사람들이 H&B 스토어는 대기업 시스템으로 운영되니 자신은 돈만 투자하면 은행에서 이자가 나오듯이 고수익을 창출할 수 있는 사업쯤으로 생각하고 있었다. 그러나 진짜 위험한 사람은 자신이 운영에 대해 알아볼 만큼 알아봤고 판매 경험도 있어 자신 있으니 좋은 입지를 제안해 달라는 사람들이다. 자신이 많은 돈을 들여서 투자하는 점포의 입지를 타인의 관점에 맡긴다니 이게 얼마나 위험한 상황인가. 2~3개씩 복수점포를 성공적으로 운영하는 경영주의 특징은 질대로 자신이 모르는 지역에서는 사업을 하지 않는다는 것이다. 내가 운영할 점포를 찾기 위해서는 내가 잘 아는 상권에서 찾아야 한다. 그리고 내가 운영할 점포를 찾기 위해서는 사람들의 동선은 어디서 어디로 이어지는지, 상권이 갖는 특성은 무엇인지, 추후 경쟁사가 입점할 가능성의 여부와 위치는 어떤지, 출퇴근 동선에 따른 특징은 무엇인지 등등 고려해야 할 부분은 너무 많다. 자신이 알지 못하는 상권에서 가맹점 투자를 결정한다는 게 얼마나 무서운 일인지 모르는 사람들이 의외로 많다.

가맹점 추가 운영을 희망했던 한 경영주는 임대차목적물을 찾기 위해 항상 주위를 살폈고, 본인이 선택한 위치의 임차조건과 특징에 대해서는 단순한 조언만 필요로 할 만큼 잘 파악하고 있었다. 경영주는 본사의 점포개발자가 아니다. 전국 상권에 대한 이해도 필요 없고, 본인이 투자할 지역에만 전문가가 되면 된다. 단, 본인이 투자할 지역에 대해서는 모르는 중개업소가 있어서도 안 되고 나아가 각 브랜드를 운영하는 임차인의 경영 상황과 주변 임대인의 성향까지도 알고 있어야 한다. 본인이 그 정도는 알고 있는 상권의 경우에만 가맹점 운영을 검토하는 것이 좋다.

이제 본인이 잘 알고 있는 상권을 전제로 H&B 가맹점 운영에 대한 절차에 대해 알아보자. 가맹점 운영을 희망하는 경우 본사를 통해 현재 자신이 진행하고 싶은 지역의 가맹점 운영의 가능 여부를 체크하는 것이 우선이다. 힘들게 임대차목적물을 확보했는데 회사의 정책으로 가맹점 출점이 불가능한 곳이라면 단순히 에너지를 낭비한 것에 지나지 않는다. 가맹점 출점이 가능한 지역인 경우 다음으로는 임대차목적물을 확보해야 하는데 H&B 스토어와 상권에 따른 궁합은 다음 챕터에서 알아보기로 하고, 이번 챕터에서는 절차에 대해서만 알아보고자 한다.

H&B 스토어가 입점하기 좋은 임대차목적물을 선별하는 경우에 먼저 전용면적 약 40평(132㎡) 이상을 기준으로 하는 것이 좋다. 기존 가맹점의 경우 더 작은 곳도 있지만, 갈수록 고객이 원하는 상품이 다양해짐에 따라 H&B 스토어는 점점 대형화되는 추세이기 때문이다. 적당한 면적의 후보점을 발견했다면, 과연 그 앞을 지나가는 사람은 몇 명이고 그 중에서 매장에 입점할 만한 고객은 몇 명인지 조사한다. 또 그곳에 매장을 오픈했을 때 과연 내가 고객이라면 여기서 구매하는 것이 편리한지 철저히 고객의 입장에서 생각해야 한다. 예를 들면 4차선 도로를 기준으로 마주보고 있는 2개의 점포가 있고, 임차조건이 큰 차이가 나지 않는 경우라면 퇴근길 동선에 위치한 쪽의 점포가 훨씬 유리하다. 맞은편 점포가 조금 낫더라도 고객은 굳이 횡단보도를 건너는 불편을 감수하면서 구매하지 않기 때문이다. 요즘은 H&B 스토어를 목적성으로 방문하는 고객도 있지만, 아직까지 대부분의 고객은 지나가던 중 가볍게 둘러보러 들렀다가 구매로 이어지는 경우가 많다.

적절한 임대차목적물을 발견했다면 적어도 주중(월~목), 주말(토~일) 각 1일씩은 후보점 앞을 지나가는 유동인구를 점검하는 것이 좋다. 보통 직영점의 경우 외부업체를 이용하는데 오전 10시부터 오후 10시까지 후보점 앞을 지나가는 전체 유동인구와 함께 20대~30대 여성 고객만을 체크한다. 이를 '타깃률'이라고 하는데 하루 동안 후보점 앞을 지나간 유동인구가 1만 명이었고 그중에서 20~30대 여성의 비중이 2,500명이었다면 후보점의 타깃 유동인구는 25%인 셈이다. 후보점 앞을 지나가는 4명 중 1명이 모두 고객은 아니지만 적어도 고객으로 만들 수 있는 확률은 높아지는 것이다. 샘플로 유동조사를 실시하면 주중, 주말에 따른 차이와 함께 시간에 따른 차이 또한 확연하게 드러난다. 아무리 유동인구가 많아도 대부분 남성인 경우 과연 매출이 발생하겠는가? 이처럼 타깃률 측정은 매우 중요한 부분임에도 불구하고 많은 사람들이 간과하고 있다.

다음으로 다루고자 하는 것은 바로 추정매출이다. 직영점 개발 시에도 추정매출은 늘 고민이 되는 부분이다. 추정매출이 얼마인가에 따라 감당할 수 있는 손익분기점이 변화되고 이에 따라서 출점 여부가 결정되는 만큼 매출을 추정하는 것은 중요한 부분이기 때문이다. 다만 직영점과 가맹점은 인건비 구조 등 다양한 이유로 출점 과정 또한 다른데 여기서는 가맹점의 경우만 살펴보고자 한다. 우리가 접했던 뉴스를 보면 본사에서 제공한 추정매출 데이터를 믿고 계약했다가 낭패를 당했다는 이야기를 쉽게 접한다. 일부 업체에서는 실적을 높이기 위해 부풀려진 매출을 제공하는 경우가 있겠지만 대부분의 업체들은 직영점 개발을 진행할 때도 축적된 데이터를 기반으로 최대한 논리적으로 추정 매출을 가늠하며, 주변 업체들의 영업상황을 파악해 객관적으로 보정하려고 노력한다.

가맹점의 경우 조금 다른 과정으로 진행되는데 정보공개서 제공을 통해 가맹 희망자의 장래 점포 예정지에서 가장 인접한 가맹점 리스트와 함께 상호, 소재지, 전화번호 등을 제공하게 된다. 이때 점포의 상한·하한 매출을 제외한 점포들의 평균 매출액 또한 제공되는데 가맹 희망자는 가장 객관적인 데이터를 통해 직접 추정매출을 가늠하고 가맹 여부를 결정하게 된다. 이처럼 본사는 객관적인 데이터를 제공할 뿐 가맹점 운영에 대한 여부는 자신이 결정하기 때문에 신중해야 한다. 의외로 계약서의 내용을 꼼꼼하게 읽지 않고 계약을 체결하는 사람이 많은데 반드시 임대차계약서는 중개업소를 이용하고 가맹계약은 체결 전 가맹 거래사의 자문을 받을 것을 추천한다.

해당 리스트를 통해 서울시 ○○구에 위치한 가맹점포는 전용면적 1

인근지역 가맹점 리스트 매출을 통한 예상 매출 확인 예시   단위 백만 원, 평

점포명	주소	전화번호	월평균매출	면적	평당매출	비고
A	서울시 XX구	02-XXX	150,000	60	2,500	
B	서울시 XX구	02-XXX	100,000	50	2,000	
C	서울시 XX구	02-XXX	90,000	45	2,000	
D	서울시 XX구	02-XXX	130,000	40	3,250	제외
E	서울시 XX구	02-XXX	85,000	50	1,700	제외

평당 200만 원에서 250만 원 수준의 매출이 발생하는 것을 추정할 수 있다. 물론 점포마다 입지 및 접근성이 상이한 만큼 반드시 해당 점포를 전부 방문해 직접 눈으로 확인해야 한다.

📍 H&B 스토어와 가장 잘 맞는 상권 유형은?

사업을 결정하기 전에 중요한 판단은 지금 H&B 가맹점을 시작해도 늦지 않았는지, 만약 가맹점을 운영하게 된다면 어떤 상권에서 하는 것이 적합한지 여부이다. H&B 스토어가 과연 포화상태라고 생각하는가? 물론 가맹사업 초기 리스크를 감수하고 서울 및 수도권 1입지에서 가맹점을 운영한 경영주들은 현재 가맹점 운영에 대해 매우 만족도가 높고 복수점 운영에 대해서도 상당히 긍정적인 반응이었다. 분명한 것은 어떤 업종이든 아무리 포화상태라고 해도 새롭게 오픈해서 성공하는 사람은 반드시 존재한다는 점이다.

필자가 가장 기억에 남는 경영주는 이미 2개점을 운영하고 있던 분이었는데 1개점을 추가 오픈하고 싶다고 연락이 왔고 해당 점포의 지번을 받아 지도로 확인한 결과 진행하지 말 것을 당부했다. 해당 상권은 수도권의 구상권으로 한때는 어느 정도 인지도가 있었으나 지금은 흔히 말하는 한물간 상권이었기 때문이다. 게다가 더욱 놀란 부분은 2층 점포라는 점이었는데 1층에 상당수 공실이 존재함에도 불구하고 그

분은 임대료가 매우 저렴하다는 이유로 2층을 희망한 것이다. 동료 점
포개발자들 또한 해당 후보점에 대해 매우 회의적이었음에도 이미 인
근에 2개의 점포를 성공적으로 운영하는 경영주인 데다 워낙 강력하게
요청을 해와 해당 가맹점을 오픈하게 되었다. 결과부터 말하면 해당 점
포는 상상할 수도 없는 저렴한 임대료임에도 불구하고 서울 수도권 일
반 상업지역과 유사한 수준의 매출이 발생했다. 만약 서울 수도권 유사
매출 상권의 1층 점포를 얻었다면 해당 점포의 4~5배 수준의 임대료
를 부담했어야 했을 것이다.

　　오픈 이후 경영주분과의 대화를 돌이켜보면 그분은 해당 상권이 아
무리 죽어가는 상권이라 해도 유흥과 상업시설이 복합적으로 구성된
상권인 만큼 상주하는 직원의 수요 또한 많을 것으로 판단했고, 인근

지역 꽤 넓은 범위까지 H&B 스토어가 존재하지 않으며, 해당 상권의 경우 파이가 애매해 경쟁사의 추가 진입이 어려울 것으로 판단했다고 했다. 즉, 향후에도 독점적으로 운영할 수 있는 상권인데다 리스크를 줄일 만큼 임대료가 저렴해 2층 점포를 공략한 것이며 결과는 매우 성공적이었다. 가맹점을 운영하고자 하는 희망 경영주는 적어도 해당 지역에 대해서는 본사 점포개발자보다 더욱 더 상권을 면밀히 파악하고 있어야 된다는 뜻이다.

다만 그분은 이미 2개의 가맹점포 운영을 통해 H&B 스토어가 맞는 상권에 대하여 정확하게 파악하고 있었기 때문에 위와 같은 성공적인 출점이 가능했던 것이다. 처음 H&B 관련 사업을 희망하는 경영주의 경우에는 상권에 따른 특징 파악을 필요로 한다. 먼저 상권을 크게 분류해 정리해보면 다음과 같다.

먼저 상권 분류에 따른 부가적인 설명을 하자면 정확한 분류 방법이 있는 것은 아니다. 예를 들어 "후보점 반경 몇km 내 대학교 위치 시 해당 상권은 대학가로 분류함."과 같은 공식은 없다. 하지만 대체적인 특징을 기준으로 구분해 보면 명동, 강남과 같은 최고 핵심상권의 경우 임대료만 억 단위를 호가하는 경우가 많아 개인이 운영할 수 있는 수준을 넘어선다. 또한 해당 상권의 경우 경쟁사의 진입을 방어하기 위해 일정수준의 출혈을 감수하고 전략적으로 여러 개의 점포를 오픈하기도 한다.

상업상권은 일반적으로 주거를 배후로 대로변을 따라 상업시설이 형성되어 있으며 인근에 지하철 또는 버스정류장이 위치해 유동인구가

상권 유형별 특징

구분	예시	특징	적합도	비고
핵심상권	명동, 강남	임대료 高	O	개인이 감당하기 어려움
상업	쌍문역	역세권+상업시설	O	가장 많은 비중 차지함
유흥	수유, 범계	야간/주말 활발	O	대체로 권리금 高
주거	뉴타운	배후세대 풍부	X	베드타운화
오피스	상암, 선릉	주말 공동화	X	대형 사옥에 입점
대학가	신촌	타겟율 높음	O	방학에 따른 편차 발생
특수입지	공항, 역사	대체로 高 매출	O	직영점 위주 출점

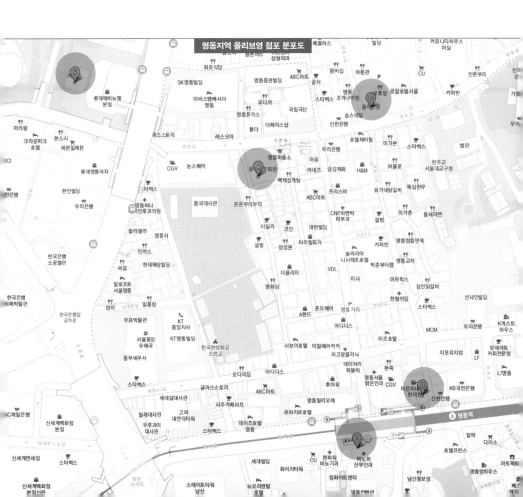

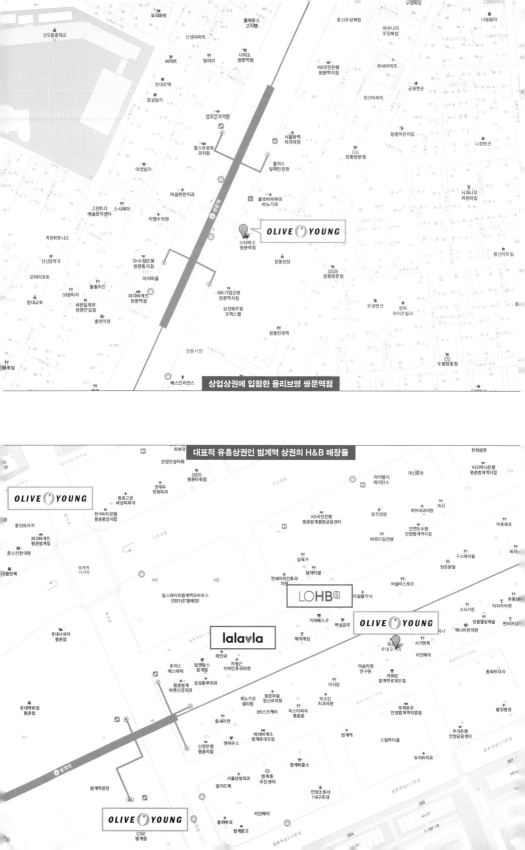

상업상권에 입점한 올리브영 쌍문역점

대표적 유흥상권인 범계역 상권의 H&B 매장들

많다. 일반적으로 가장 많은 비중을 차지하는 상권인 만큼 권리금 및 임대료의 편차가 매우 넓으며, 매출 예측이 가장 힘든 상권이기도 하다. 지역적 특색이 매우 강한 상권으로 사람들의 이동 동선 및 주요 이용시설 파악이 가장 어려운 상권이다. 또한 경쟁업체가 진입하는 경우 업체 간 경쟁이 가장 치열한 상권 중 하나인데 H&B 업체에서는 가장 많은 비중을 차지하는 상권인 만큼 핵심상권, 유흥상권과 함께 결코 포기할 수 없는 상권 중 하나이다.

유흥상권은 흔히 말하는 먹자골목과 같은 상권으로 대부분 권리금과 임대료가 높은 편이며, 저녁시간과 주말에 주로 매출이 집중되는 경향이 있다. 유흥상권의 유동인구는 소비를 목적으로 방문하는 경우가 대부분이기 때문에 매출 발생이 용이하며, H&B 업체의 입장에서는 결코 포기할 수 없는 핵심 상권이다.

주거상권은 대규모 주거세대를 배후로 입점하는 상권인데 주로 뉴타운(가재울) 내지는 전통적인 아파트 밀집지역(상계동)을 뜻한다. 상업시설이 많지 않고 주로 퇴근시간에 매출이 발생하는데 주거상권은 H&B 업체가 들어가 수익을 내기에는 어려운 상권이며, 판매되는 상품의 비중 또한 일반상권과는 다소 차이가 있다. 다만, 일부 업체의 경우 주거상권 특성을 고려해 식음료, 간편식, 대용량제품 등 상품구성의 비중을 일부 변경하여 출점을 진행하고 있다.

오피스 상권은 여의도, 광화문, 선릉과 같이 배후 및 타깃 고객이 대부분 오피스 근무자들인 경우인데, 특히 대형 오피스 건물에 입점하는

대표적 주거상권인 올리브영 가재울뉴타운점

경우 상주 근무자들이 많고 같은 건물 내 경쟁사의 추가진입이 어려우
며, 채권 확보가 용이하고 건물이 노후화되지 않았다는 장점이 있다.
그러나 오피스 상권은 H&B 업체의 무덤이나 다름없다는 입장 또한
존재한다. 먼저 오피스 건물은 대부분 관리비가 매우 높은데 보통 면적
을 기준으로 정하기 때문에 심한 경우 관리비가 임대료에 육박하는 경
우도 있으며, 공사 규정이 까다로워 공사비용 및 추후 원상복구 비용이
많이 발생한다.

　또한 오피스 상권 대부분의 매출이 낮은 편인데 가장 중요한 것은
오피스 상권 대부분은 주 5일만 영업하는 상권이라는 점이다. 주말 및

공휴일의 경우 오피스 상권은 공동화 현상이 발생하는데 이를 1년으로 환산해보면 영업일수가 다른 상권에 비해 턱없이 부족하다. 다음으로는 오피스 상주인구의 여성 근로자 비중이 적고 남성 근로자의 비중이 높은 경우가 있을 수 있으며, 타깃 수요층이 많은 사무실이 이전하는 경우도 발생할 수 있다. 또한, H&B 매장의 증가 및 온라인 쇼핑몰의 활성화로 인해 이제 어디서든지 원하는 제품을 구매할 수 있는 만큼 굳이 퇴근 시 사무실 근처에서 무거운 제품을 구매해야 할 이유가 없다.

따라서 오피스 상권에서 발생하는 매출 대부분은 간단한 간식거리나 소용량 제품들이 다수를 이루며, 이는 대부분이 편의점에서도 취급하는 제품들이다. 또한 대형 오피스의 경우 이미 건물 내에 편의점이 입점한 경우가 많기 때문에 경쟁력 문제로 인해 앞으로도 대형 오피스 입점 및 오피스 상권의 경우 H&B 업체들은 입점을 꺼릴 가능성이 높다.

대학가 상권은 대학교 정문 또는 후문을 중심으로 유흥 및 상업시설이 밀집되어 있는 것이 특징이다. 이 상권의 가장 큰 단점은 방학으로 인해 기간별 매출 편차가 발생한다는 점이다. 그러나 다른 상권에 비하여 타깃 유동인구 비율이 매우 높으며, 유행에 민감하고 다른 계층보다 자신을 위해 기꺼이 소비를 하는 계층이 많고, 특히 상권이 응집된다는 점에서 상당히 매력적인 상권 중 하나이다.

마지막으로 특수상권의 경우 공항, 역사, 터미널, 대형쇼핑몰 등을 뜻하는데 대체적으로 매우 높은 매출을 보이고 있다. 특히 대형쇼핑몰

연세대학교 인근 올리브영 매장 분포도

은 유흥상권과 함께 소비를 목적으로 방문하는 고객이 대부분이며 공항, 역사, 터미널의 경우 탑승시간보다 여유 있게 도착하기 때문에 남는 시간을 매장에서 보내다가 매출로 이어지는 경우가 많다. 다만 공항, 역사 같은 국유지의 경우 대부분 입찰 절차를 거쳐야 하며, 낙찰을 받기 위한 업체 간의 경쟁이 치열하다 보니 매우 높은 임대료를 제시해야 하는 경우가 많다.

대형쇼핑몰은 롯데월드타워, 코엑스몰, 타임스퀘어 등과 같이 대형 복합몰에 입점하는데 대부분의 그 유통사의 계열사가 입점한 경우가 많으며, 쇼핑몰 내부가 매우 넓고 복잡해 내부에서의 위치 선정이 매우 중요하다. 일반적으로 패션(여성복 또는 잡화)과 같은 층에 입점하는 경우가 매출이 높을 것으로 생각하지만 실질적으로는 식음이 밀집되어 있는 층에 입점하는 것이 평균매출이 높으며, 매장 인근에 고객센터가 위치하는 경우에는 특히 시너지 효과가 높다. 고객센터를 방문하는 고객들은 대부분 유모차를 빌리거나 소비 목적으로 특정매장을 찾는 경우가 많기 때문이다. 또 상품권을 수령하기 위해 오는 경우가 많은데 금액이 부족할 때 H&B 제품들은 부담 없이 구매해 금액을 맞출 수 있기 때문이다. 요즘 일부 대형 복합몰은 층에 따라 MD를 구분하던 전통적인 백화점식과는 다르게 다양한 MD를 혼합해 구성하는 경향이 많으며 앞으로도 이러한 트렌드는 더욱 확산될 것으로 보인다.

결론적으로 H&B 매장은 핵심상권, 유흥상권, 상업상권, 대학가, 특수상권 등과 같이 소비목적을 가진 고객이 많은 상권에 위치하는 것이 좋으며 오피스, 주거상권은 H&B 스토어가 들어가기에 적합한 환경은 아니다. 핵심상권과 특수상권의 경우 개인이 계약하기 어려운 경우가 많기 때문에 실질적으로 대부분의 가맹점은 유흥상권, 상업상권, 대학가를 중심으로 진행하는 것이 실패 리스크를 줄일 수 있다. 특히 주의해야 할 점은 대형 오피스에 입점하는 경우인데 편의점이 입점하는 대신 식음료 및 간편식을 강화해 편의점 기능을 담당하는 H&B 스토어를 검토한 적이 있었다. 그러나 H&B 스토어에서 식품군이 차지하는 비중은 평균 5% 정도이며, 식품군을 강화하더라도 편의점을 대신할 수 있을 정도의 상품 구성은 현재의 H&B 입장에서는 불가능하다. 또한

주 5일 근무로 인해 영업일수가 매우 부족하다는 점과 임대료를 수수료 방식으로 변경한다 하더라도 고정적으로 부과되는 높은 관리비 등 고정비로 인하여 대형오피스 및 오피스 상권은 H&B 스토어 입장에서는 적합하지 않다.

H&B 스토어의 내일

앞으로도 H&B 스토어는 블루오션일까?

앞에서 살펴본 바와 같이 H&B 시장은 지속적으로 성장해 왔고 동시에 경쟁 또한 심화되고 있다. 그럼에도 불구하고 많은 유통업체들이 H&B 시장에 관심을 갖고 사업을 확장하는 것은 분명 다른 유통업에 비해 높은 성장 잠재력을 지녔다는 판단 때문일 것이다.

H&B 스토어에 대한 소비자의 요구는 점점 다양화되고 있으며 이런 요구에 부응하기 위해 업체들은 상품을 취급하고 있으며 매장은 계속 대형화되는 추세이다. 기존 H&B 스토어가 상권 내 1입지를 중심으로 40평 정도의 표준 점포를 확산하는 전략이었다면, 이제는 단순히 점포 수를 늘리는 것에 집중하는 것이 아니다. 계약만료 시점이 도래하는 점포들에 대해 리로케이션을 통한 상권 재배치를 추진함과 동시에 100평 이상의 대형점(거점 점포) 출점, 그리고 다양한 버전의 H&B 스토어

개발에 이르기까지 살아남기 위한 업체들의 경쟁은 계속 치열해질 것으로 판단된다.

현재 H&B 시장은 대부분 본사 직영점 체제로 운영 중인데 이런 직영점 위주 전략은 앞으로도 지속될 것으로 보인다. 그러나 향후 전망은 의약품 취급 여부 등 다양한 변수가 많아 섣불리 예측할 수는 없다. 다만 드러그 스토어의 기능이 가능한 일본이나 유럽의 사례를 볼 때, H&B 스토어의 성장성은 다른 유통업에 비해 아직은 높다고 판단되며, 미래를 대비해 다양한 타입의 버전을 미리 테스트하며 업계를 선도하는 업체만이 살아남을 수 있을 것이다.

향후 H&B 업계의 키워드는 대형화와 다양화이며 라이프스타일 제품부터 식음료에 이르기까지 생활에 필요한 모든 것을 원스톱 쇼핑이 가능하도록 만드는 것이다. 일본의 사례처럼 더 이상 시내 중심부만이 아니라 주차설비가 잘 갖춰진 외곽의 대형 드라이브인 매장이 나오는 것도 먼 미래의 일이 아니다. 다만, 다양한 상품을 취급해 다른 업종과 경계가 모호해진다는 것은 그만큼 경쟁의 범위 또한 넓어진다는 뜻인데 더 이상 H&B 업체 간의 경쟁에 그치는 것이 아니라 작게는 편의점부터 크게는 마트까지 그리고 나아가서는 온라인 쇼핑몰과도 끊임없는 경쟁을 시작할 것이다.

그러나 이러한 무한경쟁이 부정적인 것만은 아니다. 온라인에서 구매 후 오프라인 매장에서 픽업하는 서비스를 검토하기도 하고, 정식으로 수입이 되지 않아 해외직구를 이용하던 제품에 대해 소비자들이 H&B

업체에 직접 수입을 요청하기도 한다. 업체들은 소비자의 마음을 얻기 위하여 이러한 진화된 서비스를 고민하고 있으며, 이제는 기존의 타깃 층인 20~30대 여성에 국한되지 않고, 40대 초반 세대 및 남성층을 공략하기 위한 제품을 강화하고 있다.

결국 H&B 업체의 이러한 고민과 경쟁은 오롯이 소비자의 편의성 증가로 이어지게 되며, 이러한 편의성 증가는 앞으로 1인 가구가 증가하는 한국 시장에서 지속적으로 빛을 발할 것으로 생각된다. 약사법 개정을 통해 H&B 스토어에서 드러그 스토어 수준의 약을 취급하는 건 당분간 어려울 것으로 생각된다. 다만, 한 가지 확실한 것은 업체들은 항상 살아남기 위해 새로운 방법을 찾아왔다. 약사가 H&B 스토어 가맹점 운영을 통해 매장 내 약국을 병행 운영할 수도 있고, 주차시설을 완비하고 24시간 운영하는 초대형 H&B 스토어가 탄생할 수도 있다. 업계에 몸을 담고 있는 사람이자 스토어를 자주 이용하는 소비자의 한 사람으로서 필자 또한 H&B 스토어의 진화를 즐거운 마음으로 지켜보고자 한다.

NOTES

〈헬스앤뷰티라는 업종은 없으며 사업자등록증은 체인화 편의점 또는 화장품 도소매로 나온다〉
출처: 경향비즈 〈건강·택배·온라인·뷰티 편의점 차별화… 1강3약 H&B "젊은층 껴안기 양보없다"〉
출처: 한국금융 〈CJ 독주 H&B시장… 롯데·신세계 영토 확장 나서〉
출처: 연합인포맥스 〈GS리테일, H&B스토어 '랄라블라' 적자에 이중고〉
제품의 원가는 종류에 따라 다르며 이해를 돕기 위한 단순 예시임.
해당 예시는 단순 이해를 돕기 위하여 임의로 숫자를 기입하였다.

편의점 업계의
미래 전망

The
RETAIL
BIBLE
2020

박 현 수

(주)바구니 대표이사

동국대학교 생명학과에서 '프랜차이즈'를
전공했으며, 유통 전문 기업인 롯데쇼핑에
입사해(편의점 사업부, 현 코리아세븐)
점포 운영관리 및 운영기획을 담당했고,
2002년에는 세븐일레븐이 프랜차이즈
업계 최초 1,000호점을 달성하는 데
일조했다. 2014년에는 '로열티 없는
프랜차이즈'를 목표로 독립형 편의점인
'레몬비' 브랜드를 론칭해 2018년
현재 110여 개의 가맹점을 운영 중이며
독립형 편의점으로서는 최초로
제주도에 상온·저온 물류센터를
완공해 운영 중에 있다.

편의점 업계의 현황

　1980년대 일본에서 시작돼 성장기를 구가하던 편의점 사업은 新성장산업의 아이템으로 인식되며 한국에 도입돼 빠른 시간 안에 급성장하게 되었다. 24시간 영업을 비즈니스모델로 내건 편의점 사업은 한국의 야간문화와 어우러지며 신속히 녹아든 유통업태이다. 또한 1988년 서울올림픽 개최 이후 경제성장이 빠르게 진행되면서 현재까지 성공적인 정착과 성장의 결과물을 일궈냈다. 편의점 관련한 발자취를 살펴보면 1989년 5월 코리아세븐이 미국의 '사우스랜드 사The South Land'와 기술제휴를 통해 첫 편의점인 '세븐일레븐' 올림픽선수촌점(1989년 5월 6일)을 개점한 것이 그 시작이었다. 그 이후 '로손 Lawson'(광화문점, 1989년 7월), '패밀리마트Family Mart'(1990년 10월 가락시영점, 2012년 씨유CU로 상호 변경), '써클K'(1990년 10월 원효점), '미니스톱Mini Stop'(1990년 11월 목동점), 'LG25'(1990년 12월 경희점, 2005년 GS25로 상호 변경), '바이더웨이By the way'(1991년 2월 신촌점) 등의 브랜드가 차례로 문을 열었다.

2016년 말까지 전체 점포 수는 32,611개에 도달했고, 2018년도 현재 한국 내 편의점 점포 수는 이미 4만 개를 넘은 것으로 추산될 만큼 편의점 시장은 성장을 거듭해왔다. 편의점 업계 빅3(GS25, CU, 세븐일레븐) 간의 점포 출점 경쟁이 더욱 치열해지면서 2010년대에는 가파른 증가세를 보이게 된다. 2007년부터 2012년까지 5년간 편의점 점포 수는 14,000개 이상 순증가하게 된다. 그 과정에서 편의점 운영사 중 10,000개 점포 시대를 CU(2016년 6월)와 GS25(2016년 7월)가 차례대로 열게 되었다. 한편 가파른 증가와 맞물려 이에 따른 성장통 또한 나타나게 된다. 점포 수의 누적 증가와 점포 수 성장률* 그래프에서 확인할 수 있

*점포 수 성장률 점포 수 순증가율: 출점수−폐점수

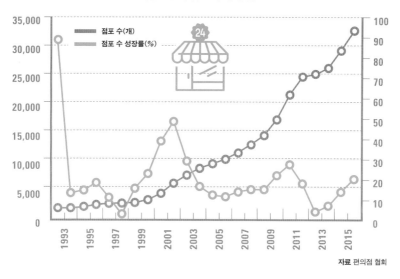

점포 수와 점포 수 성장률

자료 편의점 협회

듯이 점포 수의 빠른 증가는 프랜차이즈 관련 상생이슈가 제기돼 폐점
또한 증가하는 모습을 보인다.

점포 수 성장률(점포 수의 순증가율)을 보면 특정한 시점에 매우 감소
하는 모습을 보인다. 1997년 IMF를 거친 이후 고성장과 정체기(1994년
~2009년), 2010년 증가 이후 2013년까지의 감소는 상생이슈로 인한 감
소가 반영된 결과로 보인다. 이 이슈는 편의점 업계에만 반영된 것이
아니었으나 급격한 성장에서 발생하는 관련 이슈들이 집중 조명되었
다. 특히 무분별한 출점에 의해 점포당 수익성이 떨어진다는 언론의 집
중적인 기사화는 프랜차이즈 사업의 특성상 큰 장애물이 되었다. 가맹
경영주의 급격한 감소 및 업체에 대한 사회적 비난은 점포 출점에도 막
대한 영향을 주게 되었다. 이러한 일련의 과정을 통해 가맹본부와 점포

경영주 간 상생협약 및 경영주 지원, 가맹사업법의 강화에 따른 출점 제한 등의 제도적 보완이 점차적으로 이뤄지게 된다. 이러한 조정기를 거쳐 이후 다시 성장률이 증가세로 돌아서게 되며 현재에 이르고 있다.

2017년까지도 지속 성장세를 보이던 편의점 업계에 향후 어떤 현안과 발전 방향이 존재하고 있는지는 매우 중요한 지점이 된다. 앞의 그래프에서 나타나듯 급속한 성장 이후의 급속한 감소는 일정부분 패턴화되어 나타나고 있다. 같은 브랜드에 대한 점포 간 거리 규제(도보거리상 250m)에도 불구하고 2017년에도 전체 운영점은 37,000개를 넘어설 만큼 성장하였다. 그러나 앞서 지적한 증가와 감소의 패턴이 다시 작용된다면 2018년 이후에는 한동안 감소세로 이어질 것으로 예상되고 있다. 결국 소비자와의 가장 말단에 위치한 업태의 특성을 감안할 때 편의점 업태는 사회적, 경제적 변화에 매우 민감하게 반응한다는 점을 항상 염두에 두어야 할 것이다. 하지만 이러한 변화에 대한 현상을 살펴보고 대응한다면 또 다른 기회를 찾아낼 수도 있다. 그럼 이제부터는 이러한 위험과 기회의 요인을 나누어 살펴보도록 하자.

편의점 업계의 위협과 기회

 두 가지 위협요소

급격한 고정비의 증가

2018년도에 들어서도 고속성장을 지속하던 편의점 업계에 제동을 걸 것으로 예상되는 외부적 변수들이 등장했다. 그 첫 번째는 바로 최저임금의 급격한 인상 그리고 그에 동반한 각종 고정비의 상승이다.

다음 페이지의 그래프에서 보는 바와 같이 평균 7% 전후의 인상율을 보이던 최저임금은 2018년도에는 16.4%로 두 배 이상 인상되었다. 또한 최저임금의 인상에 따라 일정시간 이상 근무 시 발생하는 주휴수당, 4대보험의 확대 적용에 따른 점포당 고정비(인건비 및 4대보험료)의 급격한 증가는 편의점 사업자뿐만 아니라 장단기 아르바이트 직원을 고

연도별 최저임금 결정 현황

자료 노사정 위원회

용하는 모든 자영업자에게 해당되는 가장 큰 경제적, 사회적 변화이다. 이는 단순한 부담 요인을 넘어 편의점 사업자와 자영업자들을 생존의 기로에 서게 할 수 있는 치명적인 요소로 언급되고 있다.

점포당 매출의 감소

고정비 증가에 이어 편의점 업계의 위협 요인으로 평가 받는 두 번째 요인은 급속한 점포 수 증가 등 다양한 원인으로 인한 점포당 매출의 감소이다. 일각에서는 이로 인해 결국 편의점 업계의 지속성장도 한계에 봉착할 것이라는 분석을 내놓기도 한다. 앞서 언급한 첫 번째 요인인 급격한 고정비의 상승과 체감 경기불황에서 오는 소비감소, 물가불안과 같은 악재들이 속속 등장하고 있다. 결국 이러한 변수들은 말단 소비감소로 이어질 가능성이 높아 향후 편의점 성장에 큰 장애물이 될 것이라는 예상인 것이다. 이러한 불안은 편의점 점포 수 성장에 있어 많은 비중을 차지해온 다점포 운영자들의 고통을 더욱 크게 만들 공산이 높아지고 있다. 이는 점포 폐점 및 축소의 여지가 발생함으로써 전체적인 감소 리스크로 작용할 수 있다는 분석도 있다.

 ## 편의점 성장의 기회요인

1인 가구의 지속적 증가

앞서 언급한 대로 편의점 업계를 위협하는 경제적, 사회적 문제점들이 대두되고 있음에도 향후에도 지속성장이 가능하다고 예측하는 분석도 만만치 않다. 그들이 제시하는 기회요인 중 가장 큰 것은 바로 1인 가구의 지속적인 증가이다. 경제적, 문화적 변화 중 가장 큰 요인으로 꼽히는 이 사회적 변화가 편의점 업태에는 긍정적 영향을 미칠 것이라는 예상이다.

통계청에서 제시한 '장래가구추계'에 따르면 2017년도 현재 1인 가구의 비율은 28.6%에 이르고 있으며, 향후 2035년에는 이 비율이

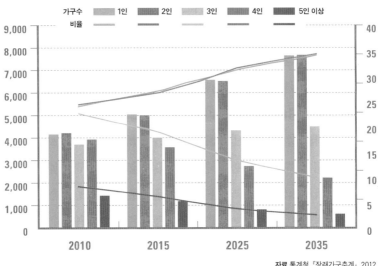

2010~2035년 가구원수별 가구 추계

가구수   ▨ 1인   ▨ 2인   ▨ 3인   ▨ 4인   ▨ 5인 이상
비율

자료 통계청, 『장래가구추계』, 2012

33.6%까지 증가할 것으로 예측하고 있다. 특히 남성 1인 가구는 비혼과 만혼 등의 영향으로 급격히 증가하고 있다. 이런 변화와 더불어 주거형태도 대형평수에 비해 소형평수 선호도가 높아지고 있다는 점은 편의점 이용 가능성이 높은 1인 가구원 세대의 증가와 더불어 소형가족화도 진행 중이라는 점을 입증해준다. 이러한 변화는 결국 편의점 업종에 긍정적으로 작용할 거라는 예측이 지배적이다. 예를 들어 과거 편의점 사업의 초기에는 유흥상권과 역세권을 1순위 상권으로 꼽았다. 그러나 현재는 주거상권 특히 원룸과 오피스텔상권을 우호적인 상권으로 인식하고 있다. 이러한 소비형태의 변화를 보여주는 연구에 따르면 1인 가구의 월 가처분소득은 전체 월소득에서 차지하는 비중이 3~4인

가구에 비해 두 배 가까이 나타나, 높은 주거비에도 불구하고 양육이나 부양에서 자유로운 소비여력을 보여주고 있다.(대한상공회의소, 2013)

사회적 구조의 변환이 편의점 업계에 미치는 영향은 다른 나라의 사례를 통해서도 살펴볼 수 있다. 특히 이미 1인 가구의 비율이 32%를 넘어선 대만의 사례를 참고하면 좋을 듯하다. 따라서 대만편의점 업계 트렌드 리포트*를 참고함으로써 향후 한국 편의점 업계의 변화를 상세히 예측하고자 한다.

---

*〈시장 수용에 따라 변신하는 편의점〉, 박지현 대만 타이베이무역관, 2017년 5월 8일

대만의 사회적 변화에 따른 분석 내용은 다음과 같다. 대만 1인 가구 수는 전체 인구의 30% 이상을 차지하는 것으로 나타났으며 냉동 육류, 채소류, 과일 등 기본 요리재료와 즉석 도시락, 스파게티 등 간편 조리제품의 판매가 증가하고 있다. 특히 최근에는 건강을 중요시하는 소비 트렌드에 따라 편의점 내 채소 판매가 높아지고 있다고 한다. 또한 현재 한국에서 편의점 업계에 위협으로 나타나고 있는 최저임금 관련한 내용도 살펴볼 수 있다. 대만에서는 최근 통과된 근로기준법에 의한 외식비 부담의 증가로 편의점 이용이 가속화될 것이라는 전망이 늘고 있다. 즉, 인건비 증가가 외식비 증가로 전이되면서 외식비를 감소시킬 것이라는 설문조사 결과가 나타난 것인데 이는 결국 편의점에서의 소비가 늘어날 확률이 높다는 점을 보여주는 것이다.

현재 한국에서도 이와 유사한 사례의 변화가 감지되고 있다. 편의점

업계에서 점포 출점 경쟁에서 질적 경쟁으로의 변화가 나타나고 있는 것이다. 대만 사례와 동일할 수는 없겠지만 출점 수 둔화에 따른 경쟁력 확보를 위해 현재 경쟁력 있는 점포의 지속적인 리모델링이 진행 중이며 이는 운영에 긍정적인 영향을 끼칠 것으로 분석되고 있다. 점포 면적의 확대, PB상품의 확대 그리고 즉석식품 카테고리 상품의 개발과 업그레이드 등이 그러한 단면을 보여주고 있다.

환경적 변화로 인한 기회요인

사회적, 경제적 변화뿐만 아니라 환경적 변화도 편의점 시장에 긍정적 영향을 줄 수 있다는 의견도 대두되고 있다. 이는 일본의 사례를 살펴봄으로써 한국 시장에서의 영향 여부를 가늠해볼 수 있을 것이다.

일본에서 발행되는 《월간 컨비니》 2016년 5월호에 게재된 '일본 편의점의 역할 정의와 경제적, 환경적 변화에 고객 확보의 가능성'을 살펴보자. 일본 사회에 있어 편의점은 1970년대에는 '365일 24시간 오픈의 편리성' 1980년대에 들어서는 '가정의 냉장고', 1990년대는 '가정의 부엌'이라는 역할을 담당한 바 있다. 2000년대에 접어들면서 ATM의 도입과 적극적 보급으로 '국민의 지갑'으로까지 역할이 확대되었으며, 2010년 이후에는 주부와 시니어 소비자 계층까지 확보해 '국민의 맛있는 식탁' 역할도 담당하고 있다고 말한다. 한편 일본 편의점 업계에서의 경쟁 환경을 살펴보면 상위업체가 강력한 경쟁력을 바탕으로 시장을 주도하고 있음을 알 수 있다.

　1990년 전반까지는 비슷한 영향력을 바탕으로 편의점들이 첨예하게 경쟁하고 있었다면, 1990년 후반부터 2000년대 중반까지는 경쟁에서 이긴 자와 그러지 못한 자가 나뉘었고 2000년대 중반부터 최근까지는 메이저 3사(세븐일레븐, 로손, 패밀리마트)에 의한 압축 경쟁 형태로 진행되고 있다. 2000년대에 접어들며 세븐일레븐을 포함해 일본 편의점 업계가 전반적인 정체현상을 보인 바 있다. 하지만 최근 몇 년에 걸쳐 세븐일레븐이 압도적인 경쟁력을 내세워 독점적 성장세를 보이고 있다. 또한 일본의 편의점 관련해 경제적, 환경적 변화에 따른 소비자 변화에 대해 유심히 살펴볼 필요가 있다. 2011년 일본을 강타한 동일본 대지진이 발생했을 때 각 편의점은 주부와 시니어 소비자로 넘쳐났는데 이러한 풍경은 일본에서조차 이전에는 볼 수 없었던 모습이었다고 한다.

이러한 경제적, 환경적 변화의 상황에 이전에는 편의점 사용을 기피했던 주부와 시니어들이 편의점의 '가깝고도 편리한'이라는 차별화된 편의성을 강하게 인식했다는 분석이다. 좀처럼 확보하기 어려웠던 새로운 소비자 계층의 확대가 가능해진 계기가 된 것이다. 이에 따라 편의점 업체마다 이들을 대상으로 한 관리에 더욱 신경을 기울이고 있다. 한국에서도 주부와 시니어 고객들은 편의점 고객으로 유치하기에 쉽지 않은 대상으로 존재하고 있다. 비록 비극적인 사건을 계기로 일어난 변화이기는 하지만 편의점의 왕국인 일본에서 주부와 시니어 고객의 확보 그리고 관리를 위한 노력은 현재의 한국 편의점 성장에 무엇이 필요한지를 보여주는 한 지점이라 할 수 있다.

편의점 업계의 향후 진화 방향

 경제적, 사회적 변화에 따른 진화

한국보다 소비계층의 폭이 넓으며 1인 가구의 성장성이 높은 일본과 대만의 사례를 통해 한국 편의점 업계는 많은 시사점을 얻을 수 있다. 한국의 편의점 업계는 오랜 기간에 걸친 양적성장을 거치는 과정에서 빅3 업체의 출점 경쟁이 심화됨으로써 많은 문제점을 낳기도 했다. 급격한 점포 수 증가로 인해 점포당 평균매출 하락과 인구수의 지속적인 감소로 인한 매출 부진은 향후 성장동력에 대한 의문으로 끊임없이 제기되고 있다. 그렇다면 향후 편의점 업태는 진화 발전 가능성이 있는지에 대한 질문을 던져야 된다.

앞서 편의점 사업이 발달한 다른 나라의 사례에서 보듯이 편의점 진화의 방향은 경제적, 사회적 변화에 민감하게 반응하면서 발전해왔다.

그리고 산업화가 진행되고 1인 가구가 증가할수록 편의점의 역할이 더욱 확대 발전될 수 있다는 것이 입증되고 있다. 즉, 편의점은 다양한 니치마켓을 흡수하면서 성장해온 것이다. 현재까지 담뱃가게, 과자와 도시락류를 파는 상점 역할을 통해 성장해온 한국 편의점 업계는 향후 경제적, 사회적 변화에 적극 대처해야만 지속적인 성장이 가능하다는 점을 인지해야 할 것이다.

2018년을 기점으로 한국 사회에서는 이전에 비해 특히 경제적, 사회적 변화가 클 것으로 예상되고 있다. 경제적으로는 최저임금 인상과 내수소비 감소에 따른 불안의 리스크 요인이 높아지고 있으며, 사회적 변화는 남북화해 분위기로 인한 기대감과 1인 가구의 급속한 증가로 인한 우호적 요인이 증가하고 있다. 이러한 변화의 요인들은 결국 위기와 기회가 함께 나타나는 아이러니한 환경을 만들어내고 있다.

이러한 변화는 결국 편의점 업계의 외형적 변화로 이어질 것으로 예상된다. 먼저 무조건적인 대형화가 정답이 아닐 수는 있지만 고객 확보를 위한 니치마켓을 흡수하기 위해서는 면적의 확대가 지속적으로 이루어질 것으로 예상된다. 또한 이러한 외형적 변화와 더불어 다양한 방식의 시도도 지속적으로 이어질 것이다. 상권에 알맞은 형태의 편의점 도입이 지속되었으나, 운영의 복잡성이 가미된 특성매장의 독특한 형태는 모든 점포에 일반화하여 적용하기는 어렵다. 그러나 다양한 형태의 편의점 실험에서 축적된 노하우는 기존 편의점에 적용해나가며 전체 매장에 일반화시키는 과정을 거치게 된다. 이러한 확대의 과정을 거친다는 측면에서 지속적인 니치마켓을 흡수하기 위한 실험매장은 앞으로도 계속 시도될 것이다.

 ## 인건비 상승으로 인한 무인화 점포

편의점에 관해 다양한 뉴스가 오가지만 최근 가장 큰 이슈는 역시 인건비에 기인한 무인매장에 대한 실험이다. 외국의 경우를 보면 미국의 '아마존고amazon go'나 중국의 '빙고박스', '24igo', '선치우' 등은 우리보다 앞서 무인화 매장을 도입해 운영 중이다. 국내에서는 세븐일레븐이 고객의 정맥 정보를 사전 등록하고 결제까지 이용할 수 있는 '핸드페이' 방식의 '시그니처'(2017년 5월)와 자판기형 무인편의점인 '세븐일레븐 익스프레스'(2018년 8월)를 도입해 실험 운영 중이고 GS25(2018년 8월/스마트GS25), CU(2018년 4월), emart24(2017년 6월) 역시 무인점포를 도입해 실험하고 있다. 현재 국내에서는 각 업체마다 아직 정해진 틀 없이 다양한 방식의 무인점포를 실험 운영 중인데, 이것은 고객에게 편리함을 제공한다는 목적보다는 인건비의 급격한 상승에 대처하기 위한 운영비 절감 차원에서 서두르고 있기 때문이다. 24시간 내내 운영하는 편의점 입장에서 주간 인건비의 1.5배를 지급해야 하는 야간 인건비까지 감안한다면 인건비 압박은 심각할 수밖에 없다. 이런 인건비 상승으로 인한 부담이 커질수록 비용 절감을 위해 야간영업의 포기 또는 무인점포로의 전환을 선택할 수밖에 없는 상황에 놓일 가능성이 매우 높다. 이런 정황으로 인해 무인편의점의 도입은 필연적이며 가속화될 것

으로 예상된다. 또한 현재까지는 형태 및 결제 시스템에서 많은 실험 및 시행착오를 거치고 있으나 향후 무인점포에 적합한 다양한 제품군의 개발과 편리한 결제방식이 도입된다면 점포 진화의 중요한 역할을 할 것이다.

 ## 편의점의 생존 진화 방향

앞서 설명한 전체적인 변화과정을 바탕으로 현재 편의점의 생존 진화 방향을 살펴봐야 할 필요가 있다. 즉, 편의점 역할의 정의에서 24시간 필요한 생활형 편의점의 진화로의 모습을 찾아보면, 첫 번째는 '가정의 식탁과 냉장고'로서의 역할에 대한 가능성이다. 1인 가구의 증가, 물가상승 요인은 가정의 식탁 또는 가정의 냉장고 역할을 할 수 있는 단계로까지 진화할 것이라는 점이다. 또한 향후 먹거리 시장에 있어 간편한 1차 식품까지의 확대를 포함하는 것으로 향후 식품시장의 중심이 슈퍼마켓에서 편의점으로 이동할 가능성이 매우 높아지고 있다는 점이다. 이는 소비자 계층의 확대가 필수적인 것이며 편의점 업계의 입장에서는 가장 큰 도전이 될 것이다.

두 번째 역할은 오프라인의 옴니채널 역할이다. 거미줄처럼 퍼져 있는 편의점 네트워크는 대형 종합유통회사에서 가장 탐내는 분야일 것이다. 즉, 온라인 시장이 급속하게 커질수록 이와 연계한 니치마켓niche

market*이 더욱 커질 것으로 예상되는데 편의점은 소매 구매자가 가장 근거리에서 이용할 수 있는 네트워크이기 때문이다. 과거부터 활성화되고 있는 서비스의 예는 택배 서비스일 것이다. 그리고 단순히 주고받는 단계에서 진화해 편의점 네트워크가 중간에 위치함으로써 온·오프채널의 매개자 역할이 가능한 것이다. 이러한 역할은 이미 도입된 가운데 더욱 진화하고 있으며, 편의점 업계에서도 자사 즉석식품을 자신이 직접 주문하고 점포에서 수취하는 시스템을 도입해 실행하고 있다.

세 번째는 복합매장의 활성화 가능성이 높다. 앞서 언급한 복합매장은 편의점 내에서 다른 기능의 숍인숍을 의미하였으나 앞으로의 복합

＊니치마켓 니치는 '틈새'란 뜻으로, '틈새시장'을 말한다.

매장은 마트 내의 편의점도 출점이 가능할 것이다. 즉, 편의점이 숍인숍 역할을 하는 것이다. 서로의 단점을 보완해주는 매장도 향후 출점이 가능할 것이다. 예를 들면, 1차 식품을 전문으로 하는 대형유통매장 내에 24시간 편의점을 입점시킴으로써 서로의 단점을 보완할 수 있는 가능성이 있다.

최근 위클리비즈(조선일보 2018년 10월 5일자)에 따르면 일본의 3대 편의점인 세븐일레븐, 패밀리마트, 로손은 각각 새로운 사업 분야를 지속적으로 발굴하면서 유사한 소매점들의 무한경쟁 시대에 적극적으로 대응하고 있다. 세븐일레븐은 고객들의 구매패턴의 변화에 따라 식품 조리공간을 대폭 확충한 신규 콘셉트의 점포를 늘리고 있으며, 소프트뱅

출처 fitgo.jp

크와 손잡고 공유 자전거 사업도 확대하고 있다. 패밀리마트는 2018년
2월 도쿄 오타구의 편의점 2층에 '피트앤드고 Fit&GO'라는 24시간 피트
니스센터를 개점했다. 3월에 발표한 실적에 따르면, 피트니스센터의 회
원이 당초 예상보다 2배를 상회하고 있을 뿐 아니라, 1층의 패밀리마트
에서는 피트니스센터에서 사용하는 스프레이, 단백질바 등 건강 관련
상품들의 매출이 타 지점에 비해 높게 나타나고 있다고 한다. 패밀리마
트 측은 5년 내 300개 점포까지 확대한다는 목표를 가지고 있다. 2018
년 3월에는 치바현에 위치한 패밀리마트 점포 바로 옆에 '패미마 세탁
소 Famima Laundry'라는 24시간 코인세탁소를 열었다. 약 21평 넓이의 이
코인세탁소는 패밀리마트와 21대의 주차시설도 공유하고 있다. 패밀리
마트 측은 이 세탁소를 2019년까지 500곳으로 확대할 예정이라고 발
표했다. '로손 스토어 100 Lawson Store 100' 등 시장의 변화에 앞서 대응해
온 편의점업체 로손은 2018년 9월 '로손 뱅크'를 시작한다고 발표했다.
세븐뱅크, 이온뱅크 등의 소매기업이 이미 자리 잡고 있는 소매업 은행

시장에서 로손은 우선 편의점 점포를 통해 쉽게 전개 가능한 ATM 사업과 예금, 신용카드, 인터넷뱅킹 등의 소매금융사업을 주력으로 할 예정이며, 나아가 중국의 알리페이나 위챗페이처럼 현금 없는 거래의 플랫폼까지 목표로 설정했다고 한다.

이렇듯 일찍부터 무한경쟁의 시대를 겪고 있는 일본의 편의점들은 각각 새로운 분야를 개척하기 위해 다양한 연구와 시도를 거듭하고 있다. 우리나라의 편의점들도 금융기관, 택배업체 등 다양한 업종과의 제휴, GS25의 '나만의 냉장고' 같은 O2O 플랫폼, 예능프로와의 연계상품 등 새로운 분야와 아이디어의 시장 개척을 통해 독자적 경쟁력을 키우고 있다.

결론적으로, 진화의 방향은 새로운 니치마켓의 흡수와 적용의 일반화 단계이다. 일본의 사례에서 보듯이 매출의 한계를 극복하기 위해서는 새로운 고객의 창출이 필요한 때이다. 변동성이 높은 변화는 결국 새로운 소비자가 흡수될 수 있는 니치마켓을 흡수함으로써 정체되어 있는 소비자 확보에 더욱 노력해야 하며, 이러한 노력들은 고객 입장에서는 가장 가까운 곳에서, 가장 편리한 서비스를 제공받을 수 있게 되는 것이다. 그것이 또한 편의점 존재의 합리적인 명분이 될 것이다.

NOTES

자료원: 일본《월간 컨비니》2016년 5월호, 편의점 산업동향(2017, 한국편의점산업협회), 대만편의점 업계 트렌드 관련한 보고(시장 수용에 따라 변신하는 편의점, 박지현 대만 타이베이무역관, 2017년 5월 8일)

오프라인 유통의 미래

김 정 수

주식회사 스위트스팟 대표이사

캐나다 맥길대학교McGill University에서
토목공학Civil Engineering을, 연세대학교에서
'이중전공' 학사 취득 후, 2008년부터 CBRE,
IBK투자증권, 하나대투IB(현 하나금융투자 IB),
홍콩계 사모펀드 Gaw Capital을 거치며 상업용
부동산에 대한 자산관리, 매입·매각, 국내 및 해외투자와
관련된 일을 했다. 2015년에 스위트스팟이라는
스타트업을 창업해 현재는 상업용 공간중개 플랫폼을
운영하고 있다. 스위트스팟은 팝업스토어와
오프라인 마케팅 행사와 같은 단기 공간 중개부터
일반 상업시설 임대차 중개 서비스를 온오프라인
플랫폼 서비스로 제공하고 있으며 2018년에는
홍콩에 진출해 국내 리테일 브랜드가 홍콩에서 오프라인
매장을 오픈할 수 있도록 하는 서비스도 제공하고 있다.

오프라인 유통의 축소,
새로운 대안이 필요하다

    오프라인 매장과 오프라인 유통시장이 빠르게 변하고 있다. 인터넷의 확산 후 온라인 기반의 e커머스, 온라인과 오프라인이 결합된 O2O 커머스*, 오프라인 매장에서 제품을 살펴본 후 온라인 사이트를 통해 구매하는 '쇼루밍showrooming', 물건에 대한 정보를 인터넷 등 온라인에서 접한 후 구매는 오프라인 매장에서 하는 '역쇼루밍'처럼 인터넷은 과거 오프라인이 지배하던 유통구조를 빠른 속도로 변화시키고 있다. 최근에는 구매를 오프라인에서 할지, 온라인에서 할지가 모두에게 선택사항이 되었고, 구매자의 니즈에 따라 온오프라인 시장 또는 두 시장에서 파생된 결합시장을 통해 상품정보를 더 다양한 방식으로 취득하게 되었다. 그리고 이를 통해 보다 합리적이고 편리하게 구매할 수 있다. 통계청에 의하면 2017년 국내 온라인 쇼핑 연간 거래액은 78조

---

*O2O 커머스 오프라인과 온라인 리테일의 장점을 융합해 통합 판촉 효과를 높이는 것

2,273억 원으로 전년대비 약 20% 상승했다. 2016년에도 국내 온라인 쇼핑 연간 거래액은 64조 9,134억 원으로 전년대비 약 20% 증가한 점을 고려했을 때 그 성장세는 실로 무서울 정도다. 그래도 여전히 오프라인 시장은 온라인 시장과 비교했을 때 높은 비중의 주류 시장이다. 2017년 국내 소매판매액 중 온라인 쇼핑 거래액의 비중은 약 20% 수준으로 인터넷 접근성과 스마트폰 보급률 부분에 있어 세계적인 우위에 있는 환경임에도 아직까지 온라인 쇼핑은 유통시장의 일부분을 차지하고 있다. 다만 온라인 시장은 기술의 고도화와 더불어 물류시장의 고도성장 트렌드를 만나 기존 오프라인 중심의 유통채널 시장과 역할을 점차 나누어 가지게 될 가능성이 높다.

　전 세계 최대 유통시장을 가지고 있는 미국 사례를 보자. 미국의 주요 백화점 업체인 메이시스Macy's, 콜스Kohl's, 노드스트롬Nordstrom, 딜라즈Dillard's의 주가는 계속 떨어지고 있다. 주식 애널리스트들은 아마존 등 전자상거래를 통한 구매 증가를 백화점 주가 하락의 주요 원인으로 분석하고 있다. 온라인 서점으로 출발한 아마존은 이제 온오프라인을 넘나드는 '유통 공룡'으로 성장했다. 소위 '아마존 효과'로 인해 2017년 미국의 메이시스와 시어스Sears, JC페니JCPenny를 포함한 수십 개의 유통체인이 무려 9,000개의 점포를 폐쇄했고 파산 보호를 신청한 유통체인도 50개에 달한다. 시어스는 최근 10년 동안 매장 수를 3,000여 개에서 570개로 축소시켰고, 164년 역사의 카슨스Carson's 역시 전국에서 매장을 폐쇄했다. 지난해 미국 소매업계의 폐점과 파산은 기록적인 수준이었으며 해가 바뀌어도 사정이 나아지기는 어려울 전망이다. 미국 소매업계의 점포망은 여전히 과밀한 수준이기 때문이다. 전문가들은 2018년부터 2023년까지 미국 내 약 1,000개 이상의 백화점이 문을 닫을 것으로 전망하고 있다. 매장을 방문해 물건을 구매하는 고객들이 대폭 줄어들고 있기 때문이다. 과거에는 쇼핑이라는 구매목적을 가진 고객들이 백화점, 아울렛, 마트, 아케이드 등의 오프라인 매장을 방문해 상품을 구매했다. 하지만 이제는 컴퓨터와 핸드폰 등 인터넷을 통해 상품정보를 접하고 온라인 채널을 통한 결제와 구매가 가능하

한때 미국에서 가장 큰 쇼핑몰이었던 랜들파크몰(Randall Park Mall)　　　출처 www.gizmodo.com

기 때문에 굳이 발품을 팔며 매장에 방문할 필요가 없어졌다.

　국내 오프라인 시장도 유사한 트렌드를 보이고 있는데, 엎친 데 덮친 격으로 정책적인 제약까지 존재한다. 2012년 1월, 정부는 대규모 점포와 준 대규모 점포의 영업시간을 제한했다. 의무휴업을 지정하는 '유통산업발전법 개정안'을 발표한 것이다. 중소상인을 보호한다는 취지의 정책으로 1년 후엔 강도를 더 높여 의무휴업일을 '매월 2회'로 정했다. 오프라인 유통업계의 주요 매출이 주말에 발생하는 점을 감안했을 때 '매월 2회'의 주말 휴업은 전체 매출과 유통 규모에 부정적인 영향을 줄 수밖에 없다. 중소상인을 보호한다는 좋은 취지의 정책이지만 역으로 마트에 입점한 소매업체와 브랜드, 종사자들에게 타격을 준다는 지적도 있다. 최근 다시 대형 유통업을 제한하는 추가 정책에 대한 소식도 들려오고 있다. 백화점은 일요일마다 쉬고, 시내면세점은 월 1회 일요일 휴무를 하며, 공항면세점은 휴무일 없이 영업시간을 오전 7시에서 오후 9시 30분으로 제한하는 정책과 현재 월 2회 휴무를 실시 중인 대형마트는 월 4회로 확대하려는 취지의 정책이 국회에서 논의 중이라고 한다. 이것은 온라인 e커머스에 시장을 잠식당하고 있는 오프라인 유통업체에게 있어 직접적인 영향을 미칠 정책이며 또 입점 및 납품업체들의 고민도 심화될 수 있는 상황이다. 이제 기존 대형 유통업체의 유통채널에 납품과 입점을 주력한 브랜드와 리테일 종사자들도 보다 다양한 채널을 통한 판로 개척과 더 적극적인 마케팅 전략이 필요한 시점이 온 것이다.

뉴욕을 들썩이게 한
'방탄소년단' 팝업스토어

　이렇게 오프라인 시장의 규모가 축소 현상을 보이는 가운데 새롭게 부상하는 오프라인 트렌드가 있다. 그 첫 번째는 한시적으로 운영하는 상점인 '팝업스토어'다. 미국의 팝업스토어 전문업체인 '팝업리퍼블릭PopUp Republic'에 따르면 미국 팝업스토어 시장의 거래액 규모는 2017년 원화 기준 약 10조 7,000억 원 수준이며 미국의 팝업스토어 거래액 규모는 매년 두 자릿수 퍼센트로 지속적인 상승 추세라고 한다. 전반적인 오프라인 시장 규모가 감소하는 가운데 약진이 두드러지는 트렌드다. 미국의 경우 팝업스토어를 활용하는 이유에 대한 질문(복수응답)에서 계절적 요인이 높은 상품을 판매하기 위한 목적이라는 답변이 61%로 독보적이었다. 서비스와 상품의 독창성을 강조하기 위한 마케팅 목적이 39%, 해당 상권의 상품성과 매출 테스트가 36%, 상품의 시장가격 산정을 위한 테스트가 34%, 잠재고객에게 접근성 향상을 통한 편리성 제공이 33%, 재밌는 경험 제공이 30% 순이었다. 이런 다양한 니즈와 해당 시장의 성장률에 힘입어 미국의 '스토어프론트Storefront'와 영국의 '어피어히어Appear Here' 같은 팝업스토어 전문 플랫폼 서비스 기업들이 좋은 성과를 내면서 팝업스토어 시장의 성장을 견인하고 있다. 팝업스토어는 더 이상 고객이 오기만을 기다리는 게 아니라 고객이 있는 곳으로 찾아가 브랜드와 상품을 홍보하는, 보다 공격적이고 유동적인 오프라인 트렌드로 자리 잡고 있다. '애자일Agile 방식'이라는 소프트웨어 업계의 트렌드가 오프라인에도 적용되고 있는 것이다. 애자일은 '날렵함', '민첩함'이라는 의미로 주로 벤처업계에서 소비자 반응에 유연하게 대처하는 방식을 뜻한다. 오프라인 매장의 경우 상대적으로 소비자 반응, 시장 트렌드 또는 상권 변화에 유연하게 대처하기가 어려운 단점이 있었으나 팝업스토어의 경우 원하는 지역에, 원하는 시점에, 원하는 콘셉트와 상품기획으로 반짝 등장할 수 있다. 팝업스토어 시장의 성장과 관심도의 증가는 온라인 키워드 검색을 통해서도 드러나고 있다. 국내 대표 포털사이트인 네이버에서 '팝업스토어' 키워드의 월간 검색량은 2016년 12월 8,400건에서 2017년 12월 12,000건 이상으로 45% 증가했으며, 인스타그램의 게시물 중 '팝업스토어' 키워드 해시태그는 이미 10만 건을 넘어섰다.

팝업스토어 활용에 대한 몇 가지 사례들을 보자. 최근 르노삼성은 젊은이들이 즐겨 찾는 가로수길에 '뉴 QM3'와 '클리오' 팝업스토어를 각각 2017년 말과 2018년 초에 연이어 오픈했다. 르노삼성은 새로 출시된 신차 프로모션을 위해 체험형 팝업스토어를 오픈함으로써 기존 브랜드 이미지에 신선함을 더한 것이다. 또 주말마다 유명 셰프와 푸드 스타일리스트 등이 참여하는 소셜 다이닝, 팝업 레스토랑, 쿠킹 클래스 등 공간을 활용한 다양한 행사도 전개해 신차 구매고객층을 공략한 다양한 경험을 제공했다. 기존 르노삼성 매장 하면 떠오르는 일반적인 대로변 매장과는 콘셉트의 과감성과 콘텐츠의 창의성 자체가 달라 방문하는 고객들로 하여금 신선함 경험을 제공한다. 또 팝업스토어 전면부에 시승차량을 배치해 시승을 원하는 고객층에게 가로수길 드라이브 경험을 제공함으로써 보다 젊고 세련된 브랜드 이미지를 구축하는 계기가 되었다. 해당 매장을 방문한 고객들은 이런 다양한 경험을 통해 '르노삼성'에 대한 브랜드를 체험으로 인지하게 되는 계기가 되었을 것이다.

팝업스토어는 희소한 경험과 한정된 시간을 통해 고객들에게 어필하는 매력도 있다. 2017년 6월 30일, 청담동 루이비통 매장 앞에는 새벽

부터 긴 줄이 늘어섰다. 루이비통과 슈프림Supreme의 컬래버레이션 상품이 팝업스토어를 통해 출시되는 날이었기 때문이다. 이렇게 특별한 '한정판 아이템'의 경우 팝업스토어를 통해 한정된 채널과 제한된 기간에 판매하는 사례가 많다. 올 겨울 완판 행진으로 유명세를 떨친 '평창 롱패딩' 또한 한정된 기간에 한정된 오프라인 채널을 통해서만 판매한 케이스로 해당 팝업스토어 역시 긴 줄이 늘어섰고 이런 내용들은 주요 뉴스와 보도를 통해 확장되며 사회적인 이슈가 되기도 했다. 최근 우리나라의 한 아이돌 그룹이 세계적인 아티스트로 인정받으며 아시아를 넘어 북미, 남미와 유럽에 걸쳐 사랑받고 있다. '핫하다'는 표현으로는 부족한 그룹, 방탄소년단이 그 주인공이다. 최근 방탄소년단은 라인프렌즈와 손을 잡고 'BT21'이라는 캐릭터 상품을 출시하였다. 오프라인 트렌드에 맞춰 서울과 뉴욕에서 동시에 오픈한 팝업스토어를 통해 상품을 출시한 것이다. 청담동에 위치한 하이엔드 편집숍 '분

더샵^{boontheshop}'에서 오픈한 국내 팝업스토어는 한파에도 불구하고 새벽부터 긴 줄이 늘어섰다. 더 놀라운 것은 뉴욕 타임스퀘어에서 오픈한 BT21 팝업스토어의 풍경이다. 동양에서 온 아이돌 그룹의 캐릭터 상품 출시를 기대하는 현지 고객들이 마치 아이폰 신제품 발매 시에나 볼 수 있는 것처럼 전날 밤부터 줄을 서는 장면을 연출한 것이다. 이런 제품들은 특징이 있다. 빠른 기획을 통해 시장에 발매되고, 트렌드에 민감하며, 시즌과 시점에 민감하여 한정된 시간 안에 보유재고를 소진해야 한다. 특히 앞서 언급한 컬래버레이션 제품과 캐릭터 상품의 경우 이슈 메이킹과 사회적 관심도가 높은 시점에 맞춰 기획된 제품들인 만큼 장기유통 채널을 확보하는 것보다 유동적이고 빠르게 움직일 수 있는 팝업스토어를 운영하는 것이 효율적이다. 이런 이유 때문에 한정판 제품, 컬래버레이션 상품, 기획 상품의 경우 최근 들어 팝업스토어를 주요 유통채널로 사용하는 사례가 늘고 있다.

최근 캐릭터 상품의 약진과 매출 성장에 힘입어 캐릭터 상품 팝업스토어가 큰 인기를 끌고 있다. 현대백화점 신촌점에 오픈했던 온라인 게임 '리그 오브 레전드^{LoL}'의 팝업스토어는 50일 간 총 4만 5,000여 명이 방문했다. 백화점 방문 비중이 상대적으로 낮은 남성 고객들도 많이 방문해 신규고객 유입과 집객을 통한 백화점 매출에도 긍정적인 영향을 주었다. SNS채널을 통해 사랑 받고 있는 캐릭터 '오버액션 토끼'의 경우 올해 투어형 팝업스토어를 운영해 연일 화제를 만들고 있으며 여러 유통회사로부터 입점 관련 러브콜을 받고 있는 상황이다. 캐릭터 상품의 경우 인지도와 인기가 급상승하는 경우가 많은데 이때 다양한

방탄소년단의 캐릭터 상품 이미지

출처 www.bt21.com

미국 LA의 라인프렌즈 팝업스토어

기획상품을 제작해 판매하는 경우가 많기 때문에 팝업스토어를 주요 판매 채널로 사용하고 있다. 온라인채널을 통한 판매도 가능하지만 캐릭터와의 친밀성 유발, 즐거운 경험 등을 제공할 수 있는 공간 기획과 상품 연출이 매출에 큰 영향을 미친다. 예를 들어 '적극적인 곰'이라는 캐릭터는 해당 캐릭터의 독특한 율동과 활동성이 매력적인 캐릭터이다. 이런 상품은 e커머스에서 구입할 때보다 '적극적인 곰' 캐릭터가 해당 율동을 재밌게 연출하고 있는 팝업스토어 공간에서 퍼포먼스 관람과 브랜드를 체험할 때 캐릭터와의 친밀도가 상승한다. 이런 이유로 다양한 캐릭터 브랜드와 업체들이 팝업스토어를 주요 유통채널 중 하나로 사용하고 있으며 올해 가장 핫했던 오프라인 트렌드 중 하나로 꼽을 수 있다.

삼성전자만의 신제품 팝업스토어

전자제품 시장도 예외는 아니다 삼성전자의 경우 신제품 출시에 맞춰 전국적으로 대규모 팝업스토어를 운영한다. 특히 스마트폰인 갤럭시 시리즈의 경우 가로수길, 역삼동 강남파이낸스센터, 고속터미널 센트럴시티, 타임스퀘어, KTX역 등 주요 위치에 동시다발적인 체험형 팝업스토어를 오픈한다. 이곳에서는 광범위한 노출과 홍보를 통해 브랜드 인지도 재고와 경험을 통한 사용자 획득에 주력하는 것을 볼 수 있다. LG전자의 경우도 G시리즈 팝업스토어를 삼성전자와 유사한 상권과 오프라인 채널에서 오픈하고 있으며 신제품 발매시기가 겹치는 경우 삼성전자와 LG전자의 '팝업스토어 대결'을 지켜보는 것도 흥미로운 포인트가 될 정도이다. 전자제품의 경우 체험이 구매에 있어 중요한 요소인 만큼 오프라인 매장의 역할이 중요하다. 하지만 주요매출이 신제품 발매기간 위주로 발생하는 특성이 있어 장기매장을 무한정 늘리기에는 고정비 리스크가 큰 카테고리 중 하나이다. 이런 이유로 인해 최근 전자

제품 업체들도 신제품 론칭에 맞춰 공격적인 팝업스토어 운영전략을 실행하고 있으며 이런 트렌드는 당분간 계속될 것으로 본다.

    F&B 카테고리 역시 팝업스토어를 활용해 다양한 마케팅과 유통 채널로의 효과를 누리고 있다. '제주맥주 주식회사'가 서울 마포구에 오픈한 팝업스토어 '서울시 제주도 연남동'의 누적 방문객 수는 개장 열흘 만에 2만 5,000명을 돌파했다. 제주도에서만 판매되던 맥주를 서울에서도 출시하는 한편 소비자들이 제주맥주 팝업스토어를 통해 제주도가 가진 여유와 힐링의 느낌을 서울 한복판에서 경험할 수 있도록 한 점 때문에 젊은 층으로부터 뜨거운 호응을 이끌어냈다. 팝업스토어 형태로 단기간 동안 임팩트 강한 마케팅을 진행함으로써 각종 유통업체와 펍들뿐 아니라 일반 소비자로부터 뜨거운 관심을 유발할 수 있었다. 특히 F&B 카테고리의 경우 팝업스토어를 해외 및 현지진출을 위한 테스트숍으로 활용해 사전에 반응을 확인하고, 해당 시장 진출을 위한 관문으로 활용하는 경우도 많다.

상품이 아닌 체험을 파는 스토어

    오프라인 시장의 또 다른 트렌드는 체험을 파는 매장이 증가하고 있는 것이다. 인터넷과 e커머스의 등장 초기에는 신속성과 편리성을 앞세운 온라인 쇼핑몰이 큰 비중의 상거래 매출을 대체할 것처럼 보였다. 하지만 인터넷이 생겨난 지 20년 그리고 전자상거래가 등장한 지 10년 이상이 지났지만 여전히 오프라인 유통채널의 매출 규모가 온라인 유통채널의 규모를 월등히 앞서 있다. 2017년 국내 온라인 쇼핑 연간 거래액은 78조 2,273억원 규모인 반면, 오프라인 상거래의 규모는 4배 이상 크다. 오프라인 유통채널의 역사에 비해 아직은 초기단계인 점도 있지만, 오프라인은 온라인이 대체할 수 없는 공간을 통한 경험이 있기 때문이다. 물건을 만지고, 색감을 확인하고, 사이즈를 재거나 피팅을 하고, 판매직원에게 의견을 물어보고, 친구 또는 가족과 함께 시간을 보내는 행위 모두 오프라인에서 일어난다. 당분간은 온라인으로 대체할 수 없는 경험이다.

따라서 오프라인의 이런 비교우위를 강조한 오프라인 매장이 생겨나기 시작했다. 플래그십스토어, 팝업스토어, 편집스토어 등 소비자들이 브랜드의 콘셉트와 아이덴티티를 직접 경험하고 체험할 수 있는 다양한 형태의 체험 매장이 늘어나고 있는 것이다. 이태원 라인프렌즈 매장을 방문하면 우리는 단순히 제품만 구매하는 것이 아닌 라인프렌즈의 콘텐츠를 체험하고 공간 안에서 캐릭터들이 주는 독특한 경험을 체험할 수 있다. 그리고 이런 경험을 통해 우리는 라인프렌즈라는 브랜드를 이해하고 그 이해는 또 구매로 이어질 수 있다. 반면 같은 라인프렌즈 매장이라도 백화점에 입점한 소규모의 상품전시형 매장을 방문했을 때는 해당 브랜드에 대한 이해도 떨어지지만 무엇보다 고객의 흥미요소가 반감된다. 이렇게 되면 구매전환에 영향을 주는 매장 체류시간이 줄어들며 실구매로 이어질 가능성 또한 낮아진다. 반면 라인프렌즈 플래그십스토어를 방문하면 캐릭터와 사진을 찍기 위해 줄을 서는 장면이 연출된다. 친구, 연인 간의 재밌는 경험을 통해 자연스런 바이럴 마케팅 효과가 생기며 실제로 높은 구매전환율로 이어진다고 한다. 우리나라를 대표하는 아이웨어 브랜드 '젠틀몬스터'의 경우 플래그십스토어와 팝업스토어를 통해 젠틀몬스터가 추구하는 '환상'이라는 브랜드 경험을 표출함으로써 다른 아이웨어와 구분되는 독보적 이미지를 구축했다. 현재 약 50명의 공간기획자들로 구성된 '크리에이터Creator 팀'은 이 공간을 통해 젠틀몬스터가 추구하는 브랜드 이미지와 판타지 메이킹을 위해 보다 창의적인 아이디어를 진화시키고 이것을 통해 브랜드 가치를 창출하고 있다. 특이하게 젠틀몬스터의 일부 팝업스토어에서는 제품을 판매하지 않기도 하며 찾아오는 고객들에게 제품 판매와 상관없이 브랜딩에 집중한 공간연출과 브랜딩 기획을 하는 경우가 많다. 아무래도 재고적재 공간을 최소화할 때 공간활용도를 높임으로써 보다 창의적인 연출이 가능하다. 이런 매장에서 운영 중인 브랜드는 제품을 판매하는 것이 아니라 방문한 고객에게 색다른 경험을 통한 브랜드 이미지를 판매하겠다는 의도를 지녔다. 브랜드 인지도와 이미지가 재고되면 판매는 다른 채널을 통해 유입될 가능성이 높다.

젠틀몬스터 대구 플래그십 스토어　　　　　　　　출처 www.gentlemonster.com

모든 층을 1층처럼 접근하는 매장

기존 길거리 상권에도 변화는 있다. 일반적으로 길거리 상권의 경우 높은 임대료에도 불구하고 접근성과 가시성이 높은 1층이 브랜드나 입점업체로부터 인기가 좋다. 하지만 우리나라의 명동, 강남역, 가로수길, 홍대와 같은 중심상권은 지역적 규모에 있어 제한적이고, 유동인구가 높은 상권에 1층 자리를 확보할 수 있는 브랜드도 제한적이다. 이렇게 상권 매장 1층의 수요가 가장 높고 이것이 고가의 임대료로 반영되는 것을 '플로어 팩터floor factor'라고 한다. 플로어 팩터에 의해 일반적으로 오프라인 공간사용료(임대료)는 1층, 2층, 3층 순으로 고비용에서 저비용으로 떨어지게 된다. 이런 플로어 팩터를 파괴한 매장이 최근 도쿄에 생겼다. 도쿄 긴자에 위치한 '쥬오거리'는 주요 글로벌 브랜드들이 위치한 도쿄의 핵심 상업상권 중 하나다. 이 중 스와치그룹재팬의 본사와 플래그십스토어가 위치한 니콜라스 G. 하이에크센터 Nicolas G. Hayek Center 의 구조는 주변 빌딩에 비해 색다른 구조를 가지고 있다. 스와치그룹이 보유한 브랜드가 워낙 다양해 모두 1층에 입점시킬 수 없기 때문에 노출이 좋은 대로변 쪽에 층별로 이동이 가능한 엘리베이터를 설치한 후 모든 층을 대로변에서 접근 가능한 단독 브랜드 쇼룸으로 구성한 것이다. 1층은 건물 안과 밖의 구분이 없어 누구나 쉽게 해당 매장으로 이동할 수 있다. 또 엘리베이터마다 각 브랜드의 쇼룸으로 구성해 고객들이 엘리베이터 입장 시부터 색다른 경험을 체험하도록 했다. 이런 구조 또한 오프라인 매장의 접근성을 극대화해 기존 집객형 매장보다 잠재고객의 접근과 노출을 극대화한 사례라고 볼 수 있다. 최근 오픈한 'SPC플레이'도 플로어 팩터를 파괴해 노출을 극대화한 매장이다. 총 3층의 SPC플레이 건물 1층에는 '쉐이크쉑'이 성업 중이며, 2층은 '라 그릴리아 그릴&플레이', 3층은 '배스킨라빈스 브라운'이 들어서 있다. SPC그룹은 해당 건물에 입점할 때 대수선 공사를 통해 외벽에 엘레이터를 추가로 설치해 도로에서 바로 2층과 3층으로 진입할 수 있도록 매장을 구성함으로써 노출을 극대화하고 출입 동선을 최소화했다.

온라인 성장이 불러온 오프라인의 변화

온라인을 통해 상품을 구매하는 e커머스 시장의 성장을 의심하는 사람은 없을 것이다. 하지만 오프라인 공간이 주는 다양한 경험을 온라인이 완벽히 대체할 수는 없기에 결국 오프라인 공간에 대한 필요성으로 인해 수요는 지속적으로 유지될 것이라 생각한다. 다만, 오프라인 시장이 유통과 마케팅의 대부분 시장을 점유했을 때와는 다른 방식으로 오프라인 매장과 공간을 활용하는 트렌드가 생길 것이다. 결국 현 시점에서 브랜드에게는 온오프라인 시장 모두에서 브랜드와 상품 노출을 효과적으로 극대화할 수 있는 전략이 필요하다. 위에서 언급했던 것처럼 오프라인 유통의 하락세에도 불구하고 국내외 팝업스토어 시장의 전망은 밝아 보인다. 디지털 클라우드 서비스 제공업체 '아바나데 Avanade'와 '이케이엔EKN'의 소매업 연구보고서에 따르면 2020년까지 전통적인 형태의 매장은 50% 이상 축소되고 팝업스토어와 플래그십스토어처럼 테마형 매장은 증가할 것으로 전망했다. 결론적으로 온라인 시장의 확장은 오프라인 시장에 영향을 줄 것이다. 하지만 동시에 오프라인 시장의 경쟁력을 강화시키고 변화를 이끄는 계기가 될 것이다. 변화하는 유통과 마케팅 패러다임 속에서 '아직도 고객이 찾아오기만 기다리는가?'라는 질문에 대한 답변은 이미 시작되고 있다.

주차장 비즈니스,
리테일의 새로운 가능성

김은희

NPD 코리아 주식회사 개발사업본부 본부장

일본 東放学園 졸업 후 이세탄, 다카시마야
등 일본 백화점에 한국 화장품 상품 마케팅
담당으로 리테일 업계에 들어왔다. 이후 매장
오픈 및 운영 등을 통해 현장 경험을 쌓았으며,
ERA KOREA에서 다수의 오피스임대 및 주차장
부지, 자동차서비스센터 유치 및 매매 업무를
수행했다. 이 경력을 바탕으로 2015년 NPD
코리아 주식회사 초기멤버로 현재까지 재직
중이다. 일본주차장개발(Nippon Parking
Development)의 한국 지사인 NPD 코리아는
한국의 미가동 기계식주차장을 임대·운영하는
개발업무를 담당하고 있으며, 최근에는 도심 내
호텔, 상업시설, 백화점, 오피스 주차장 등 다양한
용도의 주차장 개발사업을 진행하고 있다.

다음 페이지의 건물 사진을 보자. 과연 무슨 용도의 건물일까?
호텔? 쇼핑몰? 백화점? 아니면 공공시설?

일반적인 예상과 달리 정답은 바로 '주차빌딩'이다. 사진 속 건물은
판교 삼평동에 위치한 주차복합빌딩으로 총 282대를 수용할 수 있는
주차장과 오피스텔, 상가가 함께 들어서 있다. 다양한 용도 외에 아름
다운 외관으로 2015년 경기도건축문화상 은상을 수상한 바 있다.

현재 우리나라의 주차장법은 주차전용건축물의 건폐율, 용적률에 대
하여 국토의 계획 및 이용에 관한 법률, 건축법의 규정에도 불구하고
각각 최고 90% 이하, 1,500% 이하까지의 건축을 허용하고 있다. 주차
장 외의 용도에 대해서도 단독주택, 공동주택, 제1종 근린생활시설, 제
2종 근린생활시설, 문화 및 집회시설, 종교시설, 판매시설, 운수시설, 운

판교 삼평동의 주차복합빌딩 디테라스 　　　　　　　　　　　출처 deterrace.com

동시설, 업무시설, 창고시설 등에 30%까지 건축할 수 있도록 하고 있다. 주차장과 기타용도가 필요한 입지에 적정 규모의 주차복합빌딩이 들어선다면 인근 주민들의 수요에 부응함을 물론, 건물 자체의 수익성 확보라는 두 마리 토끼를 잡을 수 있다.

왼쪽 사진의 건물은 바로 판교에 위치한 주차전용빌딩의 기타 용도인 오피스텔이다. 주차와 주거, 다시 말해 판교 테크노밸리에 필요한 두 가지 수요를 모두 만족시키는 개발 콘셉트인 것이다. 이와 유사한 사례로는 평촌에 위치한 영화관 주차전용빌딩, 판교 및 문정동 등에 위치한 다수의 오피스텔 복합 주차전용빌딩 등을 들 수 있다.

주차장이라는 존재는 오랜 기간 동안 개발업자에게는 '수익은 못 내면서 의무적으로 설치해야 하는 부담스러운 시설'이었고, 건물주들에게는 '임대료는 받지 못하고 관리비만 들어가는 비용의 원천' 정도로 인식되어 왔다. 결국 개발업자들은 최소한의 법정주차대수만을 설치하기 위한 맥락에서 많은 전략들을 강구해 왔고, 건물주들 역시 최소한의 비용으로 큰 사고 없이 주차장을 운영하는 것에 만족해 왔다. 실제로 도심권 빌딩에 위치한 대부분의 기계식 주차장들은 노후화된 상태로 폐쇄되거나 방치되어 있다. 개선 공사나 투입되는 관리비용에 비해, 주차장의 운영으로 얻는 수익이 현저히 낮다는 예측 때문이다. 과연 이것은 사실일까?

판교나 평촌의 사례처럼 주거 등 기타용도의 시설들과 주차장이 복

CGV가 입점한 평촌의 주차전용빌딩

합으로 입주하는 주차장전용빌딩의 수익성이 양호한 것으로 나타나고, 택지지구의 주차장용지 입찰 시 높은 경쟁률을 보이고 있으며, 도심 오피스빌딩이나 주차타워의 운영자 선정에 많은 경쟁자들이 몰려드는 것을 볼 때, 주차장시설은 더 이상 '비용을 잡아먹는 하마'가 아님이 확실하다. 최근에는 주차장 수익이 양호한 지역의 건물 신축 시, 개발 초기부터 주차장을 수익시설로 인식해 주차면수를 최대한도로 늘리는 사례까지 등장하고 있다. 주차대수를 맞추기 위해 억지로 설치하던 기계식 주차장도 전문 운영업자들이 진출하면서 새로운 틈새시장으로 각광받고 있다. 주차장 운영업체가 여타의 상가 임차인과 같은 리테일러로 자리 잡고 있는 것이다.

이 장에서는 우리나라 주차장 운영사업의 현황 및 수익화 가능성, 그리고 개인이 운영할 수 있는 주차장 사업에 대해 간략히 살펴보고자 한다.

주차장의 수익화 방안은 크게 신규 주차장의 개발과 기존 빌딩 내 부설주차장의 활용으로 나눌 수 있다. 신규 주차장의 개발에는 다양한 사례가 있지만 여기서는 ①오피스, 오피스텔, 상가 등 부설주차장의 수익화 ② 주차전용건축물의 개발 ③ 유휴부지(자투리땅)를 활용한 소규모 주차장 개발로 나누어 설명하려고 한다.

①의 경우, 초기 단계부터 개발계획에 수익형 주차장을 포함시키는 방식이 아직까지 일반적이지는 않다. 대부분 개발 완료 또는 입주 후 주차장 운영의 비효율성 극복과 수익성 향상을 위해 주차 운영회사에 운영을 위탁하거나, 책임임대차 계약을 체결함으로써 주차장 운영의 수익화를 꾀하고 있다.

② 주차전용건축물 개발의 경우, 주차장 용지 혹은 주차공간이 부족한 지역에 주차전용건축물에 대한 인허가 완료를 통해 수익성과 공공성 모두를 만족시키는 주차장을 개발하는 경우이다.

③ 유휴부지 활용의 경우, 부지 자체가 협소해 독립적 개발이 불가한 부지에 소규모의 주차면을 만들어 수익형 주차장으로 활용하는 방식이다.

이러한 사업 방식은 아직 우리나라에서는 보편적이지 않지만, 일본

유휴지를 이용한 일본 교토의 4면짜리 수익형 주차장   출처 구글맵

의 도시 대부분에서는 위 사진처럼 2~3면부터 시작하는 작은 '유휴지 주차장'이 존재한다. 수익성은 상당히 양호한 것으로 알려져 있으며, 개인이 직접 주차면을 설치·운영하는 경우도 있지만 주차장 사업자가 토지를 임대해 시설 설치와 운영을 진행한 후 지주에게 임대료를 납부하는 방식도 많다.

이런 개인 소유의 유휴부지에 대한 주차장 설치 및 운영 방식은 부동산의 최유효활용은 물론 최근에 확산되고 있는 공유경제의 확산 흐름에도 맞아 떨어진다. 공유경제의 세계적 흐름에 따라 우리나라에도 오피스, 호텔, 자동차 등 다양한 분야에서 공유경제 모델이 생겨나고 있다. 소유보다는 공유를, 소비보다는 경험을 추구하는 밀레니얼 세대들의 생활 패턴에 따라 모든 분야에 걸쳐 이러한 추세는 확산되고 있다.

우리나라에서 주차장 공유는 도심에서의 주차장 부족 문제를 해소하기 위해 정부 중심으로 시행된 바는 있지만, 큰 성과를 거두지는 못했다. '공유'란 원래 가격보다 좀 더 저렴한 가격으로, 필요할 때 사용 가능도록 수요와 공급을 맞추는 합리적인 시스템이다. 하지만 아직까지 한국은 무료주차라는 서비스 개념이 더 강하기 때문에 주차장 공유의 활성화를 이루지 못하고 있는 것이다. 그런데 전국적으로 등록된 차량 대수는 2,100만 대에 육박하며 매년 4%씩 상승하고 있다. 그 중 서울에만 300만 대가 넘는 차량이 등록되어 있는 것이 현실이다. 차량은 넘쳐나고 주차장은 한정되어 있어 수요가 더 큰 상태임에도 불구하고 무료주차가 많다 보니 주차장 유지비용이 제대로 발생되지 않아 운영 상태는 열악하며 서비스 개념은 더욱 찾아보기 어려운 상태이다.

이러한 상황과 변화의 흐름에 맞춰 전문 주차장 운영회사가 주차장을 임대한 후 운영하는 비즈니스모델이 생겨났으며, 도심의 오피스빌딩을 중심으로 점차 확산되고 있다.

오피스 및 상업시설의 준공 시에는 법정주차대수를 기준으로 주차장을 설치해야 하는 만큼 전체 주차장 확보율의 대부분은 오피스 및 상업시설이 차지하고 있다. 이에 비해 주택가의 주차장 확보율은 턱없이 열악한 상황이다. 과거에는 비싼 땅값을 고려할 때 집도 부족한데 주차장을 짓는다는 것은 수지가 맞지 않는 일이었다. 그러나 이제 저금리, 저성장 시대와 인구가 감소하는 미래를 예측하면 주차장을 통해 새로운 수익을 창출하는 일이 어쩌면 당연한 일이라고 생각된다.

이 장에서는 개인이 소유하거나 임차한 유휴지를 활용해, 5면 이상의 주차장을 임대해 운영함으로써 수익을 올리는 주차장 수익화 모델에 대해 간략히 소개하고자 한다(이후 '시간제 주차장 사업'으로 호칭함). 이 방식은 인근지역의 부족한 주차장 문제에 대해 다시 한 번 생각해보고 불법주차로 인해 생겨나는 많은 문제점을 시장원리로 해결할 수 있는 방안이 될 수도 있다. 다시 말해 주차장 사업은 토지 소유자는 고정임대료로 인해 안정적인 수입을 창출하고, 임대운영자는 주차장 운영사업을 통해 수익을 얻고, 사회는 주차 문제를 해결하게 되는 윈윈 모델이 되지 않을까 생각해본다.

시간제 주차장 사업의 매력

 새로운 형태의 부동산 투자

부동산 투자라고 하면 흔히 아파트나 오피스텔 등을 취득한 후 매매를 통해 차익을 얻거나 임대료를 받아 이익을 거두는 것이 일반적이다. 이런 맥락에서 아파트 및 오피스텔을 빌려주고 수익을 얻는 것과 마찬가지로 주차장을 빌려주고 수익을 얻는 것도 또 다른 의미의 부동산 투자라고 볼 수 있다. 그런데 최근 상황에서 부동산임대업을 경험해본 사람이라면 공감할 수 있는 요소가 있다. 바로 다양한 연체 및 유지보수 등으로 발생하는 사안들, 갱신 및 중도해지 등의 대응과 점점 높아지는 공실률 문제가 바로 그것이다. 물론 위탁비용을 지불하고 부동산 관리회사에 맡기는 방법도 있지만 그런 경우에도 소유자가 결정하고 신경 써야 하는 부분은 너무 많다.

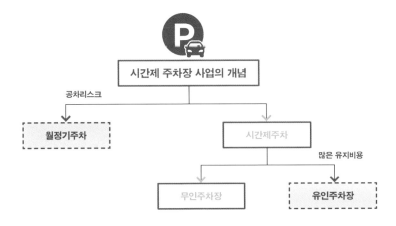

반면, 시간제 주차장 사업은 임대사업과 달리 주차장 설비 일체를 설치한 후 '30분당 000원' 식으로 설정한 사용료를 받고, 제세공과금을 제외한 나머지 수익을 취득하는 구조이다. 신용도가 높은 장기 임차인을 구해야 하는 일반적 부동산 임대업에 비해, 주차장 실사용자 확보나 관리가 비교적 용이하다는 장점이 있다. 또한 24시간 내내 대응할 필요도 없을 뿐 아니라, 운영 자체를 전문 운영업자에게 일임하고 수수료를 지불하는 방식도 가능하다.

시간제 주차장 사업의 장점을 정리해 보면 다음과 같다.

① 아파트나 오피스텔 상가 투자에 비해 소액 자금으로 시작이 가능하다.

② 특별한 부동산 관련 지식을 요하지 않아 개인도 경영이 용이하다.

③ 주차장의 빈 공간과 수요를 매칭시키는 실수요 비즈니스이다.

④ 무인정산기를 활용해 인건비 및 관리 리스크를 피할 수 있다.

리츠를 통해 유동화한 일본 교토의 주차전용빌딩
출처 www.activia-reit.co.jp

⦿ 안정된 개인연금의 역할

　일본의 경우, 주차빌딩에 대한 자산유동화가 매우 활발하다. 리츠 REITs*를 통한 유동화는 물론 주차장의 각각 주차면에 투자해 여기에서 발생된 수익을 배당해 주는 투자상품도 있다. 경제 구조가 급속도로 변함에 따라 자동차 공유, 주차 공유 등의 새로운 영역이 확대되고 있지만, 도심 및 주거지역에서의 주차수요는 획기적 개인 이동수단이 나타나기 전까지는 견고하게 유지될 것으로 예상한다. 따라서 주차가 부족한 도심이나, 주거지역에 설치한 주차장에 대한 수요와 이에 따른 수익성은 상당히 양호하며, 효율적 운영을 통해 꾸준한 현금흐름을 창출해내는 개인연금의 역할을 충분히 해낼 수 있다.

---

*리츠 소액투자자들로부터 자금을 모은 후 부동산 또는 부동산 관련 대출에 투자해 수익을 올리는 전문 펀드.

📍🛒 시간제 주차장의 장소 선택 기준

location, location, location

외식업의 출발점이 '상권내 위치'인 것과 마찬가지로 주차장 사업의 첫 번째 포인트 역시 '입지'라고 할 수 있다. 성공적인 사업 운영을 위해 주차장 장소를 선택할 때 우선적으로 고려할 포인트들은 다음과 같다.

① 환승 수요가 풍부한 지하철역, 오피스 밀집 지역, 상점가 등 유동 인구가 풍부한 장소.
② 도로 폭이 4미터 미만으로 노상주차(불법주차)가 어려운 지역.
③ 빌라, 다세대 등이 밀집되어 있으나, 주차장이 부족한 지역.
④ 학원가 등 차량통행에 비해 주차장이 부족한 지역.
⑤ 대형 아파트 단지 인근, 혹은 재개발 지역.

몇 가지 포인트를 살펴봤으나, 사실 시간제 주차장은 주차장이 부족한 모든 지역에서 가능한 사업이라고 할 수 있다. 모든 부동산 개발·임대 사업이 그러하듯, 주차장 사업 역시 현장을 직접 답사해 주변의 불법주차 현황 및 기존 주차장의 가동 현황을 조사함으로써 사업성을 추정할 수 있다. 실제로 인근의 유료주차장 및 시간제 주차장의 시간당 요금, 월주차 요금 수준 등을 통해 해당지역의 주차장 부족 현황 및 잠재적 수익성을 예측할 수 있다. 가령 주차장 가동률 ○○% 이상의 지역에, 월주차 요금 15만 원 이상, 30분당 2,000원 이상의 요금체계가 활성화된 곳은 잠재적 사업화 수요가 존재한다고 할 수 있다.

후보지의 지형 및 형태

입지가 정해진 이후에는 주변의 지형 및 형태, 조건 등을 살펴보아야 한다. 시간제 주차장 사업 조건으로 가장 뛰어난 곳은 자동차 전용도로와 인접해 있으며 넓은 출입구를 보유한 토지이다. 그리고 이에 못지 않게 중요한 요소는 주차의 편리성이다. 2~3차례 이상 운전대를 회전시켜야 주차할 수 있는 조건이라면 초보운전자 또는 여성 고객을 유치하기란 현실적으로 곤란해진다. 당연한 조건이겠지만, 지면은 아스팔트 혹은 콘크리트로 포장되어 있어야 추가적인 공사비용을 줄일 수 있다. 또한 특별한 경우가 아니라면 경사지가 아닌 평면에 위치해야만 한다.

시간제 주차장의 성공을 구분하는 도로 방향

양방향 입출구 OK　　　　전봇대나 장애물이 있는 곳 NO

많은 유지비용

첫 번째, 주차할 차의 진입로는 양방향 출입구가 가능한 곳으로 전봇대나 나무 등 장애물이 없는 곳이 좋다.

두 번째로 확인할 요소는 주차 1면이 배치될 수 있는 최소 규모다. 차량 한 대의 주차를 위한 공간(1주차면)의 규모는 2.5m×5m가 일반적이다. (주차면 5개의 최소면적 : 2.5미터×5미터×5면 = 62.5㎡)

세 번째, 접한 도로의 조건은 다음과 같다.
① 폭 4미터 이상.
② 포장되어 있을 것.
③ 출입구가 장애물이 없을 것.
④ 도로에서 쉽게 진출입이 가능한 곳에 배치될 것.

네 번째 고려할 요소는 주차장의 배치 레이아웃이다.

위 조건에 부합하는 대상 부지를 찾았다면, 주차장 사업의 수익을 좌우하는 레이아웃을 충분히 검토해야 한다. 외식업에서 테이블의 배치가 매출을 크게 좌우하듯 주차면과 정산기, 진입로의 배치 역시 관리 및 매출에 큰 영향을 미치게 된다.

다음의 두 도면을 살펴보면 주차장 설비회사의 경우, 지주 혹은 운영자의 수익보다는 지형과 설치 등 자신들에게 유리하고 편리한 도면을 제시하는 경우가 많다. 하지만 운영자가 직접 주차면을 배치하고 사용자의 입장에서 편의성을 고려하는 등 시뮬레이션을 통해 가동률을 높일 수 있다. 이렇듯 운영자가 레이아웃에 대해 다양하게 고민하고 연구

한다면 수익성을 높이는 주요한 요소가 될 수 있다. 주차장 사업에 있어 위치와 넓이 못지않게 레이아웃 구성이 실제 수익과 직접적으로 연결되기 때문이다.

임대 조건

토지 소유주가 직접 시간제 주차장을 개발하고 운영하는 경우라면 상관없지만, 유휴지를 임차하여 주차장으로 개발·운영하는 경우에는 임대료 협상이 필수적이다. 다양한 임대 조건을 한마디로 정의할 수 없지만, '임대기간, 임대차보증금, 임대료'의 3가지 요소로 결정된다.

임대기간은 주차장 설비의 감가상각 기간을 기준으로 책정하는 것이 유리하지만, 일반적으로 3년 정도가 임대인과의 협의에 수월하다.

월임대료는 매우 민감한 부분인데, 이는 인근 주차 1면당 월주차 요금을 기준으로 협상하는 것이 합리적이다. 즉 인근 주차장의 월주차 요금이 20만 원이라면, 5면의 주차면이 확보되는 경우, 20만 원×5=100만 원을 기준으로 협상을 시작하면 된다.

주차장 후보지의 확보

사업장을 찾는 방법으로는 부동산중개회사에 의뢰하거나, 스스로 잠재 후보지를 방문해 빈 땅(유휴지)의 유무를 먼저 확인해야 한다. 실제로 주택가 주변이나, 오피스 지역 인근의 유휴지를 잘 찾아내는 것이 시간제 주차장 비즈니스의 핵심이라고도 할 수 있다.

왜 5주차면부터 시작해야 하는가

1. 수요 예측과 실제와의 간극 최소화
운영 후 매출이 좋을 경우, 인근 지역에 추가적으로 오픈이 가능한 만큼 초기에 리스크 부담을 안을 필요는 없다.

2. 손익분기
국내 상황을 보면 주차장 사업의 손익분기는 대개 3대에서 발생한다. 다시 말해 3대로는 경비 제외 후 손익이 없다고 봐야 한다.

3. 토지 소유자와의 신뢰 구축
많은 주차면을 임대했다가 자칫 축소할 경우 토지 소유자와의 신뢰가 깨질 우려가 있으며, 최악의 경우 계약해지의 원인이 될 수도 있다.

토지 취득과 임대 여부의 결정

사업장이 되는 주차장 용지는 매입 또는 임대를 통해 사업을 진행하게 된다. 시간제 주차장 사업을 할 때 반드시 토지를 매입할 필요는 없다. 주변의 지가와 상권 활성화 등을 따져본 후 토지 자체가 부동산으로서 가치가 있고, 상승 여력이 있으며 자금 상황이 좋다면 당연히 매입하는 것이 유리하다. 그러나 토지는 지역에 따라 가격 편차가 크고, 임대의 경우에도 지주의 성향에 따라 임대료 교섭이 어려울 수 있는 만큼, 두 방법 중 어느 쪽이 유리하다고 단정할 수는 없다.

일반적으로 커피숍이나 식당을 창업할 때 부동산을 매입해 매장을 오픈하지 않는 것처럼, 주차장 사업장 역시 유사한 구조로 이해할 수 있다. 개인의 자금 사정이나 해당 토지의 성장 가능성에 따라 다르겠지만, 주차장 사업 역시 임대로 운영하는 방법을 우선 추천한다.

토지 임대 방식이 결정되었다면, 토지 소유주에게 제안할 임대료의

주차장 사업 시 토지 임대와 매입의 장단점

	매입	임대
장점	- 사업시기, 운영기간 자의적 조정 가능 - 임대료 납부 부담 없음 - 토지가 상승에 따른 자산가치 상승 가능	- 비교적 낮은 비용으로 사업장 확보 가능 - 주차장 수익이 열악할 경우, 　지주와의 협의를 통해 중도해지 가능
단점	- 일시에 많은 비용 부담, 유동성 저하 - (협소부지의 경우) 주차장 수익이 　열악할 경우, 대안 사업 도출 어려움 - 재산세 등 유지비용 부담	- 토지 소유자의 변심에 따른 명도 리스크 - 자산가치 상승 효과 없음

기준을 정하는 것이 중요하다. 이미 언급했듯이 임대료의 기준은 인근 주차장의 월주차 요금을 기준으로 한다. 즉 5면의 주차장을 임대하기로 계획했다면, 5대분의 월주차 요금을 월임대료로 제안하는 것부터 임대료 협상을 시작하는 것이 좋다. 토지 소유주의 입장에서는 유휴지를 임대한 후 설비와 관리를 해결하고, 고정임대료까지 지불해주는 방식이기 때문에 특별한 이유가 없는 한 협의에 우호적인 경우가 많다.

임차인의 입장에서는 5대 분의 월주차 요금을 모두 임대료로 지급한다면, 설비에 대한 감가상각비용과 수익의 최대 창출이 관건이다. 따라서 월주차를 제외한 시간제 운영 시 어느 정도 마진을 볼 수 있는지에 대해서는 시뮬레이션이 필수적이다. 주변의 차량통행량, 불법주차 현황, 인구밀집도, 주차장 부족 현황, 주변 주차장의 운영 현황 및 주차비용 등에 대해 몇 주 이상 지속적 조사를 통해 기대수익 도출이 가능한지에 대한 분석이 필요하다.

한 가지 팁이라면, 한 번에 넓은 토지를 임대하는 것보다는 5~6대 분의 유휴지를 여러 곳으로 분산해 오픈하는 것이 리스크를 분산시키고 적정 수익률을 확보할 수 있다. 한 번에 50대 규모의 주차장을 운영하는 것보다는 5대 규모의 주차장 10곳을 운영하는 것이 수요예측과 분배 등의 측면에서 수월하기 때문이다. 물론 이러한 전략은 가능한 많은 지역과 물건을 보고 형성된 현장감에서부터 나온다.

부지 임대차계약의 포인트

토지 소유주로부터 유휴지 혹은 주차장을 임대할 경우, 임대차계약을 체결하게 된다. 그런데 이때 소유주가 1인이라면 간단하겠지만, 집합 건축물인 경우에는 구분 소유자들의 동의를 얻어야 하는 만큼 절차가 복잡할 수 있다.

계약기간

① 3년 계약 후 향후 1년씩 자동연장.

② 주차장 임대계약서는 변호사를 통한 법률자문 필수.

③ 설비투자 금액에 따라 계약기간은 달라지겠지만, 최초 3년은 반드시 보장받을 것(향후 1년씩 연장하는 것으로 하며, 종료 3개월 전 서면 통지 조건 삽입).

④ 계약 갱신 시의 임대료 상승 및 하락 교섭 기준: 임대인의 임대료 상승 요구와 임차인의 임대료 하락 요청에 대한 기준은 정산기를 통한 정확한 데이터를 기준으로 결정하여야 함.

기타 조항

① 중도해지 조항을 넣어둘 것.

② 임대인과 임차인의 피치 못할 사유로 인해 임대차기간 중도에 해지할 경우를 대비하여, 중도해지 조항 삽입(귀책사유에 대한 구체적 명기).

③ 상호간 중도해지 페널티 조항을 명기함으로써(3개월분 임대표 등) 양측의 피해를 최소화하여야 하며, 기계 철거비용 부담 주체를 명확히 해야 한다.

시간제 주차장 사업의 흐름

 시간제 주차장 사업에 앞서 알아둬야 할 것들

첫 번째, 인허가 필요 유무

'신고제'인 시간제 주차장 사업의 경우 별도의 인허가는 필요 없다. 사업자 등록만으로 사업 개시가 가능하다. 단 주차장 자체의 설치에 있어서는 도로점용허가 등의 제반 인허가가 필요한 경우가 있으며 이는 토지 소유주의 협조를 얻어야 하므로, 부지 선정 및 사전 검토 시 반드시 고려해야 한다.

시간제 주차장 사업의 흐름

두 번째, 초기 투자비용 및 공사기간

일반적으로 5주차면을 설치할 경우 바닥공사, 정산대, 인입공사, 안내표지판 등의 제반 설치비용은 약 3,000만 원으로 예상하면 된다. 주차설비는 법정감가상각 5년, 간판은 3년이며 전기공사 비용이 들었다면 15년을 감가상각해 수지표에 반영해야 한다. 주차설비는 유지보수

주차장에 필요한 설비 VAT 별도

+
  정산기 1대당 700~800만 원
  간판 비용 약 150만 원
  표시등 약 100만 원
  정차선등 약 100만 원
  플랩(주차장 차단기를 바닥에 설치한 장비) 설치비용 5개 약 1,000만 원

=
  총 약 3,000만 원(실사 견적에 따라 변동 가능)

설비의 자금 조달 방법
1. 설비 제조사 결정 사업장의 스펙에 맞춰 각 제조사의 비교견적을 받아 결정한다.
2. 기계설비의 조달 방법 구매, 리스 중 선택한다.
3. 최초 사업은 100% 자기자금으로 구매하는 것을 추천 최초 2~3개 소의 오픈 비용은 자기 자본으로 설비 구매를 통해 시작하는 것이 좋은데, 이는 운영 상황이 좋지 않을 경우, 리스 비용에 대한 부담을 줄일 수 있기 때문이다.
4. 리스 이용 리스 비용에 유지보수 비용이 포함되어 있고 월비용으로 매출에서 차감하므로 투자 및 운영 리스크가 비교적 작아 임차인에게도 유리하며, 감가상각 완료 후(보통 5년) 계약종료 시 임대인에게 무상양도가 가능해, 임대인·임차인 모두에게 유리하다.

를 정기적으로 해줄 경우 10년까지도 사용이 가능하다.

이때, 기계 설치 공사기간은 단순 공사기간이 약 1주일 정도 소요(바닥공사 포함)되는데 임대차계약 체결 시 공사기간 중 '렌트프리(인테리어 등 입주를 위한 준비기간에 대한 임대료 면제)'를 반드시 설정해야 한다.

세 번째, 보험 가입

주차장 운영 중 손해 및 사고에 대비하기 위해, 보험 가입이 필수이다. 가입해야 할 보험의 종류는 다음과 같다.

① 동산보험: 설치한 정산기 플랩 간판 등에 대한 보험.

② 설비배상책임보험: 설치기기 간판 등의 미비의 원인으로 손해를 주었을 경우에 대한 손해배상책임보험.

③ 주차장배상책임보험: 주차장 사업을 하는 사람의 필수 항목. 특히 자신이 사고를 내었음에도 불구하고 주차장 관리자, 소유자에게 배상책임을 요구하는 사례가 많아 반드시 가입해야 한다.

 ## 시간제 주차장 운영의 실제

(1) 일반 업무

설치 완료 후, 시간제 주차장 영업 시작과 동시에 발생하게 되는 업무는 다음과 같다.

① 정산기 영수증 용지 채워두기, 기계 고장 등 대응 업무.

② 기계 유지보수 업무 / 이상 외주 혹은 위탁 가능.

③ 주차장 내 청소 업무.

④ 매상의 수금 업무 / 직접 하는 것이 일반적.

(2) 설비 유지보수 업무

① 용지 걸림, 기계고장 등의 대응 업무.

② 기계의 유지보수 업무는 전문업자에게 위탁하는 것이 바람직하다.

③ 주차면수에 따라 혹은 설비에 따라 정확한 견적을 낸 후 선정하는 것이 좋다.

(3) 주차장 청소와 매출 수금 업무

이 부분은 반드시 운영자가 직접 해야 한다. 위탁 형식으로 운영하며 한 달에 한 번 정도 방문하는 경우도 많다. 하지만 사업주 입장에서 현장을 자주 찾고 둘러봐야 상권의 흐름도 알 수 있고 주차요금의 적절한 변경 또는 운영마케팅 등에 대한 파악이 가능해진다.

직접운영과 무인운영의 결정

주차장은 설치, 운영 등 일체를 무인운영 방식으로 사업이 가능하다는 장점이 있다.

1. 유지보수 회사에게 24시간 통합콜센터 연결

2. 수금 및 청소의 대행회사 계약

3. 무인정산기 – 카드전용 시 – 모든 입출고 데이터 제공으로 운영 상황 파악

그러나 인근 시장조사 및 상태의 파악을 위해서는 수금(현금)은 반드시 본인이 직접 할 것을 추천한다.

시간제 주차장 사업 시 활용 가능한 Tip

첫 번째, 주차장도 규모의 경제

2~3개의 현장을 운영할 경우 한 개의 현장이 적자를 나타내면 수익률은 크게 떨어지게 된다. 그러나 현장의 수가 증가할수록, 리스크를 감당할 수 있는 체력도 갖추게 된다. 소위 어려운 현장을 운영해 보면, 각 상황에 적합한 운영 전략을 구사할 수 있는 여건을 형성할 수 있으며, 사업장의 선택의 폭이 넓어진다는 장점이 있다. 그러나 이러한 운영의 힘을 믿고, 관리가 어려운 위치에 다수의 사업장을 오픈한다면 이른바 지역위험Area Risk에 노출되므로, 주의가 필요하다.

두 번째, 보수적 사업성 예측

실제 운영을 개시하여 사업장이 안정화되기까지는 현장에 따라 장기간이 소요될 수 있다. 또한 평균적 예상 매출을 달성하기 까지도 상당한 기간이 걸리는 것이 사실이다. 따라서 사업성 분석시, 2~3%의 버퍼를 둘 필요가 있다. 그러나 반대로 평균적인 매출을 예상하고 오픈한 사업장이 연일 기록적 매출을 보인 경우도 있어, 사업성 분석과 더불어 상권의 흐름과 성장 가능성을 파악하는 것이 매우 중요하다.

세 번째, 주차요금은 어떻게 설정하는가?

상권 및 위치에 따라 차이는 있지만. 대부분의 주차장 이용 패턴은 2~3시간 이용이 가장 많다. 다음은 12시간 이용이며, 24시간 이용은 10%정도라고 보면 된다. 이러한 주차장 사용패턴은 전술한 인근 주차장의 가동 현황 등 실제 조사자료를 통해 얻을 수 있다. 이를 기준으로 하여, 경쟁력 있는 요금 설정이 필요하다. 대부분 인근 주차장 요금을 기준으로 하여 시간 구역, 시간 단위, 상한 금액을 설정한 후, 실제 운영을 통해 얻은 가동률에 따라 주기적으로 변경하면 된다.

네 번째, 고정고객 확보를 위한 서비스(무료) 쿠폰의 활용

개인 고객과 주차장이 넉넉지 않은 소규모 상가들이 밀집한 지역에서는 서비스 쿠폰 발행으로 홍보 및 사용 빈도를 제고할 수 있다.

다섯 번째, 부대사업을 통한 수익 창출

자전거·오토바이 주차장, 자판기 설치, 주차면 확보가 애매한 공간에 대한 창고임대, 주차장 공간에 광고유치, 주차장플랫폼회사와의 마케팅 제휴, 렌터카 업체, 차량공유 업체와의 제휴, 보험회사와의 업무

제휴, 인근 상가와의 이용 제휴 등응 통해 추가적인 부수입 창출이 가능하다.

여섯 번째, 요금조정의 실제, 현장 데이터 패턴 파악

입출고 건수, 주차시간 건수, 시간별 가동률 등의 데이터를 요금 조정의 기초자료로 활용한다. 즉, 가동률이 높은 시간대에는 적정한 요금 인상을 통한 수익성 증대 전략을, 가동률이 낮은 시간대에는 요금 인하를 통한 가동률 제고 전략을 적용한다.

패턴1. 오전 가동률이 높은 지역의 시간별 가동률

입지	역에서 5~6분거리 상업지						
가동률	40%						
이용 상태	오전시간대 장시간 이용자가 많음, 6시 이후 급격 감소 -> 출퇴근 차량 이용자 다수						

0시	12.3%	6시	12.8%	12시	71.1%	18시	53.9%
1시	10.9%	7시	15.8%	13시	72.6%	19시	48.7%
2시	10.2%	8시	34.1%	14시	73.3%	20시	41.2%
3시	10.2%	9시	56.3%	15시	69.9%	21시	32.8%
4시	10.1%	10시	67.4%	16시	67.6%	22시	25.4%
5시	10.2%	11시	67.5%	17시	60.4%	23시	17.6%

패턴2. 오후 가동률이 높은 지역의 시간별 가동률

입지　　　주택가
가동률　　51.5%
이용 상태　통근용 차량을 주로 야간에만 주차하는 전형적 주택가 이용 패턴

0시	78.6%	6시	45.0%	12시	41.8%	18시	25.5%
1시	78.2%	7시	37.1%	13시	41.0%	19시	31.7%
2시	75.6%	8시	36.7%	14시	48.9%	20시	48.5%
3시	70.2%	9시	43.7%	15시	42.0%	21시	55.9%
4시	67.6%	10시	46.5%	16시	41.4%	22시	64.3%
5시	61.7%	11시	46.9%	17시	33.2%	23시	74.4%

패턴3. 종일 이용 지역의 시간별 가동률

입지　　　회사인근, 완전한 주택지, 다세대 연립다가구주택밀집지역 한가운데
가동률　　84%
토지　　　도보 10분이내 유휴지 전체
이용 상태　하루 종일 주차 수요가 끊이지 않는 상태

0시	84.2%	6시	45.0%	12시	41.8%	18시	25.5%
1시	78.2%	7시	37.1%	13시	41.0%	19시	31.7%
2시	75.6%	8시	36.7%	14시	48.9%	20시	48.5%
3시	70.2%	9시	43.7%	15시	42.0%	21시	55.9%
4시	67.6%	10시	46.5%	16시	41.4%	22시	64.3%
5시	61.7%	11시	46.9%	17시	33.2%	23시	74.4%

시간제 주차장 8대분의 월간매출(A)

평일	시간대구분	대수(a)	시간(b)	a×b×가동률	요금	수입(원)
시간대A(오전)	8:00~22:00		14		30분 1,000원	
시간대B(오후)	22:00~8:00		10		60분 2,000원	
일주차	0:00~24:00		24		15,000원	
1일 합계						
주말	시간대구분	대수(a)	시간(b)	a×b×가동률	요금	수입(원)
시간대A(오전)	8:00~22:00		14		30분 1,000원	
시간대B(오후)	22:00~8:00		10		60분 2,000원	
일주차	0:00~24:00		24		16,000원	
1일 합계						
1주일 합계(평일5일+휴일2일)						
월간 합계(4주/28일로 계산)						

시간제 주차장 8대분의 월간지출(B)

지출 내역	기준	단가	비고	지출(원)
인건비	*명	******원	파트타임 *명	
임대료				
보험료				
투자상각비				
유지보수비용				
부가가치세				
지출 합계				
월간 수지(A-B)				

지금까지 국내 주차장 사업의 현황과 유휴부지를 활용한 주차장 사업에 대해 간략히 알아보았다. 유휴공간의 주차장은 유휴지에 주차선을 긋고, 정산기를 설치한 것이 전부로 보이지만 사실 주차장 운영의 실질적 콘텐츠는 이용자들과의 커뮤니케이션이라고 할 수 있다.

토지 소유자는 물론 주변의 거주자, 상권 내의 상인들, 점포의 방문객들의 니즈를 끊임없이 파악하고 그들에게 편리한 주차공간을 적절한 가격에 공급하는 것이 이 사업의 핵심이다. 또한 최근 주차장 자체의 외관도 달라지고 있는데, 환경에 대한 관심이 고조되면서, 차량선에 나무를 심거나 자투리 공원을 조성하여, 실제 공원Park과 같은 느낌의 주차장Parking Lot을 조성하는 사례도 늘어나고 있다.

주차장이 개발업자들에게 의무 비용 부담을 주거나, 주차장 이용자들에게 불편함을 주는 시설이 아닌 꼭 필요한 위치에 적절한 서비스를 합리적인 가격에 공급해 주는 공원 같은 시설이 되기를 기대해 본다.